Tönnies Hellmann, geboren 1912 in Hamburg, lebt seit über achtzig Jahren in der Methfesselstraße. Ausbildung zum Schiffszimmermann bei Blohm & Voss. Ab 1927 aktives Mitglied der Gewerkschaft, im Kommunistischen Jugendverband (KJVD) und im Rotfrontkämpferbund (RFB). 1933 von der Gestapo verhaftet und sechs Monate im Untersuchungsgefängnis und im Konzentrationslager Fuhlsbüttel inhaftiert. Ab 1941 Mitglied der Widerstandsgruppe um Bernhard Bästlein. 1943 eingezogen zur Wehrmacht. Rückkehr aus sowjetischer Kriegsgefangenschaft 1950.

Tönnies Hellmann, der sich heute vom Stalinismus, nicht aber vom Sozialismus distanziert, versteht sich als Pazifist und Christ. Er engagiert sich bei Schülern und Studenten für die Auseinandersetzung mit der Geschichte. Seit vielen Jahren korrespondiert er mit der fast gleichaltrigen Herausgeberin der «Zeit». Marion Gräfin Dönhoff schrieb auch die Einleitung zu diesem Buch.

Friedrich Dönhoff (geboren 1967) und Jasper Barenberg (geboren 1970) haben die Lebensgeschichte von Tönnies Hellmann aufgeschrieben. Sie studieren beide Geschichte und Politische Wissenschaft in Hamburg.

Methfesselstraße in Hamburg

Friedrich Dönhoff / Jasper Barenberg

Ich war bestimmt kein Held

....

Die Lebensgeschichte von

Tönnies Hellmann

Hafenarbeiter in Hamburg

Mit einer Einleitung
von Marion Gräfin Dönhoff

Rowohlt

Bildquellennachweis
Seite 2, Seite 3 Friedrich Dönhoff
Tafelteil:
Seite 5 oben links Landesmedienzentrum Hamburg
Seite 8 unten Christian Deetjen
Alle übrigen: Tönnies Hellmann oder
Galerie Morgenland

Originalausgabe
Veröffentlicht im Rowohlt Taschenbuch
Verlag GmbH, Reinbek bei Hamburg, Mai 1998
Copyright © 1998 by Rowohlt Taschenbuch
Verlag GmbH, Reinbek bei Hamburg
Lektorat Barbara Wenner
Umschlaggestaltung Susanne Heeder
(Foto: Staatliche Landesbildstelle Hamburg)
Satz Gill sans und Sabon (PageOne)
Gesamtherstellung Clausen & Bosse, Leck
Printed in Germany
ISBN 3 499 22245 0

Inhalt

Einleitung von Marion Gräfin Dönhoff   9
«Lieber Herr Hellmann» –
Ein Auszug aus dem Briefwechsel   10

Kindheit und Jugend

Die Mutter und die Moral   25
Der Vater und die Abwesenheit   27
Caroline, Onkel Hans und die Frauenkneipe   30
Engelmacherinnen und Großfamilien   35
Die Küche und die Arbeiterwelt   38
Der Bankert und das Familiendrama   41
Die Schule und Zeitungskinder   43
Die Taubenzucht und der Fischmarkt   47
Eine Lehrstelle und Schiffe aus Amerika   49
Der Stapellauf und die Arbeitersolidarität   55
Die Liebe und die verlorenen Kinder   59

Hitler, Widerstand und Krieg

Rotfrontkämpferbund und Saalschlachten   65
Das Vorbild und eine Zigarettenschachtel   68
Die Machtübernahme und der Untergrund   73
Die Zelle und das Standesamt   77

Schwarze Listen und Schwarzarbeit 85
Freund Reinhold und der Verlust 88
Die Schwiegereltern und die Loyalität 91
Ein Sportunfall und eine zerbrochene Liebe 93
Der gelbe Stern und die Nachbarn 96
Der Diskussionskreis und der Kämpfer 100
Die Bästlein-Gruppe und Marys Mut 103
Radio Moskau und die Mädchen
vom Valvo-Werk 111
Bombennacht und die Bunker 115
Der Eid und die Front 120
Der Rückzug und die Schande 125
Der Marsch und das Gefangenenlager 131
Ein Vaterunser und die Normerfüllung 137
Essen und Gerechtigkeit 141
Der Antifa-Aktivleiter und die Vorwürfe 146
Der Rotarmist und ein SS-Mann 152
Post und Sehnsucht 156
Eisenbahnreisen und Stalins Lektionen 158
Der Angestellte und der Kapellmeister 165
Die Antifa-Schule und die Zukunft 172

Heimkehr, Abschiede und
neue Anfänge

Heimkehr und Enttäuschung 179
Geldsorgen und Strafmandate 185
Pflicht und Zweifel 188
Der Titoismus und ein Vortrag 192
Der Gestapo-Mann und der Freispruch 197
Realsozialismus und Entfremdungen 198

KPD-Verbot und die Einsamkeit	205
Die Rente und die Schreibmaschine	211
Die Bücher und die Abkehr	216
Die Gräfin und die Gesellschaft	221
Jugend und Alter	225

«Also, Frau Gräfin,
ich will Sie ja nicht kritisieren, aber ...»
Tönnies Hellmann im Gespräch
mit Marion Gräfin Dönhoff   235

Nachwort   251

Marion Gräfin Dönhoff

Einleitung

....

Vor langer Zeit – es mag zwanzig Jahre her sein – bekam ich einen Brief von einem Menschen, der Tönnies Hellmann heißt. Er sei ursprünglich Hafenarbeiter in Hamburg gewesen und habe als überzeugter Kommunist im Widerstand gearbeitet.

Der weitgespannte Bogen dieses Lebens, das im bildungsbewußten Arbeitermilieu der zwanziger Jahre begann, dann zu den Opfern Hitlerischer Verbrechen gehörte, schließlich die Leiden des Stalin-Regimes erdulden mußte, hat mich natürlich gefesselt. Ich ließ die Bekanntschaft nicht abreißen, lernte ihn persönlich kennen, bekam viele Briefe von ihm und erfuhr allmählich mehr über die Etappen dieses für das 20. Jahrhundert so exemplarischen Lebens. Unser Briefwechsel füllt inzwischen einen dicken Aktenordner.

In Hellmann lernte ich einen Arbeiter kennen, der mit unglaublicher Wißbegier nicht nur Marx und Lenin gründlich studiert, sondern der auch die russischen Klassiker gelesen hat. Bewundernswert erschien mir auch das Milieu: die Ehefrau, die Schwiegermutter und seine Freunde, alle haben sich ohne Bedenken für den Widerstand zur Verfügung gestellt.

Obwohl er nach der Machtübernahme von der Gestapo verfolgt und gefoltert wurde, gehörte Hellmann ab 1941 dem organisierten kommunistischen Widerstand an. 1943 wurde er zur Wehrmacht eingezogen und an der Ostfront eingesetzt. Er geriet in russische Gefangenschaft und mußte unter härtesten Bedingungen fünf Jahre in Sibirien aushalten. Aber er ist nicht zerbrochen an den Grausamkeiten, die er in beiden Regimen erdulden mußte, er ist vielmehr als souveräner Christ und weise gewordener Mensch daraus hervorgegangen.

Tönnies Hellmann sagt, er sei nie ein Held gewesen; zu oft habe ihn Angst gelähmt, aber offensichtlich handelte er immer dann konsequent und mutig, wenn es leichter gewesen wäre, sich anzupassen. Daraus ist dann sein Lebensprinzip erwachsen, das er immer wieder – vor allem bei seinen Vorträgen in Schulen – weiterzugeben versucht. Sein Prinzip heißt: «Es lohnt sich, anständig zu sein.»

Fasziniert von dieser Biographie haben zwei Studenten der Geschichte und Politischen Wissenschaft – Friedrich Dönhoff und Jasper Barenberg – während vieler Monate Gespräche mit Tönnies Hellmann geführt und in diesem Buch seine Biographie erzählt. Auf diese Weise hat Tönnies Hellmann die Gelegenheit, selbst zu Wort zu kommen und seine Lebensgeschichte vielen Menschen zu erzählen.

• • •

Lieber Herr Hellmann,

ich habe Ihren Brief sehr genau und mit großer Anteilnahme gelesen. Ich glaube wirklich, es ist der Brief, der mich von allen Zuschriften, die ich in den letzten Jahren bekommen habe, am meisten gefreut hat: soviel Tapferkeit, soviel Einsicht und solches unermüdliches Suchen nach der Wahrheit ist wirklich ungemein eindrucksvoll.

Und was für ein Leben liegt hinter Ihnen; das hätte manchen anderen zur Resignation gebracht.

Ich erlaube mir, Ihren Brief – eben weil ich ihn so bewegend finde – auch an Helmut Schmidt weiterzuleiten …

Mit allen guten Wünschen für Sie
und herzlichen Grüßen
Ihre Marion Dönhoff

. . .

Sehr geehrte Frau Gräfin Dönhoff,

lese gerade Ihren Artikel über Südafrika. Ein wunderbarer Artikel, aber von meinem Standpunkt aus besehen mit zwei grundlegenden Fehlern. Erstens der Vergleich, die sofortige Abschaffung der Apartheid in Südafrika hätte die gleiche Wirkung, als würde man in der BRD die Marktwirtschaft und den Pluralismus urplötzlich aufheben. Dieser Vergleich hinkt auf allen Füßen …

Die reichen Weißen (Gold und Diamanten, Uran usw.) wollen nicht die geringsten Privilegien verändern, die wollen und werden nichts hergeben. Ich habe schon mal Lenin zitiert: Der Staat (Polizei, Armee usw.) ist immer das Unterdrückungsorgan der jeweils herrschenden Klasse …

Der Leninismus (den ich heute nicht mehr vertrete)

lehrt, daß die Gewalt die Geburtshelferin jeder Gesellschaftsordnung ist. Ich weiß kein Land auf der Erde, wo die Besitzenden freiwillig bereit waren, in ihrem Land demokratische Verhältnisse einzuführen ...

Sie, liebe Frau Gräfin, meinen nun, Präsident Reagan sei als einziger Politiker in der Lage, diese Frage zu klären. Darüber bin ich sehr erschüttert. Dieser Mensch, der von der UdSSR gesagt hat, es wäre das Land des Bösen, der jede Verhandlung zur Beendigung des Wettrüstens auf der Erde ablehnt. Diesem Präsidenten des Krieges der Sterne und der unermeßlichen Aufrüstung, welcher nur die Interessen der Millionäre und Milliardäre der USA vertritt, schenken Sie das Vertrauen, das unermeßliche Elend in Südafrika zu schlichten? Ist es nun tatsächlich Ihre feste innerliche Meinung, oder müssen Sie es schreiben? Ich persönlich halte nur die Durchführung von ernsthaften Sanktionen von seiten der westlichen Länder für den einzigen Weg zur Verhinderung einer bewaffneten Revolution. Noch schlechter, als es jetzt mit der schwarzen Bevölkerung steht, kann es nicht werden; sie sterben ja schon stumm und lautlos.

Seien Sie herzlich gegrüßt
Tönnies Hellmann

PS: Seien Sie mir bitte nicht böse. Aber Kritik muß sein, sonst kann sich der Mensch nicht verändern.

. . .

Lieber Herr Hellmann,

nein, natürlich bin ich außerordentlich empfänglich für Kritik, denn das ist ja die einzige Form, wie man etwas dazulernen kann.

Aber in diesem Fall haben Sie mich wirklich falsch verstanden. Sie meinen, ich schlüge Reagan als einzigen Politiker vor, der in der Lage ist, diese Frage zu klären ... Nein, das glaube ich wirklich nicht, sondern ich habe ja geschrieben, daß der erste Schritt, nämlich Botha und den ANC an einen Tisch zu bekommen, der wichtigste ist, ganz egal, worüber sie reden. Denn wenn sie erst einmal den künstlich von Botha errichteten Damm – nicht zu sprechen, solange Gewalt herrscht – durchlöchert haben, werden die Gespräche in Südafrika weitergehen. Und das ist es doch, worauf es ankommt, daß nicht die Weißen autoritär entscheiden, sondern daß sie mit den Schwarzen verhandeln.

Und da ist, nachdem die Commonwealth-Delegation gescheitert ist, Reagan der einzige, der eine solche Einladung vielleicht mit Erfolg aussprechen kann. Denn wenn die Südafrikaner auch die USA als wohlwollende Stütze verlieren, dann haben sie gar nichts mehr.

Mit bestem Gruß
Ihre Marion Dönhoff

• • •

Sehr geehrte Frau Gräfin Dönhoff,

als ich diese Woche die «Zeit» gelesen hatte, mußte ich Ihnen diesen Brief schreiben. Der Artikel über Brzezinski ist der «Zeit» unwürdig. Niemals hätte ich geglaubt, das so etwas in Ihrer Zeitung stehen würde. Es ist eine schwere Kriegsprovokation, mit allen seinen Folgen. Dieser Herr ist ein langjähriger Antikommunist. Er will die Welt des Kommunismus mit Waffengewalt verändern. Ich hatte bisher angenommen, daß die Gedankenwelt der «Zeit»-Redaktion ein klein wenig pazifistisch ausgerichtet wäre. Haben wir Deutschen denn schon wieder alles vergessen? Sie selber, Frau Gräfin, sprachen vor ein paar Monaten von der Zeit zum Umdenken. Es war ein guter Artikel. Sie fordern darin zum Umdenken auf, zum Frieden und zur Gewaltlosigkeit.

In den letzten Wochen habe ich auf verschiedenen Versammlungen zum Thema Pazifismus Stellung bezogen. Ich muß schon sagen, die Denkungsweise unserer Jugend hat sich sehr zum Pazifismus verändert ...

Nun noch einiges zur anderen Seite. Weil es bis heute nirgends in der Öffentlichkeit ein Schuldbekenntnis der deutschen Regierung in der Frage des Überfalls auf die UdSSR gegeben hat und die sowjetische Bevölkerung nach wie vor Angst hat vor einem neuen Krieg, muß man doch die Abrüstungsvorschläge von Gorbatschow ernst nehmen. Die Sowjetunion kann doch überhaupt keinen Krieg gebrauchen. Das Zeitalter der Atombombe hat das Zusammenleben der Menschen auf der Erde vollkommen verändert. Aufgrund dieser bestehenden Tatsache hat die marxistisch-leninistische Weltanschauung keine volle Gültigkeit mehr ... Die Lehre von Lenin über den Krieg ist heute als falsch zu betrachten: Es kann und darf in der Welt und besonders in Europa keinen Krieg mehr geben ...

Diese Erkenntnis ist die heutige Schlußfolgerung von Gorbatschow. Er will den Weg zum Pazifismus betreten. Aber viele wollen ihn an diesem Weg hindern, sogar im eigenen Land ...

Liebe Frau Gräfin, ich will Ihre Zeit nicht länger in Anspruch nehmen. Ich hätte noch viel mehr auf dem Herzen. Wir müssen unsere ganze Kraft einsetzen in der Verhinderung eines neuen Krieges. Alles bei uns im Fernsehen, im Rundfunk, aber auch in der Presse rückt beängstigend nach rechts.

Seien Sie herzlich gegrüßt von einem Bewunderer Tönnies Hellmann

. . .

Lieber Herr Hellmann,

ich habe mich sehr gefreut, wieder einmal von Ihnen zu hören, und danke herzlich für Ihren Brief ... Ich war vier Wochen auf Urlaub und habe so viel Arbeit vorgefunden, daß ich nur ein paar Stichworte schreiben kann ...

Ich war selber vor zwei Monaten in der Sowjetunion und habe gestern gerade mit Genscher gesprochen, der von dort zurückkam. Ich muß sagen, daß ich nicht den Eindruck habe, daß die Russen Angst vor dem Krieg haben, aber sie haben Angst vor einer neuen Steigerung der Rüstungsspirale, denn das würde sie daran hindern, ihre Wirtschaftspolitik grundlegend zu reformieren. Ich bin im ganzen sehr optimistisch hinsichtlich des Ost-West-Verhältnisses. Ich bin sicher, daß noch in diesem Jahr ein Abkommen über die Mittelstreckenraketen zustande kommt. Und wenn die Spirale erst einmal nach unten zeigt – statt, wie in den letzten 40 Jahren, in die Höhe zu gehen – wird der Prozeß der Abrüstung auch weitergehen.

Mit allen guten Wünschen für Sie und herzlichen Grüßen
Ihre Marion Dönhoff

• • •

Sehr verehrte Frau Gräfin Dönhoff,

gedenken wir zuerst aller Opfer des 20. Juli, verbeugen wir uns in Ehrfurcht vor allen Opfern im Kampfe gegen den Faschismus ...

Alle Ehre den Opfern des 20. Juli, aber der Kreis des Widerstandes war viel größer, als es in der derzeitigen Presse im Historikerstreit dargestellt wird ...

Man sprach in den letzten Jahren in erster Linie von den Opfern im Umkreis des 20. Juli und wenig von den langen Jahren vorher, wo die Legionen der kommunistischen und sozialdemokratischen Bewegung aufgerieben wurden. In keinem Land Europas hat die Gestapo so fürchterlich unter der Opposition aufgeräumt wie in Deutschland. Die Gestapo kannte aus den langen Kampfjahren vor Hitler alle ihre Gegner mit Namen, sie hat sie alle vernichtet. Es war die Kommunistische Partei, die vor 1933 Plakate klebte mit der Warnung: «Hitler bedeutet Krieg!» Ein Kommunist war immer bereit, den Kampf gegen den Faschismus aufzunehmen ...

Seien Sie gegrüßt von einem Leser der «Zeit», ein Presseorgan des Friedens.
Tönnies Hellmann

...

Lieber Herr Hellmann,

Sie haben natürlich recht, daß der Widerstand sich nicht auf die Männer des 20. Juli beschränkte – nichts läge mir ferner als diese Auffassung ...

Und natürlich ist auch richtig, daß die Kommunisten schon Ende der zwanziger Jahre ihren Kampf gegen den Faschismus begonnen haben; aber man muß auch bedenken, daß diese beiden ineinander verkeilten Parteien – die Nationalsozialisten und die Kommunisten – die Mitte allmählich aufgezehrt haben, so daß vor allem, nachdem die Kommunisten ihren Kampf auch gegen die SPD ausgedehnt hatten, in der Mitte nichts zur Verteidigung der Rechte des Volkes übrigblieb.

Ich freue mich immer zu sehen, wie viele Gedanken und Empfindungen wir gemeinsam haben. Wir haben uns sehr lange nicht gesehen. Haben Sie nicht Lust, wieder einmal eine Tasse Kaffee bei mir in der Redaktion zu trinken? Vielleicht rufen Sie einfach einmal an, und wenn ich nicht da bin, verabreden Sie es mit meinem Büro. Ich wünsche Ihnen von Herzen alles Gute und bin wie immer

Ihre Marion Dönhoff

Sehr geehrte Frau Gräfin Dönhoff,

ich habe mich sehr gefreut über Ihren Brief. Ich würde gerne Ihre Einladung zu einer Tasse Kaffee annehmen, aber da ich Rentner bin, würde es gut sein, ich richte meine Zeit nach Ihnen. Es würde für mich eine große Freude bedeuten, wieder einer solchen klugen Frau zu begegnen. Gerade in dieser Männerwelt sind doch herausragende Frauen Einzelfälle.

Seien Sie herzlichst gegrüßt
Tönnies Hellmann

• • •

Sehr verehrte Frau Gräfin Dönhoff,

im früheren KZ-Lager Fuhlsbüttel ist eine Gedenkstätte für alle Opfer in diesem Lager eingerichtet worden. Ich habe dort über den deutschen Widerstand gesprochen, insbesondere hier in Hamburg. In diesem Lager wurde unsagbar gefoltert. Es konnten nur neun ehemalige Häftlinge gefunden werden. Weil ich selber dort gefoltert worden bin, habe ich dort gesprochen ...

Alle Opfer des Stalinismus bedrücken mich. Gorbatschow sieht den schwedischen Wohlfahrtsstaat als vorbildlich an. Ich selber zum Schluß finde es sehr traurig, daß die Menschen und die ganze Presse, auch die «Zeit», den wirklichen Sozialismus gleichstellen mit dem Stalinismus. In der Zukunft der UdSSR gibt es große Unsicherheiten und Gefährdungen für Europa. Der neue Nationalismus führt zum, oder besser, kann zum Chauvinismus führen. Die Grenzfrage wird in der Zukunft eine entscheidende Frage der Deutschen werden. Es sind wieder die alten und neuen Kräfte an den Schalthebeln der Macht. Wie leicht wird ein ganzes Volk ideologisch beeinflußt und geführt.

Seien Sie herzlich gegrüßt
Tönnies Hellmann

• • •

Lieber Herr Hellmann,

ich habe mich immer gefreut, wenn ich einen Brief von Ihnen bekam, und sie sind auch alle gesondert abgeheftet, obgleich hier in der Woche mindestens 100 Briefe eingehen ...

Das Stichwort «Fuhlsbüttel» hat mich sehr angerührt, denn ich bin dort seit vielen Jahren Beirat in der Anstalt II. Daß Sie Armer dort haben so leiden müssen, ist ein schlimmer Gedanke.

Sie schreiben, Sie seien traurig, daß die ganze Presse, auch die «Zeit», den wirklichen Sozialismus gleichstellt mit dem Stalinismus. Da müssen Sie mich wirklich ausnehmen. Zum Beweis schicke ich Ihnen einen Leitartikel – «Am Ende aller Geschichte». Auch füge ich, weil ich denke, es wird Sie interessieren, einen Vortrag bei, den ich in Chicago gehalten habe. Ich habe immer gespürt, daß wir die gleichen Vorstellungen über die Werte, auf die es ankommt, haben, und von wichtig und unwichtig.

Herzlich grüßend,
Ihre Marion Dönhoff

**Die Lebensgeschichte von
Tönnies Hellmann**

Kindheit und Jugend

Die Mutter und die Moral

Meine Mutter kommt aus einer Zigarrenmacherfamilie
aus Altona. Alle mußten in Heimarbeit Zigarren drehen.
Davon hat die Familie gelebt. Ihr Vater ist früh gestorben –
er war Alkoholiker. Das ist der Grund dafür, daß meine
Mutter nicht, wie alle anderen Arbeiterkinder, eine ganze
Kinderschar an Geschwistern hat. Sondern sie hatte nur einen Bruder, den Onkel Hans.

Als sie erwachsen war, hat sie nur noch gearbeitet. Den
ganzen Tag lang. Von dem Tag an, als mein Vater 1914 in
den Krieg gezogen ist, mußte die Mutter Geld verdienen.
Es gab Geld vom Staat, wenn der Mann im Krieg war, aber
das reichte niemals. So arbeitete sie auch in einer Dynamit-
Fabrik. Und nach dem Krieg war mein Vater nicht im-
stande, Geld zu verdienen. Die Sozialfürsorge reichte
nicht. So mußte meine Mutter viele verschiedene Arbeiten
machen. Immer.

Jahrelang ging meine Mutter zu «Herrschaften» zum
Saubermachen und Wäschewaschen. Das war ein großes
Haus mit Sechszimmerwohnungen beim Pferdemarkt. Da
fuhr sie täglich mit der Straßenbahn hin. Das Haus steht
heute noch da. Dort machte sie das Treppenhaus sauber.
Als lütter Junge bin ich manchmal mitgegangen. Dann saß
ich unten und guckte hoch, wie meine Mutter sich langsam
runterarbeitete. Wenn sie im Treppenhaus fertig war, hat
sie an den Wohnungstüren angeklappert: «Guten Tag, da
bin ich. Gibt es Wäsche?» – «Ja, gehen Sie bitte weiter,
nach hinten.» Klar, ich bin da manchmal mit rein und hab

25

meiner Mutter beim Waschen geholfen. Das wurde alles mit der Ruffel gemacht. Da stellst du eine Zinkbadewanne hin, und dann hast du da noch einen Topf grüne Seife. Jetzt schmeißt du die Wäsche auf die Ruffel – und denn geht das los!

Meine Mutter hatte ein schweres Leben. Am Ende war sie richtig zusammengeschrumpft – ganz klein, ging mir nur noch bis zum Ellenbogen. Aber sie war ein positiv denkender Mensch. Sie sah immer das Gute im Menschen. Ist manchmal auch nicht richtig. Man muß auch das Schlechte in den Menschen mal sehen. Aber sie wollte das nie. Darüber hat sie immer weggeredet.

Hier in der Methfesselstraße war sie sehr beliebt. Oma Martha wurde sie von allen genannt. Da kamen sie alle immer zu ihr und wollten Trost – den konnte sie sehr gut geben! Die letzten Jahre ihres Lebens hab ich bei ihr gewohnt. Mein Vater war gestorben, da bin ich wieder zu ihr in die Wohnung gezogen, die ich schon aus der Kindheit kannte. Ich wohnte wieder in dem Zimmer, in dem ich schon als Jugendlicher geschlafen hatte. Meine Mutter war eine starke Raucherin. Das hatte sie sich sehr früh bei der Arbeit in der Dynamit-Fabrik angewöhnt. Es war ihr Ausweg aus dem harten Leben.

Zur Kirche ging meine Mutter nur selten. Aber sie war eine gläubige Frau. Uns Kindern hat sie oft aus der Bibel vorgelesen. Sie hielt sich streng an die christlichen Gebote. Und sie sagte immer wieder zu uns: «Wahre Christen müssen leben, was sie predigen.» Deswegen war es für sie schlimm zu sehen, daß ihr Mann in den Krieg zog. Wie er dann schwerverletzt im Krankenhaus lag, nahm sie mich mit zu ihm. Er wackelte immerfort mit seinem Kopf hin und her – ohne Pause! «Da kannste sehen, was Krieg macht!» sagte sie auf dem Heimweg. Da hat sie aber was in mich hineingelegt ...

Ein Vierteljahr vor ihrem Tod, da sitze ich bei ihr, und da hat sie mir aus ihrem Leben erzählt. Ich war erschüttert. Also, ich war wirklich erschüttert, was sie alles mitgemacht hat an persönlichem Leid. Den Kummer hat meine Mutter all die Jahre runtergeschluckt.

Der Vater und die Abwesenheit

Mein Großvater, der Vater meines Vaters, der war von Beruf Tischler. Meine Großmutter war eine tolle Frau. Sie war Spökenkiekerin. Das ist so 'ne Art Wahrsagerin. Beide waren streng katholisch. Die dachten nicht an Abtreibung, so hatten sie eine ganz große Kinderschar – ich krieg sie gar nicht mehr zusammen, so viele waren es. Kinder waren das Privileg der armen Leute. Um die vielen Kinder in der kleinen Wohnung unterzubringen, wurden Kästen wie Kaninchenställe übereinandergebaut, in die die Kinder zum Schlafen reinkrabbelten. Immer zwei Kinder in einen Kasten.

Mein Vater las nie ein Buch. Er war ganz ungebildet. Er sprach auch kein Hochdeutsch, nur Platt. Damit das nicht auffällt, hat er sich nur unter Arbeitern bewegt. Er ist schon als junger Mann in die SPD eingetreten. Sein ganzes Leben lang war er ein überzeugter Sozialdemokrat. Als 1914 der Erste Weltkrieg begann, war mein Vater von Anfang an dabei. Er ist raus in den Krieg gezogen – mit Blumen am Helm! Dabei hatte mein Vater bis dahin eine pazifistische Überzeugung gehabt. Aber die SPD hat sich angepaßt.

Ich habe später immer wieder darüber nachdenken müssen, daß sich die große Sozialdemokratische Partei voll auf die Seite des deutschen Imperialismus, unter der Führung von Kaiser Wilhelm, gestellt hatte. Jahrelang hatte sie doch in ihrer Presse gegen den Krieg geschrieben. Im Juli 1914 gingen Hunderttausende auf die Straße, um gegen den Krieg zu demonstrieren. Die SPD hatte dazu aufgerufen. Aber dann stimmte die Partei am 4. August 1914 im Deutschen Reichstag für die Bewilligung der Kriegskredite. Nun setzte sie sich ein für die Verteidigung des Vaterlandes. Kaiser Wilhelm hat gesagt: «Ich kenne keine Parteien mehr, ich kenne nur noch Deutsche.» Man muß dazu sagen: Vorausgegangen war eine Zeit, in der die bürgerliche Presse vom Krieg als Stahlbad der Völker schwärmte. Chauvinismus und falscher Patriotismus wurden frei und offen in der Presse propagiert. Ich glaube, hier ist die Ursache zu finden für das Verhalten der SPD im Jahre 1914.

Deswegen ist auch mein Vater mit Blumen am Helm in den Krieg gezogen. Aber dann, zwei Jahre später, ist er vor Verdun sehr schwer verwundet worden. Er hat einen Granatsplitter in sein Gehirn bekommen. Da hat er auch teilweise den Verstand verloren. 1916, den Tag weiß ich nicht mehr genau, kam er zurück. Er mußte ins Krankenhaus für fast zwei Jahre! In Barmbek war das. Und ich bin mit meiner Mutter immer hin. Am Anfang jeden Tag, später jede Woche. Daß er dauernd mit dem Kopf wackelte, fand ich ganz furchtbar! Und weil sein Gedächtnis nicht mehr richtig funktionierte, erkannte er mich die ersten Male gar nicht.

Als mein Vater aus dem Krankenhaus entlassen wurde, galt er als Kriegsinvalide. Daher kriegte er eine Rente. Die war aber klein. Und das Rentenamt war immer bemüht, die Rente zu kürzen. Der Mann mußte deswegen andauernd zur Gehirnuntersuchung. Da hat er sich so vor gegrault. Dort setzten sie dann fest: 100 Prozent, aber bald waren es nur noch 80 und dann 50. Bei 30 Prozent ist Schluß, kriegste gar nichts mehr. Er hatte sowieso den Standpunkt, daß er keine Rente mehr haben wollte. Sondern er wollte wieder ein vollwertiger Arbeiter werden. An und für sich blöd, aber das war sein Standpunkt.

Lange Zeit war er in Behandlung. Dafür mußte er immer wieder nach Friedrichsberg. Da fuhr er in der Straßenbahn hin. Weil er aber einmal umsteigen mußte und sich das alles noch nicht merken konnte, kriegte er von uns einen Zettel mit. Da stand drauf, wer er ist, wo er herkommt und wohin er muß. In der Straßenbahn gab es damals nicht nur den Fahrer, sondern auch einen Kassierer, der ging ständig mit der Kasse rum. Denen hat mein Vater den Zettel vorgezeigt, und die haben ihm geholfen. Das Gleiche auf dem Rückweg – da hatte er dann einen Zettel aus der Klinik dabei. Das hat immer gut funktioniert.

Er mußte natürlich auch das Schreiben neu lernen. Ganz von vorne! Wie ein Kind hat er geübt: A-B-C. Allmählich nahm sein Gehirn das wieder an. Und dann kam langsam auch das Gedächtnis wieder. Nach ein paar Jahren konnte er wieder lesen. Allerdings bekam er dabei schnell Kopfschmerzen. Für den Rest seines Lebens. Ich kann mich gut erinnern: In den Nächten hat er oft geschrien. Er kriegte immerzu Anfälle. Ich hab das gehört, weil ich ja im Nebenzimmer schlief. Dann mußte meine Mutter ihn beruhigen. Bis zu seinem Tod hat er unter den Kriegsfolgen gelitten. Trotz alledem wollte er immer arbeiten. Unbedingt. Der war ein richtiges Arbeitstier. Und er war auch sehr fleißig.

Er machte Arbeiten, wo du nicht viel denken mußt: Lagerarbeiten, Transport – da wirst du ja geführt.

Als ich älter wurde, habe ich mit meinem Vater viel über Politik diskutiert. Meistens in der Küche. Zum Beispiel warf ich ihm sein Kämpfen in der kaiserlichen Armee vor, weil nicht die Heimat verteidigt wurde, sondern es ein Angriffskrieg war. Manchmal haben wir uns so angeschrien, da mußte die Mutter schlichten. Sie ist immer rechtzeitig dazwischengegangen. Und dann kam Hitler an die Macht. «Hitler bedeutet Krieg!» hab ich gebrüllt. Na ja, und nach dem zweiten Krieg, als ich 1950 aus der Kriegsgefangenschaft zurückkam, da hat er zu meiner Mutter gesagt: «De Jung hett recht gehebbt mit Hitler.»

Caroline, Onkel Hans und die Frauenkneipe

Meine Großmutter, die Mutter meiner Mutter, war eine kluge Frau. Caroline hieß sie. Caroline Hagemann. Später Oma Caroline. Neben ihrer Tochter hatte sie noch einen Sohn, den Onkel Hans. Nur zwei Kinder, das war in der Arbeiterschaft sehr selten. Wenn Arbeiterfrauen wenig Kinder hatten, dann gab's nur einen Grund: sie hatten keinen Mann mehr. Der war gestorben oder sie waren geschieden. Dann mußten sie arbeiten und hatten gar keine Zeit für Kinder.

Die Caroline war schon früh Witwe. Ungefähr dreißig war sie, als ihr Mann gestorben ist. Der hatte zu tief ins Glas geguckt. Alkohol war wirklich der Grund für seinen frühen Tod. Jetzt mußte sie auf eigenen Füßen stehen. Sie hatte aber einen großen Unternehmergeist! Neulich war ich im Ortsamt Eimsbüttel, da sammeln die manchmal alte

Fotografien und machen eine Ausstellung. Da stehe ich eines Tages vor einem Foto. Plötzlich denke ich: Das kann doch nicht angehen, das ist doch meine Großmutter. Da stand sie vor dem Eingang einer Kneipe und lachte. Über ihr auf einem Schild stand etwas geschrieben. Ich konnte das nicht genau erkennen. Da bin ich zu dem Leiter der Ausstellung gegangen. «Das wissen wir nicht, ob das Ihre Großmutter ist.» Er entzifferte mit mir zusammen, was auf dem Schild stand: «CA-RO-LI-NE HA-GE-MANN.» Jo, das war ihre Kneipe. Lange Zeit hatte sie, wie alle in ihrer Familie, Zigarren gedreht. Und nun machte sie diese Kneipe auf. In der Lindenallee, im Karolinenviertel. Eine Kellerkneipe war das. Das muß so um die Jahrhundertwende gewesen sein.

Später hatte sie im selben Raum in der Lindenallee einen Plünnenkeller – für kaputtes, altes Zeug. Jetzt kamen die Leute zu ihr und brachten zum Beispiel Papier. Sie hat das auf 'ner Waage abgewogen und es denen für wenig Geld abgekauft. Dann wurde das in eine Ecke gepackt. Und wenn da viel Zeug und Papier war, denn kam der Oberplünnenhändler und hat das ihr abgekauft. So hat sie 'n büschen wat zuverdient.

Alle haben zu ihr gesagt: «Mensch, Caroline! Nu schaff dir doch einen andern Kerl an!» Nee, ihr erster Mann war aber ihre große Liebe gewesen. Später hatte sie dann doch noch einen Mann. Fünf Jahre lang. Wir sagten zu dem «Onkel». Den wollte sie aber nicht heiraten. Sie wollte nie mehr heiraten. Und hat sie auch nicht.

Caroline und ich, wir hatten ein ganz bestes Verhältnis. Sie war für mich so 'ne Art Babuschka. In meiner Kindheit kümmerte sie sich sehr viel um mich, weil meine Mutter für mich kaum Zeit hatte. Ich habe auch viel bei ihr ge-

wohnt. Da habe ich oft zu ihren Füßen gesessen und zuge-
hört, wenn sie Geschichten aus der «Gartenlaube» vorlas.
Und wenn sie irgendwo hinging, schleppte sie mich immer
mit.

In diesen Jahren arbeitete meine Oma Caroline auch
noch als Toilettenfrau. Die hat immer eine Arbeit gefunden. Sie hatte 'ne Anstellung in einem großen Lokal. Da hat
sie unten in der Toilette saubergemacht. Draußen stand ein
Kasten für die Groschen. Und ich krabbelte überall herum
und habe gespielt. Daran entsinne ich mich noch genau.

1921 wurde meine Schwester Gertrud geboren. Dann
bin ich endgültig zu meinen Eltern in die Wohnung gezogen. Da war ich neun Jahre alt. Wir waren jetzt eine feste
Familie, Oma Caroline nahm ihren Sohn Hans, der soviel
trank, zu sich in ihre Wohnung.

1943, als der Angriff auf Hamburg war, sind die beiden
total ausgebombt worden. Da konnte ich für die beiden
eine Wohnung im Nachbarhaus meiner Eltern besorgen.
Kurz danach wurde ich eingezogen in den Krieg. Caroline
war jetzt schon sehr alt. Sie hat immer wieder nach mir gefragt: «Wo is de Jung? Wat moockt der? Is er denn noch
nich dor?» Das hat meine Schwester mir erzählt. «Jo, der
kommt bald!» Die Caroline hat denn immer gesagt, sie
will noch leben, bis ich zurück bin. 1947 ist sie dann gestorben. Ich kam aber erst drei Jahre später wieder zurück.

Ich will von meinem Onkel Hans erzählen. Hans Hagemann ist ja der Bruder meiner Mutter. Zeit seines Lebens
war er ein Hamburger Original. Ich hatte in meiner Jugend
viel mit ihm zu tun. Er war ein Musikus und spielte wunderbar Klavier. Das konnte er schon mit vier Jahren. Der
war wirklich ein Wunderkind. Aber wie so viele Kinder
aus ärmlicher Herkunft konnte er nie ein Konservatorium

besuchen. Und so lernte er das Klavierspielen alleine und spielte sein ganzes Leben lang alles aus dem Kopf, ohne Noten. Er spielte in Gaststätten zur Unterhaltung und zum Tanz. Das waren Arbeiterlokale. In jedem dieser Lokale gab es ein Klavier. Diese Musik war die Unterhaltung der kleinen und armen Leute.

Dann kam die Zeit, in der die Kinos aufblühten. Die Kinos waren immer überfüllt. Es war das Theater des kleinen Mannes. Erst einmal gab es nur die Stummfilme. Daher hatte jedes Kino zusätzlich zum Filmvorführer auch einen Klavierspieler. Onkel Hans wurde auch so einer. Damals war ich ein mittellütter Junge und durfte oft meinen Onkel ins Kino begleiten und mußte nicht bezahlen. Onkel Hans saß vorne, direkt an der Leinwand. Er guckte dauernd nach oben. So konnte er die richtige Musik zu den einzelnen Szenen spielen. Mein Onkel Hans konnte das perfekt.

Als dann der Tonfilm aufkam, verlor er seine Arbeit und wurde Straßenmusiker. Von der Behörde bekam er einen Wanderschein, für den er laufend Steuern zahlen mußte. Nun ging er von Straße zu Straße und spielte auf einem Schifferklavier. Er kannte die schönsten Melodien. Die Menschen haben damals das Geld aus den Fenstern und von den Balkonen hinuntergeschmissen. Ich bin viele Male mit meinem Onkel marschiert und habe für ihn das Geld aufgesammelt.

Später spielte er wieder in Lokalen. Tanzlokale. Eines davon war am Neumarkt, in der Wexstraße. Das war eine Frauenkneipe, da durften keine Männer rein. Nur mein Onkel. Zu ihm waren die Frauen immer sehr nett. Sie hatten alle besondere Musikwünsche, und weil er die spielte, bekam er regelmäßig einen ausgegeben, bis er besoffen war. Dann kam der Höhepunkt des Abends. Jetzt fing er an zu singen. Er hatte eine schöne Stimme, und seine Lieblingsmelodien waren die schönsten Volkslieder.

Gegen Mitternacht schloß das Lokal, und mein Onkel fand nun den Weg nach Hause nicht mehr. Manchmal wurde er von den Frauen zurückgebracht, aber meistens mußte ich ihn abholen. Dann ging ich schon früher am Abend hin und setzte mich neben das Klavier. Ich durfte das, weil alle wußten: das ist der Neffe von Onkel Hans. Ich betrachtete die lustige und freundliche Szene. Es wurde viel getanzt und gesungen.

In sexueller Hinsicht war die Jugend damals, im Gegensatz zu heute, überhaupt nicht richtig aufgeklärt. Und ich selber war ein bißchen doof – kann man wohl sagen. Ich fragte also meinen Onkel, warum sich die Frauen umarmten und küßten, und warum es dort keine Männer gab. Da hielt er mir eine lange und aufklärende Rede über das verschiedene Liebesleben der Menschen. Ich fand es sehr nett. Und gerade weil alle Frauen sehr nett zu mir waren, hatte ich mit der Zeit ein volles Verständnis für das Liebesleben der Frauen.

Es gab zu der Zeit in Hamburg nur wenige Frauenlokale. Dadurch kamen in dieses Lokal Frauen aus allen Gesellschaftsschichten. Einige kannten sich schon über viele Jahre. Es fanden sich dort Paare, die zusammen kamen und gingen. Niemals gab es da Streitereien – das weiß ich von meinem Onkel. Ich habe dort für mein späteres Leben sehr viel gelernt.

Engelmacherinnen und Großfamilien

Der Vater meines Vaters hatte einen komischen Vornamen: Kaspar hieß er. Kaspar Hellmann. Er war als Tischler angestellt beim «Hamburger Fremdenblatt». Es war eine eher rechte Zeitung. Politisch war der Kasper aber links einzuordnen. Er war auch in der Gewerkschaft und Mitglied bei der SPD. Er hat aber nie Funktionen übernommen in der Partei.

Mit meiner Großmutter lebte er schon von Kind an zusammen. Wie das kommt? Meine Großeltern waren Findelkinder. Das gab es früher oft und hatte verschiedene Gründe. Wenn Mütter keine Männer hatten, dann mußten sie arbeiten gehen. Dann hatten sie keine Zeit für ihre Kinder. Und wenn auch niemand aus der Familie auf sie aufpassen konnte, gaben die Mütter ihre Kinder in Heime oder zu sogenannten «Engelmacherinnen» – das war ein Schimpfwort. Eigentlich nannte man die Frauen so, die bei Abtreibungen halfen. Aber wir sagten «Engelmacherinnen» auch zu den Frauen, die viele Findelkinder bei sich zu Hause hatten. Vielleicht sieben oder acht Kinder. Das war dann ein eigener Kindergarten. Aber eine Frau kann ihre Liebe ja nicht auf soviel Kinder verteilen.

Meine Großeltern, die Eltern meines Vaters, kamen also in ein Heim bei Lüneburg. Wo der Junge ursprünglich herkam, wußte später niemand mehr. Das Mädchen war die Tochter einer Kuhmagd. Also war meine Urgroßmutter eine Kuhmagd. Die hatte das Kind auf dem Bauernhof, auf dem sie gearbeitet hat, bekommen. Es war ein uneheliches Kind, und das war damals eine Schande. Die beiden sind also zusammen im Heim aufgewachsen. Wie sie erwachsen waren, heirateten sie. Sie fragten sich: «Wo gehen wir nur hin?» Dann setzten sie sich als Ziel: «Wir fahren nach Hamburg!» Vom Land gingen viele in die Stadt, weil sie hofften, dort Arbeit zu finden. Die beiden lebten am Luruper Weg in einer typischen Arbeiterwohnung mit zwei kleinen Zimmern.

Die Kirche sprach von einem Segen Gottes, wenn eine Arbeiterfamilie viele Kinder hatte. Und weil außerdem die sexuelle Aufklärung in der Arbeiterschaft mehr als mangelhaft war, wimmelte es in Arbeiterwohnungen nur so von Kindern. Abtreibungen waren gesetzlich verboten. Trotzdem war es der Weg von vielen Arbeiterfrauen. So, und Kasper und seine Frau haben nun auch ein Kind nach dem anderen gekriegt – wie die Vögel oder Karnickel. Sie waren nämlich katholisch, und da war an Abtreibung gar nicht zu denken. Ich glaube, meine Großmutter hat über zwölf Kinder gekriegt. Konnte ich nie so genau nachzählen. Sind auch nicht alle am Leben geblieben. Ich glaube, so vier oder fünf sind durchgekommen.

Die Väter in den Arbeiterfamilien mußten viel arbeiten. Und weil das meistens doch nicht langte, mußten auch die Mütter Geld verdienen. Daher kümmerten sich die Großmütter um die Kinder. Sie waren ja dann als Arbeitstiere verbraucht und konnten sich nicht mehr selbst ernähren – Sozialhilfe gab es damals noch nicht. So wurden die Großmütter von der Familie versorgt und kümmerten sich vor allem um die vielen Kinder. Meistens waren die Großmütter der Mittelpunkt der großen Sippen. Dadurch wurden sie zu Familienoberhäuptern. Sie waren die Autorität.

Die Familie meiner Mutter, die Zigarrenmacher, veranstalteten jedes Jahr ein Familientreffen. Das fand dann in der großen Kellerwohnung statt, in der sonst die Zigarren gedreht wurden. Jetzt kamen sie aus allen Richtungen zusammen, und denn sah man plötzlich, was für eine Riesenfamilie man hat! Bei diesen Treffen wurden auch Familienangelegenheiten geregelt und Streitereien entschieden. Die Männer hatten nicht viel zu sagen. Alles bestimmte die Großmutter. An solchen Familienfesten war es schön zu sehen, daß man zu einer großen Gemeinschaft gehörte. Jeder half jedem – das war eine Sicherheit für alle.

Da ich, abgesehen von einigen Unterbrechungen, seit achtzig Jahren in derselben Wohnung lebe, kann ich etwas über die wechselnden sozialen Verhältnisse in diesem Haus erzählen. Es hat sich vieles geändert in all den Jahren. 1927 wohnten in den 20 Wohnungen 20 Familien mit 27 Kindern, die älteren, die schon aus dem Haus waren, gar nicht mitgezählt. Drei Familien hatten fünf Kinder, der Rest ein bis zwei Kinder. Die vielen Kinder rannten den ganzen Tag von einer Wohnung in die andere. Keine Wohnungstür wurde abgeschlossen. Wegen Einbrechern machte man sich damals keine Sorgen. Heute wohnen in den 20 Wohnungen 14 alleinstehende Frauen, wovon eine Mutterschaftsurlaub für ihren kleinen Jungen hat. In den übrigen Wohnungen leben sechs alleinstehende Männer. Diese Zusammensetzung ist typisch für viele Häuser in der Umgebung. Und jede Wohnungstür ist verschlossen. Ist nun nicht jeder mit seinen Problemen alleine? Ich glaube, daß den Menschen heute eine Großfamilie fehlt, in der sie aufgehoben sind.

Die Küche und die Arbeiterwelt

Kaiser Wilhelm war ein absoluter Herrscher. Um die Jahrhundertwende wollte er die stärkste Flotte der Welt haben. So haben auf den Werften bis zu 40000 Arbeiter im Kriegsschiffbau gearbeitet. Viele waren deswegen nach Hamburg gekommen. Und wo sollten die nu alle wohnen? Da haben sie ganze Stadtviertel, Barmbek, Rothenburgsort und auch Eimsbüttel aufgebaut. Eimsbüttel wurde ein Arbeiterviertel mit vielen ganz kleinen Wohnungen.

In den Wohnungen spielte sich das Leben immer in der Küche ab. Besonders im Winter. Das lag erst mal daran, daß es in der Küche am wärmsten war, denn da standen die Öfen. Bei uns standen da ein Kohleofen und ein Gasherd. Für den Kohleofen mußten wir jeden Tag Briketts vom Boden holen. Und ständig mußten wir Holz hacken, um den Ofen morgens in Gang zu kriegen. Der Gasherd war mit der Gasuhr verbunden, in die mußte man zehn Pfennig stecken. Dann gab es Gas, aber nur kurz. Das Gas brauchten wir auch für Licht. Wenn aber das Geld nicht reichte, dann machte meine Mutter ein Talglicht an, so 'ne Kerze, damit wir wenigstens 'n büschen watt sehen konnten. Die Kerze stellte die Mutter dann auf den Küchentisch. Und dann saßen wir alle an dem Tisch, jeder immer auf demselben Platz. Das schönste Licht hatten wir aber, wenn meine Mutter im Wohnzimmer die Petroleumlampe anmachte. Eine große Lampe war das. Das ganze Zimmer war dann erleuchtet.

Wir hatten damals mehr freundschaftliche Verbindungen zu den Nachbarn, als es heute der Fall ist. Wenn man andere Leute besuchte oder die zu uns kamen, dann ging man in die Küche. Nicht ins Wohnzimmer! Nur ganz selten, wenn Geburtstagsfeier war oder Konfirmation, dann saß man mal im Wohnzimmer.

Ach, ein Problem war immer der Waschtag, da hing meine Mutter die ganze Wäsche kreuz und quer durch die Küche auf. Den ganzen Tag mußten wir uns da alle gebückt durch die Küche bewegen. Und Waschtag war einmal die Woche. Dann wurde auf dem Kohleofen ein Kübel Wasser heiß gemacht. In die Mitte vom Raum stellte meine Mutter einen Hocker. Darauf eine Zinkwanne und in die Wanne die Ruffel.

Samstags war immer Badetag, da hat die ganze Familie gebadet. Nu paßten ja nicht alle auf einmal in die Wanne. Da kamen erst wir Kinder, dann die Eltern dran. Dazwischen wurde das Wasser ausgewechselt. Das war schwer: da mußte das Wasser mit 'nem kleinen Eimer rausgeschöpft werden. Als meine Schwester und ich größer waren, gingen wir zur Badeanstalt.

1927, im März, wurde ich in der Apostelkirche konfirmiert. Bei uns war es Sitte, daß man einen blauen Anzug, ein weißes Hemd mit Manschettenknöppe und Schlips anhatte. Und schöne Schuhe brauchte man auch noch! Ich hatte alle diese Sachen natürlich nicht. Ich erinnere mich noch so gut an diese Situation, weil es für meine Mutter, die wieder mal kein Geld hatte, ein riesiges Problem war: Wo kriegen wir nur diese Kleidung her? Wir fanden dann aber einen Ausweg. Im Karolinenviertel gab es ein Teilzahlungsgeschäft. Es gehörte einem Hamburger Juden. Er hatte diese Geschäftsform gewählt, um den Armen die Möglichkeit zu geben, sich einzukleiden. Alle kannten seine Werbung: «Wenn du in Not bist, gehe zu Bucky!»

Ich ging also mit meiner Mutter ins Karolinenviertel. «Ach, den wolln wir mal einkleiden!» Bucky war sehr freundlich. Ich bekam meinen ersten Anzug. Dann kriegte ich ein kleines Büchlein, in das der Bucky die Schuldsumme hineinschrieb. Nun machten wir ab: wöchentlich drei Mark. Mehr konnten wir auch nicht zahlen. Jo, und denn bin ich jede Woche ins Karolinenviertel marschiert und hab dem Bucky sein Geld gebracht. Der hat mir das dann quittiert, bis die ganze Summe abgezahlt war. 1933 haben die Nazis die Scheiben von Buckys Geschäft eingeschlagen. Und später wurde dieser Mensch, der soviel Gutes getan hatte, in Auschwitz umgebracht.

Die Menschen eifern alles nach. Heute haben junge Leute oft 'ne Glatze. Oder diese Rucksäcke. Alle haben einen. Ich wollte neulich jemandem eine Tasche schenken, sagt der zu mir: «Wo kommst du denn her?! Da renn ich doch nicht mit los! Wir haben jetzt alle nur noch einen Rucksack!» So war das früher auch, zum Beispiel bei meinem Vater. Der hatte einen Kaiser-Wilhelm-Bart. Aber nicht nur er. Alle hatten das dem Kaiser abgeguckt! Und so ziemlich jeder Arbeiter hatte einen Krückstock. Das war modern. Wenn ein Arbeiter ein bißchen mehr Geld hatte, dann hatte er einen Krückstock mit einem silbernen Griff. Mein Vater hatte ja überhaupt kein Geld, aber trotzdem einen Stock mit Silber. Auf den war er besonders stolz. Er ging nie ohne diesen Stock aus'm Haus. Nicht aus Hilflosigkeit, sondern weil das eben dazugehörte.

In den Jahren nach dem Ersten Weltkrieg, wenn die Arbeiter mal frei hatten und zusammen loszogen, war das immer an einem Samstag. Sie gingen meist ohne ihre Frauen los. Und immer in dasselbe Lokal. Das ist heute abgerissen. Dann hatten sie alle ihren Krückstock dabei. Ohne den ging das gar nicht, so als Mann – das wär unterm Stand gewesen. Den Stock haben sie dann einfach in

die Ecke gestellt. Und die Frauen haben sich die Hüften ge-
schnürt. Nicht nur die Reichen. Die Zeit- und Mode-
erscheinungen, die äfften die Arbeiter immer nach. Wenn
die Männer samstags in das Lokal gingen, dann manchmal
schon morgens. Das nannten sie dann Frühschoppen. Und
die Eisernen, die warn abends noch beim Frühschoppen.
Zu den Eisernen gehörte mein Vater auch. Dann gab's hier
zu Hause Zank.

Der Bankert und das Familiendrama

Mein Vater war ein hübscher Mann. Auch nach dem Krieg
und trotz seiner schweren Verletzungen sah er so gut aus,
daß es sich für ihn immer noch lohnte, tanzen zu gehen.
Und das hat er oft gemacht. Noch im hohen Alter. Meine
Mutter ist denn immer zu Hause geblieben. Das war nicht
schön. Als meine Mutter ihn das erste Mal gesehen hat –
das war im Jahre 1911, da war sie sofort verliebt. Das hat
sie mir später oft erzählt. Sie konnte nichts anderes mehr
denken. Na, und dann hat er ihr ein Kind gemacht. Ich war
das. Und nu wollte sie ihn natürlich heiraten. Er wollte das
aber nicht. Bald hat die ganze Familie gedrängt, er müsse
sie jetzt heiraten. Dann hat das aber noch gedauert. Am
Tag vor meiner Geburt haben sie dann endlich geheiratet!
Es gab einen Grund, warum er nicht heiraten wollte. Er
hatte nämlich schon eine andere Frau! Mit der war er zwar
nicht verheiratet, aber sie hatten einen Sohn. Der ist genau
ein Jahr vor mir geboren. Mein Vater hatte die Vaterschaft
bestätigt. Der Junge war ein uneheliches Kind. Das galt in
den Arbeiterkreisen als was ganz Schlimmes. Solche Kinder wurden als Schande betrachtet. Man nannte sie Ban-

kerts – auf der Bank gezeugt. Bankerts hatten es sehr schwer. Sie waren vollkommen rechtlos dem Vater gegenüber, auch nicht erbberechtigt. Als Kinder wurden sie versteckt. Es war ein Zeichen für ihr ganzes Leben.

Und das hatte mein Vater meiner Mutter vor der Hochzeit nicht gesagt. Erst danach. Oh, da war sie aber enttäuscht. Das hat sie ihr ganzes Leben lang nicht vergessen können. Nun mußte mein Vater Alimente zahlen. 30 Mark im Monat. Er hat aber nicht genug verdient. Dafür mußte meine Mutter auch arbeiten gehen. Als ich etwas älter war, mußte ich jeden Monat die Alimente bei denen abgeben. Die wohnten im Karolinenviertel. Da bin ich immer hingelaufen, das dauerte so eine Dreiviertelstunde bis zu ihrem Haus. Ich hab geklingelt, und dann kam nur kurz die Mutter raus und nahm das Geld. Daher kannte ich sie ein bißchen. Den Jungen hab ich aber nicht gesehen.

Erst Jahre später habe ich ihn kennengelernt. Das war ein Erlebnis! Ungefähr 1927 wird das gewesen sein. Mein Vater arbeitete wieder, und seine Firma machte ein großes Betriebsfest. Davon hat die Mutter von dem Bankert – der war nun auch schon ein junger Mann – gehört. Dann ist die einfach mit ihrem Sohn dahin gekommen! Ich hab sie an der Theke getroffen. Wir reden erst über meinen Vater. Sie wollte natürlich Informationen über sein Leben haben. Und dann sagt sie plötzlich: «Willst du mal deinen Bruder kennenlernen?» – «Jo, das will ich mal.» Sie guckt nach hinten: «Da steht er.» Er kommt zu uns an die Theke. Ich bin von den Socken. Er sieht aus wie mein Vater! Viel mehr als ich. Ich komme mehr nach meiner Mutter. Aber der sah genauso aus wie unser Vater.

Und dann macht mein Vater einen großen Fehler. Er sagt zu mir: «Sech dat aber nich der Mudder, dat du den hier getroffen has!» Meine Mutter anlügen – das konnte ich nicht. Mein Verhältnis zu ihr war ja eng. Also habe ich ihr das am nächsten Tag erzählt. Oha, da war dann aber ein Riesenehekrach bei uns in der Wohnung ... Ob ich ihn wiedergesehen habe? Das ist ein ganz trauriges Kapitel. Darüber habe ich oft mit meiner Schwester zusammen geweint. Das war später, in den dreißiger Jahren, als die Nazis das Gesetz gemacht haben, daß jeder seine arische Abstammung beweisen mußte.

Unsere Familie war zu Hause, da klingelt es an der Wohnungstür. Das sehe ich noch wie heute: Meine Mutter und mein Vater sitzen in der Küche, und ich gehe zur Wohnungstür. Ich mache auf. Da steht der Bankert vor mir. Er braucht die Papiere von meinem Vater, um seine Abstammung zu beweisen. Meine Mutter ruft aus der Küche: «Laß ihn aber nicht rein!» Ich habe ihn nicht reingelassen. Das war ein ganz schlimmer Fehler. Da hätte ich nicht auf meine Mutter hören dürfen. Wir haben dann die Papiere zusammengesucht, und ich habe sie ihm rausgebracht. Dann ist er wieder gegangen. Das ist für mich und auch für meine Schwester ein ganz, ganz schwieriges Thema. Das hätte nicht passieren dürfen – nicht gegen den eigenen Bruder! Danach habe ich ihn nie wieder gesehen. Ich weiß auch nicht, was mit ihm passiert ist ...

Die Schule und Zeitungskinder

«Wenn du nicht liest, bleibst du blöd!» Damit hat meine Mutter, die selber ihr Leben lang gelesen hat, immer gedroht. Ich war noch ganz klein, da hat sie schon zu mir gesagt: «Wenn du sonst nichts lernst, Junge, lern lesen! Lerne lesen, lesen und noch mal lesen. Dann kommt alles von selber.» Die Arbeiterschaft hatte immer nach Bildung gestrebt. Und so begann ein Traum meines Lebens: eine umfangreiche Bildung. Ich erinnere mich, wie ich manchmal abends zusammen mit ihr in der guten Stube saß, sie auf dem Sofa, ich daneben auf einem Stuhl. Die Petroleumlampe stand auf dem Tisch. Sie las ein Buch. Und ich studierte «Grimms Märchen», so gut ich konnte.

1919 kam ich in die Volksschule. Ich war sieben Jahre alt. Es war eine Jungenschule. Genaugenommen war das aber ein großes Gebäude mit zwei Eingängen aus verschiedenen Straßen. Von der einen Seite gingen die Jungen rein, auf der anderen Seite die Mädchen – im selben Gebäude war eine Mädchenschule. Wir hatten niemals zusammen Unterricht und auch verschiedene Spielplätze. Die Mädchen spielten Wandball. Was haben wir gemacht? Fußball und Handball zum Beispiel. Ich habe viel Sport getrieben damals und war gut auf Draht. Sonst wäre ich auch nicht so alt geworden.

Sport war das einzige, was ich in der Schule gerne machte. Aufgrund der schwierigen Situation, in der wir nach dem Krieg waren, konnte ich nachmittags keine Hausaufgaben machen – ich mußte jeden Tag Geld für den Haushalt dazuverdienen. Meine Mutter alleine war nicht in der Lage, uns zu ernähren. So mußte ich Laufstellen annehmen. Ich habe von meinem achten Lebensjahr an schon mitgearbeitet. Immer. Ich habe Zeitungen ausgetragen und Rundstücke ausgeteilt.

Damals mußten wir in den Häusern alle Stockwerke hochgehen und die Zeitungen richtig zur Tür bringen – nicht wie heute unten vor die Haustür schmeißen. Heute haben sie Angst. Da schließen die lieber ab. Als ich ein Kind war, standen alle Häuser offen. Es gab Hunderte von Zeitungskindern seinerzeit in Deutschland. Denn die Zeitungen wollten Dienst am Kunden machen, um den Umsatz zu steigern. Überall gab's Laufstellen. Es machten keine reichen Kinder, das waren immer die armen. Rundstücke und Zeitung austeilen war eine soziale Frage. Viele Zeitungsjungen mußten auch monatlich kassieren. Sie kriegten denn ein kleines Buch mit, und da wurde aufgeschrieben, wer gezahlt hat: Frau Meier, Müller, Schmitz usw.

Nachher habe ich hier in der Quickbornstraße, in Eimsbüttel, zwei Jahre in einer Druckerei gearbeitet. Da war ich ungefähr elf Jahre alt. Nachmittags. Ich mußte an einer großen Druckmaschine zwei Stunden lang einen Hebel bedienen. Das wurde dann aber verboten für Kinder. Die Arbeit nach der Schule war auch ein Grund dafür, daß ich nichts in der Schule gelernt habe.

Ich war aber auch ein sehr schwieriges Kind. Aufsässig. Ich bin immer von der Schule abgehauen. Einfach aus dem Unterricht raus. Direkt aus der ersten Reihe. Ich saß immer in den ersten Reihen. Wir wurden unseren Leistungen entsprechend gesetzt – die Schlausten hinten, die Dusseligen vorne. Da gehörte ich auch zu.

Die ersten Jahre hatte ich dieselbe Lehrerin für fast alle Fächer. Sie hieß Frau Behrens. Das war eine richtige Zicke. Die mochte mich nicht. Sie hat mich ständig geschlagen. Damals wurden noch viele Strafen verteilt. Den Kindern wurde auf die Hände geschlagen mit einem kleinen Stock. Oder man mußte sich bücken, und dann haste mit einem Rohrstock auf den Hintern bekommen. Das wollte die Frau Behrens dann aber nicht selber machen, also hat sie einen älteren Jungen aus einer anderen Klasse geholt, und der mußte dann hauen.

Als ich zwölf Jahre alt war, bekam ich einen wunderbaren Lehrer, Herrn Reimers. Der sagte zu uns, wir sollten lesen, lesen, lesen. Aber der sah auch, daß ich zu Hause viele Schwierigkeiten hatte und wenig Zeit. Dann bestellte er meine Mutter in die Schule zu einem Elterngespräch. Das war nun das erste Mal, daß sie in die Schule kam. Und da sagt er zu ihr: «Der Junge darf neben der Schule nicht soviel arbeiten. Das muß sofort aufhören.» Ich mußte dann nur noch dreimal die Woche arbeiten.

Nun bin ich auch nicht mehr von der Schule abgehauen. Und das lag an einer Idee, für die ich den Herrn Reimers noch heute bewundere. Der hatte gehört, der junge Hellmann ist frech und der läuft ständig fort. Und was macht der Reimers? Der schickt mich auch noch los, um Besorgungen zu machen! Immer wieder mußte ich in der Stadt für ihn selbst oder für die Schule etwas holen. Er hat mir vertraut. Er hatte nicht mal Angst um das Geld. Jo, und dann bin ich immer zurückgekommen. Und war nicht unpünktlich. Nicht ein einziges Mal. Langsam wurde ich ein neuer Mensch. Und alle meine Noten verbesserten sich. Der hatte es geschafft, meinen Ehrgeiz zu wecken und mich bei meiner Ehre zu packen.

An einem schönen Tag sagte Herr Reimers zu uns: «Ich will euch etwas zeigen.» Wir gingen zu Fuß zur Universität. Vor dem Hauptgebäude mit den großen Säulen mußten wir stehenbleiben. Der Lehrer zeigte nach oben. Was dort in großen Buchstaben eingemeißelt stand, mußte die ganze Klasse laut vorlesen: «Der Forschung, der Lehre und der Bildung.» Das habe ich niemals vergessen. Einer von uns hat es tatsächlich geschafft. Der Klassenprimus. Der hatte überall eine eins. Der hat dann studiert, wollte Lehrer werden. Aber für mich war es leider ein wenig zu spät. Was ich in den vielen Jahren versäumt hatte, konnte ich nicht mehr nachholen. Dadurch hatte ich mein Leben lang Schwierigkeiten mit der Orthographie und der Grammatik der deutschen Sprache. Auch heute muß ich manchmal für einen Brief ein Wörterbuch zur Hilfe nehmen. Aber Bildung für die Armen dieser Erde war auch immer eine soziale Frage. Zur Bildung muß man Zeit haben.

Hochdeutsch habe ich übrigens erst und nur in der Schule gelernt. Vorher konnte ich nur Plattdeutsch. Das lag daran, daß mein Vater nur Platt sprach und das die Umgangssprache bei uns zu Hause war. Ich konnte einigermaßen Hochdeutsch, als ich 1927 die Schule verließ.

Die Taubenzucht und der Fischmarkt

Seit Anfang des Jahrhunderts hatte die Arbeiterschaft ein Hobby: das Taubenzüchten. Dazu haben sie richtige Vereine gebildet, mit Statuten, Versammlungen und was alles dazugehört. Ein Arzt hatte zu meinem Vater gesagt, als er aus dem Krankenhaus entlassen wurde, er müsse sich ein Hobby suchen, damit er nicht das Grübeln anfängt. So ging mein Vater jetzt in einen Taubenzuchtverein. «Kurier» hieß er. Es war der größte in Eimsbüttel. Aber man muß unterscheiden zwischen Ziertauben und Brieftauben. Das hier waren Brieftauben. Die sind intelligenter. Die konnte man sogar im Krieg verwenden, als Nachrichtenüberbringer.

Und nu brauchte mein Vater ja einen Taubenboden. Die Genehmigung vom Hauswirt hat er gekriegt, und dann hat er sich in unserem Haus, oben, in einem kleinen Raum, einen Taubenboden gemacht. Ungefähr zehn Quadratmeter groß. Er hat von nun an für den Rest seines Lebens Brieftauben gezüchtet. Er hat auch bei Wettbewerben mitgemacht – das gab's auch! Einmal hatte er eine Preisträgerin, die war so gut geworden, daß sie beim Wettfliegen viele Preise gewann. Man setzt die Tauben aus und wartet, welche nu am schnellsten wieder zurück in ihrem Taubenschlag ist.

Das waren riesige Entfernungen, am weitesten weg war Basel. Das geht so: Da wurden in Eimsbüttel die Tauben eingesammelt, und dann fuhr jemand einen Lastwagen voller Tauben bis nach Basel. Auf einem freien Feld machten sie die Türen auf, und die Tauben flogen gleich los. Mein Vater saß dann hier und wartete. Die Tauben finden den Weg nach Hamburg und zu ihrem Taubenboden. Nun mußten sie zur Steckuhr. Die Steckuhr ist dazu da, daß man den Ring in diese Uhr reinsteckt, und dann stempelt sie die Uhrzeit. Die meldet man an eine Zentrale und dann wird ausgerechnet, wer erster ist. Und diese eine Taube war manchesmal die erste. Da war mein Vater immer sehr stolz.

Ein großes Problem war das Futter. Darüber hat sich meine Mutter immer sehr geärgert. Denn das kostete ganz schön was! Und ich hab das Futter immer aus einem Geschäft holen müssen. Richtige Säcke waren das. Und denn mußten sie bis ganz nach oben auf'n Boden. Da kommt das in eine Kiste rein, und dann streut man das so dahin, wie bei Hühnern. Und der Raum muß immer picobello sauber sein. Sonst bekommen sie Milben. Du mußt immer auf Draht sein und bist dauernd in Gange.

Manchmal machte mein Vater die Klappe auf. Dann flogen sie alle raus. Sie flogen im Himmel herum, in großen Kreisen. Es kamen dann andere Tauben dazu. Aber sie haben sich nie vermischt. Das war 'ne Familie. Nachher kamen sie alle gemeinsam wieder runter, zurück in ihr Heim.

Wie viele Tauben er hatte? Ich weiß es genau: 70. Ich mußte sie nämlich alle später, nachdem mein Vater gestorben war, in einem Drahtkasten einfangen. Was ich mit denen gemacht habe? Jo, ich bin denn mit denen auf den Fischmarkt und hab mich da hingestellt und sie verkauft. Für ein paar Mark das Stück. Die waren ganz schnell weg. Und am nächsten Tag waren sie alle wieder da! Also bin ich zurück zum Fischmarkt und hab mich wieder mit den Tauben da hingestellt. Wenn dann derselbe Käufer kam, habe ich ihm die Taube wiedergegeben oder sein Geld. Wenn nicht, hab ich es behalten und sie noch mal verkauft.

Eine Lehrstelle und Schiffe aus Amerika

Anfang dieses Jahrhunderts kam es in Arbeiterkreisen darauf an, daß die Jungs und Mädchen sofort Geld ins Haus brachten. Lehrjahre für ein Kind bedeuteten bei armen Eltern immer Verlust an Geld. Deshalb blieben so viele ungelernte Arbeiter. Mein Vater war sein ganzes Leben ungelernter Arbeiter, seine Brüder auch. Weil deren Mutter es sich nicht leisten konnte, einen Jungen in den vier Jahren Lehrzeit mit dem kleinen Lehrgeld zu lassen. Die mußten Geld für die Familie verdienen.

Meine Mutter war ja intelligent! Sie hatte hier in der Wohnung die Hosen an. Und sie war der festen Überzeugung, der Junge muß einen Beruf lernen. Sonst wär ich immer ein ungelernter Arbeiter geblieben. Das ist der Grund, warum ich eine Lehre anfangen sollte: meine Mutter war der treibende Keil. Mein Vater hatte in der Familie nichts zu sagen. Er war ja auch psychisch belastet durch seine schwere Verletzung aus dem Weltkrieg. Meine Mutter als Haushaltsvorstand mußte rechnen. Da wurde mit Pfennig-beträgen gerechnet. Also nur einer konnte lernen. «Der Junge muß einen Beruf erlernen!» hat meine Mutter ge-sagt. Meine Schwester hat später keine Ausbildung be-kommen. Als sie groß war, ist sie gleich Hilfsarbeiterin auf der Valvo-Fabrik in Eimsbüttel geworden.

Wir wußten aber noch nicht, welchen Beruf ich nun ler-nen sollte. Da bin ich mit meiner Mutter zusammen zur Berufsberatung vom Arbeitsamt gegangen. Mein Ab-gangszeugnis von der Volksschule war zwei bis drei. Das war ein gutes Zeugnis! Der Beratungsfritze hatte vor sich einen Block liegen. Auf dem stand, welche Firmen Lehr-linge suchten. Er war daran interessiert, daß die Werften Lehrlinge bekommen – weil es zu der Zeit auf den Werften eine große Nachfrage gab. Er hat aber auch noch andere Berufe vorgeschlagen: Bäcker, Schuster, Schneider. Das al-les waren Berufe, wo Mangel herrschte.

Aber ich hab mich für eine Schiffszimmererlehre ent-schieden, weil das mit der Seefahrt zusammenhing. Ich hatte schon früh Bücher von Jack London gelesen. Das ist einer der Schriftsteller, der bei jungen Männern oder jun-gen Menschen bewirkt, daß sie die Welt sehen wollen! Und Hamburg ist ja eine Hafenstadt. Die Kinder, die in Hamburg geboren und groß geworden sind, die sind mit dem Hafen verbunden. Hier sind die großen Schiffe. In einer solchen Stadt ist in den Kindern die Sehnsucht nach Übersee. Und ich selber wollte die Welt kennenlernen. Da hab ich gesagt: Denn geh ich auf die Werft als Schiffszimmermannslehrling. Ich wurde dann durch das Arbeitsamt für vier Jahre an die Werft Blohm & Voss vermittelt.

Die Schiffszimmerei war im vorigen Jahrhundert und auch das Jahrhundert davor ein ganz starkes Handwerk gewesen. Denn solange Schiffe aus Holz gebaut wurden, waren Schiffszimmerer gesuchte Fachleute. Ich kam auf die Werft in einer Umbruchszeit. Ich habe nicht nur Holzarbeiten gelernt, sondern auch schon Eisenarbeiten – das war früher nicht so. Der Berufsberater hatte alles in den leuchtendsten Farben geschildert – ich bin schon bald Kapitän – so ungefähr. Aber das war eine falsche Darstellung. Denn nun komme ich in die reale Wirklichkeit: ein ungeheuer schwerer Beruf ist das gewesen! Ich hab später zwei Jahre am Stapellauf gearbeitet. Da lagen die Schiffe an Land auf einem Schlitten und mußten unten und an beiden Seiten mit großen Holzbalken abgestützt werden. Schwer war das! Ich war immer vollkommen kaputt. Der Berufsberater hatte gar nicht recht gehabt. Wenn ich das früher gewußt hätte, hätte ich den Beruf nicht gelernt, gebe ich ehrlich zu.

Am 7. April 1927 war mein erster Tag bei Blohm & Voss. Da lernte ich gleich die Stempeluhr kennen: Da war eine Uhr, und jeder bekommt einen Schlüssel – den Stempel. Mein Schlüssel hatte die Nummer Z489 – nach so vielen Jahren weiß ich das noch! Morgens, wenn ich zur Werft kam, nahm ich also den Stempel und steckte ihn in die Uhr rein. Dann wurde der Schlüssel aufgehängt. Abends machte man das wieder – da hattest du deine Arbeitszeit. So war das früher üblich auf den Werften.

Blohm & Voss hatte für seine Lehrlinge einen guten Ausbildungsstand. Es gab Lehrlingsbetreuer, eine praktische und eine theoretische Schule. Als ich anfing, habe ich erst mal gelernt, die Werkzeuge zu bedienen: Hobel, Säge, Handbohrer, Bohrmaschine. Wie man die ganzen Handwerkszeuge bedient, ist die erste Voraussetzung in jedem Beruf. Da gibt es Lehrlingsanleiter – der hat die Lehrlinge zuerst unter sich. Sie zeigen, wie man mit den Werkzeugen umgeht. Das wird ganz genau erklärt. Und dann mußt du das machen. Diese Einschulung dauert ungefähr ein Vierteljahr.

Alle 300 bis 400 Lehrlinge bei Blohm & Voss sind jede Woche einen Tag auf die Berufsschule gegangen. Die Schule war auf Steinwerder. Dort wurde einmal der theoretische Fachunterricht gegeben, aber es wurde auch Weiterbildung gemacht. Weil ich zwei bis drei im Abgangszeugnis von der Volksschule hatte, kam ich in eine falsche Klasse. Ich kam zu den Lehrlingen, die später mal Ingenieur werden wollten. Die mußten erst den Beruf erlernen und nachher auf die Ingenieurschule. Ich kam in dieser Klasse nicht mit. Mein Fleiß ließ nach, und ich war auch immer sehr traurig. Meine Mutter ist dann eines Tages zu Oma Caroline gegangen und hat ihr erzählt: «Der weint immer, der kann die Aufgaben nicht lösen.» Na ja, und dann sagte die Großmutter: «Do geh ick mo hin.» Aber meine Großmutter Caroline war eine ganz energische Frau. Die hat sich aufgemacht, ist durch den Elbtunnel marschiert, rüber auf die andere Seite nach Steinwerder und hat sich angemeldet bei dem Schulleiter. Da hat der Schulleiter gesagt: «Na, was ist denn, Frau Hagemann?» Und nun sprach sie platt mit ihm: «Ja, dat will ick di eben mol vertelln: Min Jung kommt hier gar nich torecht inner Schol – dat mut ännert warden!» – «Ja, wat is denn da los?» Der Schulleiter, der Ingenieur, sprach nun auch platt! Der hat sich amüsiert über meine Großmutter. «Hej schafft dat nicht!» – «Ah», sagt er, «dat kriegen wi schon alles hin, Oma!»

Als ich an diesem Abend nach Hause kam, hat sie mir davon aber nichts erzählt. Nein, das hatte sie einfach hinter meinem Rücken gemacht. Denn wurde ich am nächsten Tag beim Schulleiter vorgeladen: «Du hast aber 'ne nette Großmutter!» – «Ja, was is nu los, Herr Direktor», hab ich gesagt. «Ja, die war hier! Du kommst nächste Woche in eine andere Klasse!» Und wirklich – ich wurde versetzt in die andere Klasse. Da waren keine Ingenieure mehr, sondern alles Leute, die Facharbeiter werden sollten. Denn war ich voller Freude und bin aufgeblüht wie eine Pfingstrose. Und da war das auch gut mit der Schule. Das hab ich nie wieder vergessen.

Als die Einschulung an den Werkzeugen vorbei war, wurde man einem Lehrgesellen zugeteilt. Mein erster Lehrgeselle hieß Walter Bohne. Mit diesem Gesellen bleiben manche zwei, drei Jahre zusammen. Das ist wie so eine Brüderschaft. Bei ihm macht man die praktische Arbeit. Er bringt dir jetzt seine Fachkenntnisse bei. Aber er hat auch einen Akkordzettel, wo die Arbeit draufsteht, die er machen muß. Und da ist auch der Lehrling mit einkalkuliert. Das bedeutet, daß es für den Gesellen sehr wichtig war, ob er einen fixen Lehrling hatte oder nicht.

Bei Walter Bohne war ich mindestens ein Jahr. Bohne war ein erstklassiger, tüchtiger Fachmann. Von dem konnte ich viel lernen. Er war für mich ein vorbildlicher Mensch in jeder Beziehung: erst mal war er beruflich 'ne ganz große Nummer und kriegte immer schwierige Arbeiten, für die man viel Geschick brauchte. Walter Bohne war auch sehr gewissenhaft in der Ausbildung der Lehrlinge. Wenn du in der Lehre bist, mußt du an die Maschinen erst rangeführt werden. Ruhig und vernünftig. Damit du dir nicht auf einmal an der Kreissäge den Arm abschneidest oder so.

Ich hab mit ihm viel auf den Schiffen gearbeitet. Eine der Hauptaufgaben war zum Beispiel Decklegen. Alle Schiffe hatten ein Holzdeck aus Hartholz. Mein Geselle war Spezialist für so was. Das Deck legte man erst, wenn das Schiff vom Stapel gelaufen war. Dann wurde es wieder an den Kai geholt, und ich mußte die Deckplanken alle rantragen. Die waren schwer! Teakholz ist eins der schwersten Hölzer überhaupt. Dann wurden die Planken zuerst so zurechtgesägt, daß sie richtig aneinanderstoßen: oben muß fünf Milimeter Luft zwischen ihnen sein, und unten liegen sie aneinander. Deshalb wurden die Planken schräg angeschnitten. Zwischen den Planken entstand dann so eine Ritze. Wenn man die Planken gelegt hat, nimmst du eine Kelle, an der so eine Spitze ist. Und mit der Kelle machst du Teer in die Ritzen. Das wird ganz hart. Das nennt man kalfatern. Und nachher kommt noch Pech drauf.

Mein Lehrgeselle Walter Bohne hat dafür gesorgt, daß ich ein erstklassiger Facharbeiterlehrling wurde. Man machte immer Zwischenprüfungen. So einmal im Jahr wurde ich vorgeladen, und denn mußt du irgend etwas vormachen. Der Lehrlingsmeister geht mit dir auf ein Schiff und sagt: «Nun leg du mal hier das Deck hin!» Jetzt bist du ganz alleine ohne deinen Lehrgesellen und mußt nun das Deck legen. Nachher konnte ich die Decksverlegung genauso gut wie mein Geselle.

Mein Lehrgeselle war auch noch Hafentaucher. Wolln mal sagen, da kommt ein Schiff aus Amerika und hat 'ne Havarie irgendwo auf der Elbe. Dann muß der Taucher

runter auf den Grund des Hafenbeckens und muß einschätzen, was für eine Reparatur nötig ist. Dafür wurde
der Bohne rangeholt – das war natürlich nicht jeden Tag,
sondern nur manchmal. Da bin ich dann auch noch auf die
Taucherschule gegangen als Lehrling. Da habe ich eine
Ausbildung gekriegt. Aber als Lehrling durfte ich noch
nicht auf dem Grund rumkrabbeln, sondern ich hab beim
Pumpen mitgemacht. Wenn die Taucher runtersteigen,
wird die Luft für sie runtergepumpt.

Der Stapellauf und die Arbeitersolidarität

Walter Bohne war auch ein Kommunist. Und er hat mir
neben der praktischen Arbeit auch das solidarische Denken unter den Arbeitern beigebracht: «Hör mal zu, du
mußt erst mal in die Gewerkschaft eintreten!» hat er gesagt. Er hat mich dann viele Male zu Veranstaltungen der
Gewerkschaft mitgenommen. Und ich bin als junger
Mann dort eingetreten. Obwohl in meinem Lehrvertrag
stand: «Der Lehrling darf Vereinen oder Vereinigungen
ohne Genehmigung des Lehrherrn nicht beitreten.» Ich
war trotzdem drinne! Wenn du damals nicht in der Gewerkschaft warst, nannten sie dich «Quitsche» – das ist
ein Schimpfwort gewesen. Es gab noch ein Schimpfwort
«Gelber» – denn die gelben Gewerkschaften waren die
Gewerkschaften der Unternehmer.

In der Gewerkschaft bekommst du dein Klassenbewußtsein. Das ist wohl das richtige Wort: die Arbeiterklasse
muß sich zusammenschließen. Denn erst wenn sie sich zusammenschließen, können die Arbeiter erfolgreich Lohn-
kämpfe führen. Das schaffte ein solidarisches Denken. Ich

habe Ende 1928 auch einen großen Werftarbeiterstreik miterlebt. Wir Lehrjungen durften aber nicht streiken. Es war uns laut Lehrvertrag verboten. Da kamen auch Streikbrecher auf die Werft. Aber unter Lebensgefahr. Weil überall Streikposten waren. Später hatte ich auch noch andere Lehrgesellen. Aber Walter Bohne habe ich nicht vergessen, weil der Kommunist war. Er wurde später – im November 1944 – als Widerstandskämpfer in Hamburg auf der Straße erschossen.

Das erste Jahr bin ich jeden Morgen zu Fuß von Eimsbüttel bis zur Werft gelaufen. Und nie zu spät gekommen. Man konnte ungefähr anderthalb Stunden rechnen, die man laufen mußte. Da mußte ich immer um fünf Uhr aufstehen: Verschlafen gab's nicht! Mein Vater war so ein nervöser Mensch, der machte uns manchmal ganz verrückt. Aber der war eine lebende Uhr. Der paßte schon auf, daß ich hochkam, und hat mich immer geschüttelt.

Ich hatte Mitläufer aus der Straße, mindestens zehn oder elf. Die standen dann unten und flöteten und schrien hoch zu uns in den ersten Stock. Da kannste gar nicht zu spät kommen. So hat einer dem anderen geholfen. Das steckte so drinne in uns – Pünktlichkeit. Also heute werd ich verrückt, wenn einer, mit dem ich zusammenarbeite, immer zu spät kommt. Ich fuhr später Lastwagen, und mein Beifahrer kam jeden Morgen zu spät. Da wurde ich verrückt. So bin ich eingestellt. Das ist eben auch 'ne Erziehung, die ich auf der Werft bekommen hab.

Da sind jeden Morgen Tausende von Werftarbeitern zu Fuß durch den alten Elbtunnel an den Landungsbrücken in Hamburg-St. Pauli marschiert. Aus Eimsbüttel sind wir erst mal runter zum Pferdemarkt, dann nach St. Pauli, Reeperbahn. Und denn runter zum Hafen, zum Elbtunnel.

Tausende! Überall aus Hamburg, durch alle Stadtteile. Wir konnten das einfach nicht bezahlen, mit der Straßenbahn zu fahren. Wir mußten das Geld sparen. Und hatten alle die gleichen Schuhe: Das waren Schuhe mit Gummisohlen. Auf keinen Fall Leder! Es gab hier in Hamburg Geschäfte, die hießen BATA. Die hatten diese Schuhe. Mit dicken Gummisohlen. Denn wenn du immer zum Hafen zu Fuß laufen mußt, brauchst du dicke Sohlen an den Schuhen. Preiswerte Schuhe für die Arbeiter. Es gab in jedem Stadtteil einen BATA-Laden.

Wir mußten in der Familie mit jedem Groschen rechnen. Meine Mutter wartete schon immer auf mein Geld. Lehrgeld. Im ersten Jahr war das 17 Pfennig in der Stunde, mehr war das nicht! Im zweiten gab's dann 19 Pfennig, im dritten 23 Pfennig und im letzten, in dem man schon selbständig die volle Arbeit gemacht hat, nur 28 Pfennig! Im Schnitt hat ein Arbeiter zu der Zeit vielleicht 40 Mark gehabt in der Woche. In meinem ganzen Arbeitsleben kenne ich immer nur Wochenlohn. Arbeiter bekamen Wochenlöhne. Erst seit es Girokonten gibt, hat sich das geändert. Aber wir hatten noch die Lohntüte. Der Zahltag ist immer am Freitag gewesen. Entweder kam einer und brachte die Tüte, oder du holtest sie ab. In der Tüte war dein Lohn und außerdem noch die Abrechnung über Versicherungen – Invaliden- und Krankenversicherung.

Autos gab's nicht, nur Fahrräder. Viele kamen auf ihren Fahrrädern zur Arbeit. Ich bekam im zweiten Lehrjahr ein Fahrrad, auf Abzahlung gekauft. Da hatte ich noch weniger Geld – ich mußte das ja abbezahlen! Um die Ecke war ein Fahrradgeschäft. Dort bekam ich wieder so ein Buch, wie bei Bucky, und mußte jede Woche zwei Mark von meinem Lohn hinbringen. Und das, wenn du fünf verdient hast! Ein Jahr hab ich bestimmt gestottert! Nachher war das Fahrrad dein.

Im zweiten Jahr hab ich dann zusammen mit einem anderen Gesellen am Stapellauf gearbeitet. Das war 'ne böse Arbeit! Dort waren wir so 200 bis 300 Lehrjungs. Der Obermeister hatte aber diejenigen aussortiert, die so'n büschen flau in den Beinen waren. Die konnten das nicht machen. Das war körperlich zu schwer. Aber ich war ganz schön auf Draht als junger Mann. Ich war perfekt am Stapellauf.

So ein Schiff wird dort auf einer Helling gebaut. Das ist eine schräge Bühne, von der das Schiff später ins Wasser rutscht. Aber als erstes wird auf dieser Helling der Kiel gelegt. Und unter den Kiel muß man schon so einen Stapel von Holz legen: Du packst zuerst den Holzstapel von so einem Meter Höhe hin, und dann kommt der Kiel oben drauf. Danach werden im rechten Winkel die einzelnen Spanten entlang des Kiels gelegt. Die Spanten mußten wir zur Seite mit großen Balken abstützen. Von beiden Seiten, damit das Schiff nicht umkippt!

An die Spanten kommen als nächstes von außen überall die großen Eisenplatten dran. Zu der Zeit, als ich gelernt habe, wurde alles vernietet. Da gab's noch kein Schweißen. Und deshalb gab's auf der Werft einen speziellen Beruf, der hieß Nieter. Das ist direkt romantisch: Das waren richtige Nieterkolonnen – zwei Nieter und ein Warmmacher. Einer sitzt im Schiff drinne und hat einen kleinen Ofen mit Kohlen und macht die Nieten heiß. Wenn sie glühend heiß sind, wie beim Schmied, dann steckt er sie raus auf die Außenseite, wo er mit einem Nietenkopf dagegen kommt. Draußen sind die Nieter und hauen mit großen Hammern auf die Niete. Die haben den Bogen raus – ar-

58

beiten alle im Akkord. Oha, das ist 'ne ganz schwere und auch ungesunde Arbeit.

Die ganzen vier Jahre meiner Lehre war ich nur mit Lehrgesellen zusammen. Bis fast zum Schluß. Nur im letzten Jahr war ich schon ein klein bißchen selbständig. Der Obermeister von der Schiffszimmererabteilung, der schätzte jetzt die Leute ein. Ich will nicht angeben, aber ich hatte 'ne dicke Nummer da auf der Werft. Ich konnte nun die verschiedenen Arbeiten genausogut machen wie meine Gesellen. Denn haben sie schon gesagt: «Mach dat man selber!» Die Zeit mit den Gesellen war viel zu lange – vier Jahre! Heute lernen sie drei Jahre. Das war nur, weil die Firma viel verdienen wollte. Als ich selbständig arbeitete, da hat die Werft verdient an mir! Denn ich bekam im vierten Jahr nur 28 Pfennig Lehrlingsgeld in der Stunde – mehr war das ja nicht. Und ich hab die volle Arbeit gemacht wie ein Geselle, aber abgerechnet wurde mein kleiner Lohn.

Doch Blohm & Voss hat sich mit der Ausbildung der Lehrlinge größte Mühe gegeben. Und ich hatte auch gute Zeugnisse. Trotzdem flog ich nach meiner Lehre sofort raus. Viele Unternehmen hatten damals nichts mehr zu tun und mußten ihre Leute rausschmeißen. Die Industrie und der Mittelstand lagen am Boden. Es gab sechs Millionen Arbeitslose. Alles brach zusammen. Die Weltwirtschaftskrise von 1929 hatte auch Deutschland erfaßt.

Die Liebe und die verlorenen Kinder

Durch meinen Freund Rolf Hagge, über den ich später noch erzählen will, kam ich zur kommunistischen Jugendgruppe in Eimsbüttel. Mit Rolf und seinem Bruder Fritz

59

war ich seit meiner Kindheit eng befreundet. In der Methfesselstraße wohnten wir Haus an Haus. Auf dem Land, außerhalb Hamburgs, ist unsere Jugendgruppe an den Wochenenden regelmäßig gewandert. An einem Wandertag fiel mir ein Mädchen auf, weil sie besonders laut sang – aber immer völlig falsch. Ich lernte sie kennen und stellte nun fest, daß sie freundlich und nett war. Ihr Name war Mary. Mary Groth. Wo sie den Vornamen wohl herhatte, hab ich mich gefragt. Sie erzählte mir dann von ihrem Vater, der Seefahrer war und schon die ganze Welt umkreist hatte. Ich fand das nett, denn ich wollte ja nach meiner Lehre auch Seefahrer werden. Auf den nächsten Wanderungen blieben Mary und ich nun immer zusammen.

Eines Tages sagt Mary zu mir: «Meine Eltern wollen mal meinen neuen Freund kennenlernen.» Da war ich ja gespannt, was sie für Eltern hat. Ich war sofort von den Groths eingenommen. Hauptsächlich, weil sie beide politisch organisiert waren. Sie waren richtig klassenbewußte Arbeiter. Marys Vater Ernst Groth war außerdem ein allwissender Arbeiter. Er las Goethe, Heine und Schiller und Marx und Lenin und Stalin. Meine Liebe zu Mary wurde dadurch noch bestärkt. Ich war ja ein noch völlig ungebildeter Arbeiter. Von nun an war ich jede freie Minute bei den Groths, und ich wurde immer wißbegieriger.

Bis dahin hatte ich mit Frauen nur platonische Beziehungen, obwohl meine Freunde schon was anderes mit Frauen erlebt hatten. Wir waren alle völlig unaufgeklärt, muß ich mal sagen. So passierte es vielen jungen Paaren, daß die Frau schwanger wurde. «Fest» – so hieß das damals bei uns.

Plötzlich war auch Mary fest. Das war für uns ganz, ganz furchtbar! Denn wir waren doch beide erst achtzehn

Jahre alt und vollkommen arm – niemals hätten wir uns ein Kind leisten können. Außerdem waren wir zum Heiraten noch viel zu jung. Aber ein uneheliches Kind kam gar nicht in Frage. Bankerts galten doch als Schandfleck für eine Frau. Keiner von uns wagte es, mit seinen Eltern zu sprechen. Es gab den entsetzlichen Paragraphen 218, der eine Abtreibung verbot. Ärzte, die helfen wollten, wurden streng bestraft. Unter der großen Gefahr wagten nur wenige Ärzte trotzdem den Eingriff. Aber dafür nahmen sie natürlich viel Geld. Was sollten wir nur machen?

Uns blieb nichts anderes übrig, als zu einem Kurpfuscher zu gehen. Es war der einzige Weg der armen Mädchen, wenn sie nicht selbst mit Stricknadeln ihr Kind abtreiben wollten. Auf diese Weise waren schon viele Mädchen an versteckten Plätzen verblutet. Aber auch beim Kurpfuscher sind viele Frauen gestorben. Hunderttausende Frauen haben trotz des Verbots und der Gefahren abgetrieben.

Mary vertraute sich schließlich einer älteren Bekannten an, die früher Krankenschwester war. Sie wollte 30 Mark für den Eingriff haben. Das war der Wochenlohn eines Arbeiters. Mühsam pumpten wir uns das Geld zusammen. An einem Abend gingen wir dann gemeinsam zu dieser Frau. Sie lebte in Eimsbüttel, in einem Hinterhof. Bei der Frau war alles ordentlich und sauber, und so faßten wir Vertrauen zu ihr. Wir hatten keine Ahnung, welche Folgen wir auf uns laden würden. Wir mußten dafür furchtbar büßen, besonders Mary.

Aber erst mal ging alles gut. Der Eingriff dauert gar nicht so lange. Wir gingen beruhigt nach Hause, in die Wohnung von Marys Eltern. Sie haben nichts gemerkt. Auch meinen Eltern habe ich weiterhin nichts erzählt.

Vierzehn Tage später, es war mitten in der Nacht. Plötzlich setzten bei Mary entsetzliche Schmerzen ein. Sie schrie das ganze Haus zusammen. Sofort mußte ein Notarzt geholt werden. Er kam sehr schnell und führte unter großen Blutungen weitere Eingriffe durch. Es ging einigermaßen gut. Ohne den Arzt wäre Mary innerlich verblutet. Aber zehn Tage später bekam Mary wieder fürchterliche Schmerzen. Dieses Mal brachte ich sie ins Krankenhaus. Es war alles entzündet. Sie mußte operiert werden. Erst nach vielen Monaten war die Abtreibung überstanden. Aber von nun an hatte Mary immer Angst beim ehelichen Zusammensein.

Ich hatte furchtbare Angst um ihr Leben. Sie war doch meine große, feste Liebe geworden. Wenn ich dieses alles vorher gewußt hätte, wäre ich dafür gewesen, daß sie das Kindlein ausgetragen hätte. Aber wir waren ja selber noch halbe Kinder.

Hitler, Widerstand und Krieg

Rotfrontkämpferbund und Saalschlachten

Man kann sich gar nicht vorstellen, wie schnell die Zahl der Nazis zugenommen hatte. Das waren nicht ein paar, sondern waren Hunderttausende hier in Hamburg. Wir waren der Flut der Nazis gar nicht gewachsen. Die Nazis hatten ihre Sturmabteilungen – SA, SS und Marinesturm. Da hat die KPD als Gegengewicht zu der SA – die in Deutschland zusammen 1934 schon drei Millionen Mitglieder hatte! – den Rotfrontkämpferbund aufgebaut. Der war also eine militärische Organisation der KPD. Fiete Schulze und Etkar André waren die Leiter des Hamburger Rotfrontkämpferbunds. Es kam darauf an, dem Terror der Nazis entgegenzutreten. Wir hatten schon Tote – die SA schoß ja auch. Was da los war!

Genau wie die SA hatte der Rotfrontkämpferbund auch mehrere Sturmabteilungen in Hamburg. Und auch eine Jugendabteilung: Jungfront. Das waren 200 bis 300 Mann. Die wurden immer dann eingesetzt, wenn Versammlungen waren: Schutz oder Sprengungen von Versammlungen. Es gab jede Menge Schlägereien. Wir haben viele Saalschlachten mit den Nazis geschlagen. Wie das passierte? Wenn wir ein Plakat sahen, daß in einem öffentlichen Saal ein Nazi spricht, denn sind wir mit 100 Mann dahin. Wenn jetzt der Nazi sprach, dann rief ein Mutiger von uns: «Du Schweinehund! Du bist ein Mörder!» Dann dauerte das keine zwei Minuten, dann hat der erste einen Stuhl geschmissen – ja, und denn geht das los! Dann gab's 'ne Riesenschlägerei. Da kriegste ordentlich watt auf'n Kopp! Wir waren ja jung – da biste noch nicht so ängstlich. Und dann wurden wir rausgeschmissen von der SA. Wir mußten auch unsere Versammlungen schützen. Da stellten wir uns auf, durch den ganzen Saal, auf beiden Seiten. Ich kann mich gar nicht entsinnen, daß die Nazis mal bei uns richtig aufgeräumt hätten. Aber wenn es Ärger gab, und die Polizei kam, dann war die meist auf seiten der Nazis. 1929 ist die Organisation verboten worden. Aber der Rotfrontkämpferbund hat illegal weitergemacht.

Die SA war enorm angriffslustig. Ein Beispiel ist der sogenannte Altonaer Blutsonntag am 17. Juli 1932: Da kamen vom Altonaer Bahnhof her 7000 Leute der SA und der SS. Sie marschierten Richtung Arbeiterviertel. Sie gingen ins absolute Arbeiterviertel, nach Alt-Altona rein. Das war eine Provokation. Sie wollten die Gegend aufmischen. Aus anderen roten Stadtteilen waren zur Unterstützung viele, viele Leute gekommen. Ich selber saß mit etwa 100 Leuten in einer Kneipe, wir warteten auf den Angriffsbefehl. Der kam allerdings nicht. So kam ich gar nicht zum Einsatz. Aber es entstand eine gewaltige Schlacht. 18 Menschen wurden erschossen, 50 waren schwer verletzt. Da waren auch Unbeteiligte dabei. Den Blutsonntag kann ich niemals vergessen.

1931 wurde ich in Barmbek bei einer politischen Versammlung, die verboten war, festgenommen. Da war ich ja noch 'n lüttes Licht und mußte nur drei Tage in Untersuchungshaft absitzen. Aber kurz darauf wurde ich wieder auf einer verbotenen Versammlung verhaftet. Diesmal machten sie Fotos und nahmen mich in die Kartei auf. Nach sieben Tagen Untersuchungshaft war ich wieder frei. Bald kam ich das dritte Mal in Untersuchungshaft. Das war so: Es gab in Hamburg einen ganz gefährlichen Sturmtrupp – den Marinesturm. Der war immer an vorderster Front bei den Nazis dabei, wenn es Auseinandersetzungen gab. Eines Tages im Winter, Ende 1932, ging ich mit Rolf Hagge durch Eimsbüttel, da kommt uns plötzlich ein gefährlicher Schläger vom Marinesturm entgegen. Wir kannten den, der lebte auch schon immer in Eimsbüttel. Jetzt war der Schläger alleine. Da sind wir zu zweit auf ihn los, haben den verprügelt. Hagge und ich wurden deshalb festgenommen. Wir wurden beide verurteilt zu jeweils drei Monaten Gefängnis.

Aber wir hatten Glück: Denn gerade war der General Schleicher Reichskanzler geworden, und weil die Gefängnisse zu voll waren, machte der die sogenannte Schleicher-Amnestie – Gefangene wegen kleinerer Delikte brauchten nicht mehr ins Gefängnis. So wurde auch uns die Strafe erlassen. Das heißt: Wir mußten sie gar nicht antreten, waren wieder frei – nach zehn Tagen UG. So, und dann war das ja wie ein Wunder! Denn nur wenige Wochen später kam Hitler an die Macht. Wäre meine Strafe nicht amnestiert worden, hätte ich noch im Gefängnis gesessen. Dann hätten die neuen Machthaber mich gleich weiter ins KZ gebracht. Und da wäre ich wohl nicht mehr rausgekommen.

Das Vorbild und eine Zigarettenschachtel

Mit zwanzig Jahren ist man mit seinen Gedanken, mit seinem Geist und seiner Intelligenz noch nicht richtig reif. In diesem Alter braucht jeder Mensch Vorbilder. Alle richten sich nach ganz bestimmten Menschen aus. Diese Menschen müssen beweisen, daß sie auch zum Vorbild taugen. Fiete Schulze war für mich persönlich so ein Vorbild – und ist es bis heute. Mit Recht.

Arbeiter hatten wenig Möglichkeiten, sich durch eigene Initiative weiterzubilden. Im Schnitt lasen sie nur die billigen Boulevardblätter. Es gab hier aber auch Zeitungen von der Arbeiterschaft selber, das «Hamburger Echo» von den Sozialdemokraten und von den Kommunisten die «Hamburger Volkszeitung». Das waren ihre Schulungszeitungen. August Bebel hat gesagt, daß die Arbeiter aufgrund ihrer langen Arbeitszeit und Ausbeutung nicht die Kraft besitzen, sich selber eigenständig zu bilden und daß wir keinen Führungskörper kriegen, wenn wir die Arbeiter nicht bilden.

Dann entstanden die sogenannten Arbeiterbildungsvereine. Und aus diesen Vereinen sind später viele Führer und Funktionäre beider Parteien, von SPD und KPD, hervorgegangen.

Aus diesem Grunde gab es jetzt auch von der KPD Schulungsabende für Arbeiter. Da lernte ich mein großes Vorbild kennen. Und ich wurde im Bezirk Hamburg ausgesucht zusammen mit ca. 25 anderen. Ich wurde ausgewählt, weil ich in der kommunistischen Jugendbewegung war und auch im Rotfrontkämpferbund. Wir waren alle so um die zwanzig Jahre alt. Wir waren der Nachwuchs der Partei. Die Absicht war, daß aus diesen Leuten der spätere Führungskörper wird.

Fiete Schulze war mein Schulungsleiter. Er war von Beruf Werftarbeiter – Nieter. Die Nieter waren sehr revolutionäre Leute, ganz links eingestellt. Schulze hatte schon 1923 den Hamburger Aufstand mitgemacht. Ist auch dafür verurteilt worden. Er ist dann später den Weg des

Funktionärs gegangen und wurde nach Moskau gerufen für eine höhere Qualifikation. Dort hat er sechs Jahre lang die Hochschule für Politik besucht. Er wurde in Politökonomie von Marx geschult und in den Schriften von Lenin und Stalin – so, wie das damals üblich war. Und er hat auch Philosophie studiert – war also ein glänzend geschulter Mann. 1931, als ich mit der Schulung anfing, war er zusammen mit Etkar André Leiter des Hamburger Rotfrontkämpferbundes – der «Jungfront» und der «Roten Marine».

Hier in Hamburg-Eimsbüttel in der Eichenstraße gab es damals eine kleine Villa. Da stand auf einem Schild «Volksheim». Damals, in der SPD-Zeit vor 1933, hat die Parteiorganisation der KPD einen Saal im «Volksheim» gemietet. Dort fand die Schulung statt. Alle linken Parteien machten das so. Auch die SPD. Alle zusammen in dem Haus. Unsere Schulung war zweimal in der Woche. Immer abends – meistens von acht bis zehn Uhr. Ging ja auch nicht anders: wir haben doch alle den ganzen Tag gearbeitet. Wir mußten auch immer Arbeiten schreiben. Fiete Schulze wollte den Grad unseres Wissens erproben. Weil er eine Einschätzung abgeben mußte über jeden von uns. Er mußte sagen, für welche Aufgaben man uns später nehmen könnte und für welche nicht.

Ich war gespannt auf den ersten Tag und auf Fiete Schulze. Ich sehe ihn heute noch in das Zimmer reinkommen. Die erste Frage, die er mir stellte, war: «Was ist der Staat?» Na, ich war noch zu doof, ich konnte gar keine Antwort geben! Dann ging er durch die Runde und stellte jedem einzelnen dieselbe Frage. «Die Polizei!» meinte einer. Dann hat Fiete Schulze gesagt: «Der Staat ist das Ausführungs- und Unterdrückungsorgan der jeweils herrschenden Klasse!» Den Satz hämmerte er uns richtig ein, und am Ende haben wir den auch alle begriffen.

Sein Stil, den er jetzt bei uns anwandte, war der richtige Stil, mit jungen Leuten umzugehen. Das ist nämlich die Kunst dabei – man darf nicht überheblich sein oder eingebildet, weil man schon klug ist und die Teilnehmer noch dusselig sind. Mein erster Eindruck von Fiete Schulze war, der Mann ist der geborene Lehrer. Er hatte einen bestimmten Plan für die politische Anleitung. Es gibt das berühmte Buch von Lenin, das heißt «Staat und Revolution». Da zeigt Lenin die Rolle des Staates auf. Das hatte Fiete Schulze alles im Kopf. Den Inhalt dieses Buches brachte er uns im Laufe der Zeit bei.

Da wurde zum ersten Mal die Grundlage der Theorie in meinen Kopf gelegt. Fiete Schulze war derjenige, der uns zum Beispiel die beiden Grundströmungen der Philosophie auseinandergesetzt hat: den Idealismus und den historischen Materialismus. Er wußte, was Dialektik bedeutet, und kannte genau den Unterschied zwischen diesen beiden großen Gegensätzen auf der Erde. Man muß sich dazwischen entscheiden.

Mitten im Unterricht sagte er manchmal: «Ich muß mal eben meinen Faden holen.» Dann zog er aus seiner Brusttasche eine Zigarettenschachtel. Er guckte kurz drauf, und dann ging der Unterricht weiter: Da standen die Stichworte für den Unterricht.

Fiete Schulze hatte die Aufgabe, für unsere ideologische und politische Schulung zu sorgen. Diese Schulung im «Volksheim» war aber nur ein Teil unserer Ausbildung. Da gab es noch einen anderen Schulungsleiter. Der hieß Erich Krollmann. Er war die rechte Hand von Schulze in Hamburg. Er führte die Anleitung militärischer Art im

Rotfrontkämpferbund durch. Sonnabends gingen wir immer mit ihm ins Gelände. Da lernten wir dann, wie man nach den Sternen marschiert oder wie man die Himmelsrichtungen nach derjenigen Seite eines Baumes bestimmt, auf die die Sonne schien.

Wir waren über 1000 Mann im Hamburger Rotfrontkämpferbund. Wir haben die Grundbegriffe gelernt, in denen auch Soldaten ausgebildet werden. Wir sind marschiert, haben gesungen und gefeiert. Krollmann war auch Militärstratege und hielt richtige Vorträge – zum Beispiel über die Kriegstheorie von Clausewitz.

Ich mochte den Kerl zu gern. Er kam eigentlich aus dem Rheinland, war aber als hauptamtlicher Funktionär nach Hamburg abkommandiert. Nach der Machtergreifung Hitlers habe ich ihn ganz aus den Augen verloren. Erst später habe ich erfahren, daß er in die Sowjetunion emigriert war, dann in Spanien in den Internationalen Brigaden gegen Franco gekämpft hat. Dort wurde er verwundet und kehrte in die Sowjetunion zurück. Da ist er schließlich ein Opfer der NKWD – der sowjetischen Geheimpolizei – geworden.

Die Schulung habe ich zwei Jahre gemacht – bis Toresschluß, als 1933 die Nazis an die Macht kamen. Fiete Schulze war von Anfang an sehr gefährdet und wurde deshalb auch immer beschützt. Da waren immer ein, zwei Leute als Bewachung da. Mußte man ja. Man konnte den Mann ja nicht alleine laufen lassen. Das war gefährlich. Die Nazis hatten damals schon verschiedene Leute von uns erschossen. Fiete Schulze gehörte zur obersten Leitung der Partei in Hamburg. Trotzdem haben sie nicht aufgepaßt: so einen Mann wie ihn durfte man nicht verhaften lassen!

Die Verhaftung von Fiete Schulze verbreitete sich wie ein Lauffeuer. Dann hat es in Hamburg den ersten und letzten großen öffentlichen Prozeß unter den Nazis gegeben. Der hat nicht bloß Hamburg erschüttert, sondern die ganze Welt, auch aus anderen Ländern kamen Sympathieerklärungen.

Bei dem Prozeß waren Zuschauer zugelassen. Aber das war dem Gericht nicht angenehm. Denn Fiete Schulze nutzte gleich die Gelegenheit, um sich selbst zu verteidigen. Sie haben ihm den Prozeß gemacht, weil er der verantwortliche Leiter des Rotfrontkämpferbundes war. So einem Organisator schieben die Nazis natürlich alles in die Schuhe, obwohl er nicht mal 'ne Pistole hatte und nie auch nur eine Kugel abgeschossen hat! Trotzdem wurde er zum Tode verurteilt. Er war eben der geistige Inspirator. Solche Leute, die den Kapitalismus und den Imperialismus anklagten und die theoretischen Anleitungen dazu gaben, waren in den Augen der Nazis gefährliche Leute. Ich will mal wieder Lenin zitieren: «Die Theorie wird zur materiellen Gewalt, wenn sie die Massen ergreift.» Deshalb war die Theorie für die Nazis so gefährlich. Fiete Schulze konnte an die Leute rankommen. Ein berühmter Franzose hat mal gesagt: «Wenn man entflammen will, muß man selber entflammt sein.» Das merken die Zuhörer. Und Fiete Schulze war entflammt!

Seine Verteidigung führte er brillant. Der Staatsanwalt rief aus, daß Fiete Schulze ein Mann ist, den man, wenn man ihn bezwungen hat, vernichten muß, weil nämlich seine Zunge gefährlicher ist als eine Pistole. Für diesen Mensch, das hat der Staatsanwalt gesagt, sei kein Platz im neuen Deutschland. Und dann hat er die Todesstrafe gefordert.

Als ich später selbst bei der Gestapo in Haft war, da hatte ich immer tausend Ängste, daß sie rausfinden, daß ich die Schulung bei Schulze mitgemacht habe. Wenn man vor der Gestapo sitzt, fragen sie dich ja deinen Lebenslauf ab. Vieles haben sie ja auch schon in ihrer Akte stehen. Es ist doch logisch, daß sie die Leute, die einen solchen Kursus mitgemacht haben, auch schnappen wollen: weil das die Theorie ist!

Im Prozeß gegen Fiete Schulze wurde im März 35 in Hamburg das Urteil verkündet: Dreimal Todesstrafe und 260 Jahre Zuchthaus. Am 6. 6. 36 wurde das Urteil vollstreckt. Erst 1981 hob der Generalstaatsanwalt in Hamburg das Urteil auf. Fiete Schulze wurde voll rehabilitiert.

Die Machtübernahme und der Untergrund

Die wirtschaftliche Lage im Jahre 1932 war für mich bedrückend, ich war schon zwei Jahre lang arbeitslos. Die Arbeitslosen standen in Schlangen vor den Zahlstellen, um ihre Unterstützung abzuholen. Die Zahl der Arbeitslosen betrug zu der Zeit über sechs Millionen. Hinter uns lagen schon jahrelange Auseinandersetzungen mit der SA und der SS. Die Übermacht der Nazis war erdrückend. Immer wieder endeten die Wahlversammlungen in blutigen Schlägereien, es gab Tote und Verwundete auf beiden Seiten. Die Nazis setzten jetzt ihre sogenannten Alten Kämpfer, die sich in den vergangenen Straßenschlachten bewährt hatten, als Hilfspolizei ein.

Am 27. Februar 33 stand das Reichstagsgebäude in Flammen. In derselben Nacht zum 28. Februar wurden Tausende Kommunisten verhaftet, unter ihnen der ganze

Führungskörper der Partei. Viele wurden umgebracht, der Rest kam in die neueingerichteten Konzentrationslager. Am 24. März 33 beschloß der Reichstag gegen die Stimmen der SPD, die Kommunisten waren alle auf der Flucht, das sogenannte Ermächtigungsgesetz. Nun konnte Hitler in Deutschland machen, was er wollte.

Die letzte Reichstagswahl am 5. März 33 brachte den Nazis nicht die erwartete absolute Mehrheit, sondern nur 43,9 Prozent der abgegebenen Stimmen. Zwischen 1933 und 1945 war eine Million Männer und Frauen im Widerstand zu Hitler. In dieser Zeit wurden in Deutschland 32 000 politische Todesurteile ausgesprochen und vollstreckt. Bis zum Jahre 1939 saßen von den Mitgliedern des Widerstandes 300 000 in KZ-Lagern. Das schreibt Günther Weisenborn in seinem Buch «Der lautlose Aufstand».

Meinen Freund Fritz Hagge hatten sie gleich nach der Machtübernahme gejagt, weil er erster Sekretär des Rotfrontkämpferbundes in Eimsbüttel war. Der mußte sofort untertauchen. Seine Tante wohnte hier gleich um die Ecke, die Straße ein kleines Stück hoch. Da ist er erst mal hin geflüchtet. Darauf kamen die Nazis natürlich schnell. Aber sie fanden ihn dort nicht. Da nahmen sie dann einfach seine arme Tante mit und sperrten sie ein. Und dann sagten sie, daß sie eingesperrt bleibt, bis ihr Neffe sich stellt. Na, und denn ist er natürlich hingegangen. Er hat dann zwölf Jahre Zuchthaus bekommen und die auch abgesessen.

Nach dem Krieg ist er, wie auch sein Bruder Rolf, in die DDR gegangen. Sie wurden beide hohe Funktionäre. Das heißt aber auch, daß sie als Geheimnisträger nicht mehr in den Westen durften. Da haben sie viele Menschen nie mehr wiedergesehen. Die alte Mutter der Hagge-Brüder wohnte auch hier um die Ecke. Ich hab sie in den Jahren nach dem

Krieg manchmal besucht. Da hat sie immer gesagt: «Wo sind denn meene Jungs? Warum kommen sie nich?» Die konnte gar nicht verstehen, daß sie ihre Söhne nicht mehr sehen durfte.

Gleich nach der Machtübernahme wurden auch andere Freunde und Bekannte von der SA gejagt. Der eine war Fiete Handke. Dessen ganze Familie war schon vorbestraft wegen ihrer politischen Arbeit. Der wohnte gleich bei mir um die Ecke. Der andere war Walter Novak. Der war Hauszimmermann und mit Marys Schwester verheiratet. Erstklassige Fachkraft. Zusammen mit Fritz Hagge waren beide in der Jungfront des Rotfrontkämpferbundes gewesen. 1932 waren die drei beteiligt gewesen am Sturm auf eine der SA-Kasernen hier in Eimsbüttel. Und dann sind Zeugen aufgetreten und haben sie identifiziert. So waren sie auf die Listen der SA geraten. Handke und Novak wurden beide gleich 1933 verhaftet. Zusammen haben sie zunächst für vier Jahre in Rendsburg im KZ gesessen. Novak war schon vor 1933 ein paarmal erwischt worden. Einmal hatte er einen SA-Mann zusammengeschlagen. Nach Rendsburg kam er noch acht Jahre ins KZ Sachsenhausen. So wie ich das sehe, weil er ein Gebildeter war – der war auch theoretisch geschult. Die Nazis hielten die Gebildeten für besonders gefährlich. Die SA hat entschieden: Handke, den können wir laufenlassen, der ist harmlos. Aber Novak muß weg.

Ich selber wurde jetzt auch gesucht. Schon nach kurzer Zeit stand die SA in ihren Uniformen in der Wohnung meiner Eltern. Die haben natürlich einen Riesenschreck bekommen: Ich sollte verhaftet werden. Zufällig war ich aber gerade nicht zu Hause. Dann ist jemand zu mir gerannt gekommen und hat mir verraten, was zu Hause los ist. Ich mußte also weg! Ein Freund hat mir sofort sein kleines Zelt geliehen, und mit dem bin ich schnell an der Elbe entlang Richtung Geesthacht marschiert. Etwa 30 Kilometer ist das entfernt. Dort gab's einen Zeltplatz, den ich kannte. Da waren dann auch schon andere Untergetauchte in ihren Zelten. Das fiel aber gar nicht auf, denn auf dem Zeltplatz wohnten in diesem Sommer auch viele Urlauber. Ich blieb dort die ersten Wochen in der Illegalität. Immer wieder kam die SA zu meinen Eltern nach Hause und hat nachgefragt: «Frau Hellmann, ist Ihr Sohn da? Wo ist er denn?!» «Das weiß ich gar nicht», hat meine Mutter dann immer gesagt. Das war für sie eine ganz schlimme Belastung. Irgendwann wurde es dann gefährlich, weiter im Zelt zu wohnen. Es war kälter geworden, und die vielen Urlauber reisten ab. Nur wir Untergetauchten blieben übrig. Da mußten wir verschwinden. Ich bin dann bei Genossen in dem Ort Geesthacht untergetaucht. Mittlerweile waren fünf Monate vergangen. Ich hatte das Gefühl, ich könnte es wagen, zurück nach Hamburg zu gehen. Als erstes ging ich zu meinen Eltern. Na, da haben die sich aber gefreut.

Gegen Ende des Sommers passierte ein neues Unglück. Mary hatte ein angepriesenes Schutzmittel genommen, aber es wirkte nicht. Sie war wieder fest. Beide keine Arbeit, keine eigene Wohnung und kein Geld. Wir waren uns einig: Keine Abtreibung, nie wieder. Jetzt haben wir unsere Eltern informiert, und es wurde beschlossen: Wir müssen heiraten und zusammenziehen.

Mary pumpte sich etwas Geld und mietete bei Freunden ein kleines Zimmer, eine eigene Wohnung kam gar nicht in Frage.

Die Zelle und das Standesamt

Ich besuchte gerade meine Eltern, wir sitzen zusammen in der Küche. Plötzlich klopft es laut an der Wohnungstür. Die Mutter geht an die Tür, und dann steht da die Gestapo! Es waren Knuth und sein Scherge Beyer – das waren Begriffe damals. Sie waren höflich und nett: «Ihren Sohn müssen wir mitnehmen!» Ich wurde mit der grünen Minna abgeholt. Allein aus dem Stadtteil Eimsbüttel wurden ungefähr 30 Leute aus der Organisation Rotfrontkämpferbund, Abteilung Jungfront, abgeholt. Alle in meinem Alter, die Nachwuchsgeneration. Wir kamen in die Müggenkampstraße. Da ist jetzt ein neues Haus, aber da war früher die alte Wache. Von dort ging es ins Stadthaus. Hier war der Sitz der Geheimen Staatspolizei. Die haben viele unsagbar gefoltert. Einige sind aus dem Fenster gesprungen. Das kam immer wieder vor.

Bei uns kam es denen erst einmal darauf an, alle zu registrieren. Jeder von uns wurde fotografiert, und es wurden die Fingerabdrücke genommen. Dann wurde eine Akte über jeden angelegt, für die ganze Nazizeit. Wenn die deine Fingerabdrücke hatten, mußtest du später alles mit Handschuhen machen.

Meine erste Vernehmung war durch Knuth. Der war Kriminalinspektor, schon vor 1933 bei der Polizei gewesen, also ein Fachmann. Nachher, unter Hitler, wurde er einer der ganz Großen hier in Hamburg. Er hat damals ganze Widerstandsgruppen erfaßt. Ich mußte zugeben, daß ich Mitglied im Rotfrontkämpferbund war. Konnte ich ja nicht abstreiten. Wäre ja blöd gewesen. Jetzt kam er darauf, nach der Praxis zu fragen. Es muß ja wohl Glück gewesen sein, daß der meine Akte aus der Zeit vor 33 nicht hatte. Die war noch unter der SPD-Regierung angelegt worden.

Ich wurde da noch nicht geschlagen. Aber jetzt stellten sie natürlich Fangfragen. Wir aus Eimsbüttel waren ungefähr 100 gewesen, und 30 wurden geholt. Nun wollten sie die anderen 70 auch noch haben. Die führenden Kommunisten, die im Stadthaus gefoltert wurden, hatten das überstanden, die hatten nichts verraten. Das war für mich ein Glück, weil ich ja an einigen Aktionen beteiligt gewesen war. Meine erste Vernehmung verlief also ganz gut.

So, jetzt mußten wir aber alle zur weiteren Untersuchungshaft in das UG nach Fuhlsbüttel – das war berüchtigt damals. Erst mal sind wir erschrocken, man hatte ja auch eine Vorstellung davon, was da passiert ... Die Leitung dort hatte aus der SA, der SS und dem Marinesturm die härtesten Schläger rausgesucht. Und die stellten da das Bewachungspersonal. Denen wurde gesagt, daß 30 Leute aus Eimsbüttel vom Rotfrontkämpferbund kommen. Nun kann man sich vorstellen, wie die eingestellt waren. Die wollten jetzt Rache.

In Fuhlsbüttel angekommen, werden wir mit dem Gesicht zur Wand gestellt und dürfen uns nicht bewegen oder sprechen. Hinter uns gehen die Posten der SS auf und ab. Du mußtest den ganzen Tag so stehen! Und wenn einer sich bewegt, wird er von denen an die Wand geschubst. Manche hatten ein ganz blutiges Gesicht. Die wollten uns erst einmal einschüchtern. Erst dann werden wir auf die Zellen aufgeteilt. Im Gebäude sehen wir, daß sie überall Netze gespannt haben. Das ist, damit du nicht Selbstmord machst, wenn du runterspringst. Dann springst du ins Netz.

Wenn Untersuchungen gegen dich waren, warst du immer in Einzelhaft – ich war die ganze Zeit alleine in einer Zelle. Meine Zelle war mehr lang als breit. Acht Quadratmeter ungefähr. Nach so vielen Jahren kann ich das noch genau beschreiben: Rechts, wenn du reinkommst, stand da ein kleiner Tisch, davor ein Stuhl. Links war eine kleine Pritsche, die machst du am Tage hoch, die wird zur Wand geklappt. Und abends, wenn wir eingeschlossen werden, machst du sie wieder runter und legst dich drauf. In der Ecke rechts war ein kleines Waschbecken, in der linken Ecke die Toilette. So, dann ist Schluß.

Immer wieder bewegt sich etwas am Guckloch in der Tür. Die Wachmänner, die gucken, ob sich jemand aufhängt, Selbstmord macht oder auch nicht ... Ich hatte vom zweiten Tag an immer denselben Wachtmeister. Den werde ich nie vergessen: Wachtmeister Otte. Der hat nur geschlagen. Ganz brutal. Der kam morgens, ganz früh in die Zelle. Da mußte ich dann unterm Fenster strammstehen und Meldung machen: «Schutzgefangener Hellmann, Mitglied des Rotfrontkämpferbundes Hamburg.» Dann schrie er: «LAU-TER!» Und wieder: «LAU-TER!» Beim dritten Mal haste geschrien und kriegst einen roten Kopp. Jeden Morgen war es das gleiche.

Wenn er dann endlich wegging, rannte ich sofort zur Tür und legte das Ohr ans Schlüsselloch, damit ich jetzt alles höre, was in der nächsten Zelle los war. Weil der Otte bei allen immer wieder «LAU-TER!» schrie, habe ich dann auch gewußt, ach, da liegt der und der ... Die Namen kannte ich damals alle. Aber ich habe die Leute in den Monaten kein einziges Mal gesehen oder gesprochen. Manche beherrschten ja das Signaltelefon, das Morsealphabet. Die klopften denn so ans Becken oder an ein

Rohr, und die nächsten konnten das entziffern – aber ich konnte das nicht.

Meine Zelle war nicht im Parterre, sondern in der zweiten Etage. Von meiner Zelle aus konnte ich genau über die hohe Mauer gucken, nach Fuhlsbüttel – in den Stadtteil. Was machste nun den ganzen Tag in der Zelle? Das ist ganz schlecht. Du mußt aufpassen, daß du nicht rammdösig wirst. Also, man geht denn viel auf und ab, macht ein bißchen Training, daß man Kondition behält. Es wurde ja ständig geschlagen, getreten, geschossen, aufgehängt – du bist nach drei Tagen völlig durcheinander.

Einer machte einen Selbstmordversuch, schon am zweiten Tag, den hatten sie gleich gefoltert, weil er alles abgestritten hatte. Der war eine Zelle weiter. Wollte sich aufhängen. Dann hat der Posten das aber gehört, und sie haben ihn erst mal in Ketten gelegt. Den habe ich zwanzig Jahre später wiedergetroffen. Ich sag: «Du hast damals aber schön die Nerven verloren, hättest heute doch nicht mehr gelebt, wenn du dich aufgebummelt hättest.»

Zwei, drei Zellen weiter war ein Journalist aus Lübeck. Fritz Solmitz. Er war ein Jude und hatte schon früh im «Lübecker Volksboten» gegen die Nazis geschrieben. Den haben sie dann gleich nach der Machtergreifung inhaftiert. Seine Frau hat gekämpft, daß er wieder rauskommt. Ein Lübecker Richter hat dann seine Freilassung angeordnet, aber der stellvertretende Leiter in Fuhlsbüttel – Dusenschön hieß der – hat ihn nicht freigelassen. Statt dessen haben die Solmitz noch schwerer gefoltert. Dann kam seine Frau und wollte ihn abholen. Aber da hing er tot in seiner Zelle. Der Dusenschön wurde viele Jahre später, 1962, wegen Mordes angeklagt. Er wurde freigesprochen.

Gefoltert wurde immer unten im Vernehmungsraum.

Dazu kam ein Extra-Rollkommando. Welche schrien ja wie am Spieß. Das passierte oft. Das hörst du jetzt alles, das schallt ja so im Gefängnis, von unten nach oben. Da hältste dir die Ohren zu! Und nun haben sie auch eine Kirche da, und denn haben sie immer die Orgel angestellt, damit nicht alle das Schreien hören. Immer wieder spielte die Orgel. Da wirste wie so'n verstörtes Reh. Du bist fertig! So stark ist man ja auch nicht. Ich war ja noch jung.

Meine Frau war hochschwanger. Da hat sie Antrag auf Trauung gestellt. Ich glaube, die sollte am 15. Dezember 1933 sein. Das hat die Gestapo dann genehmigt. Ich krieg jetzt in der Zelle Bescheid, daß die Trauung stattfinden solle. Nu krieg ich die unglückliche Idee: Wenn es zur Trauung kommt, dann flüchtest du. Das hab ich mir in den Kopf gesetzt.

Jetzt werde ich aus dem Lager abgeholt von Knuth und Beyer persönlich. Die fahren mit mir in einem Privatwagen zum Standesamt in der Weidenallee im heutigen Schanzenviertel. Ich habe Handschellen an. Ich bin ganz ruhig, doch im Inneren bin ich gar nicht ruhig. Ich hab innerlich geglüht. Ich hatte ja noch allerlei Sachen ausgefressen, was sie noch nicht raushatten. Die wußten das nicht und dachten auch nicht, daß ich weglaufe. Da haben die nicht mit gerechnet.

Da kommen wir jetzt zum Standesamt hin. Wir sitzen noch im Auto, da sagt der Beyer: «Knuth, nimm ihm doch die Handschellen ab, das sieht so blöd aus.» Da hat er die Handschellen abgemacht. Ich geh raus, und da stehen vor dem Gebäude meine Mutter, Mary und die Trauzeugen, von denen einer Rolf Hagge war. Wir sollten zusammen reingehen.

Und dann, das weiß ich noch wie heute: Ich schubs den

Knuth weg. Der fällt hinten rüber. Und ich renn jetzt über die Straße rüber und in die erste Straße rechts rein – die Fettstraße. Knuth läuft hinterher mit einem Revolver in der Hand. Er schreit: «Stehenbleiben oder ich schieße!» Die Leute flüchten alle zur Seite. Er hat dann geschossen! Aber nicht getroffen ... Ich laufe die Fettstraße hinunter, will jetzt weg – ohne nachzudenken. Der Beyer fährt aber untenrum durch die Bellealliancestraße und kommt von der anderen Seite in die Fettstraße rein. Der steht nun mitten auf der Straße, da werde ich wieder eingefangen.

«Die Trauung muß stattfinden!» schreit der Knuth. «Deine Strafe erlebst du, wenn wir zu Hause sind!» Also fuhren wir wieder zurück zum Standesamt. Da standen sie immer noch alle. Auch meine Mutter. Die hat das Bild ihr Leben lang nicht vergessen. Das muß man sich vorstellen: Sie hat gesehen, daß auf ihren Jungen geschossen wurde. Ja, die waren nu alle durchgedreht. Alle runter mit den Nerven. Wir konnten uns gar nicht begrüßen.

Jetzt gingen wir ins Standesamt rein zu dem Standesbeamten. Der war noch einer von früher, kein Nazi. Ich hatte jetzt Ketten um. Da sagt er zu mir, und das Wort habe ich nicht wieder vergessen: «Wie man sich bettet, so liegt man. Aber unter diesen Bedingungen, so wie Sie hier stehen, kann ich die Trauung nicht vollziehen, ich lehne das ab.» Ich hab erst ein Jahr später geheiratet.

Dann kam ich wieder ins Auto. Unterwegs hab ich schon mal ein paar verpaßt gekriegt – die waren ja wütend! Ich saß im Auto ungünstig, Knuth saß vor mir und knallte mir mit der Hand immer wieder ans linke Ohr, bis mir das Trommelfell platzte.

Als wir wieder zurückkamen, stand die SS da. Ich wurde in einen Extraraum geführt im Parterre, und dann wurde ich sofort von Knuth und Beyer ausgepeitscht. Erst der eine, dann der andere. Ich mußte mich auf einen Tisch legen und wurde festgeschnallt. Und dann peitschten sie den Rücken – immer wieder. Danach war ich nur noch ein Fleischbündel. Die SS stand dabei – die haben sich amüsiert. Normalerweise wurden die Häftlinge von denen ausgepeitscht. Aber Knuth und Beyer wollten es selber machen. Und das habe ich später in den fünfziger Jahren, im Prozeß gegen Beyer, ihm auch vorgeworfen. Ich sag: «Ich bin von Ihnen selbst geschlagen worden.» Der Beyer hat das abgestritten, die SS hätte das gemacht. Da fragt der Richter: «Können Sie das beweisen?» – «Kann ich nicht. Wie denn?!» Meinung gegen Meinung. Der Beyer wurde freigesprochen.

Naja, ich wurde dann wieder in die Zelle hochgeschleift, ich konnte ja nicht mehr gehen. Dann hab ich 'ne Woche lang auf der Erde gelegen. Konnte gar nicht mehr aufstehen. Das Essen haben sie auf 'n Boden geschmissen. Ich hab's dann vom Boden gegessen. Du wirst wie so'n Tier ...

Und das Ganze war ein gefundenes Fressen für den Wachtmeister Otte. Der legte mir dann einen Strick in die Zelle: «Häng dich mal auf, ist das beste, wenn du verreckst» – so in der Art. «Haste dich noch nicht aufgebummelt?» hat er immer wieder reingerufen. Ich muß ehrlich sagen: Da haben sie mich doch gebrochen ... für eine lange Zeit.

Erst nach ein paar Tagen konnte ich wegen meinem Ohr nach einem Arzt fragen. Der konnte aber nichts machen. War auch ein Nazi. Seitdem höre ich nur noch auf dem anderen Ohr. Immer war ich in der Zelle. Ich hatte nicht einmal Ausgang. Welche durften einmal am Tag, aber nur ganz kurz raus, auf 'n Hof, da gingen sie dann rum. Da war ich sehr neugierig und wollte sehen, wer da so alles ist. Es ist aber strengstens verboten, aus'm Fenster zu gucken. Hab ich trotzdem gemacht. Das war hoch oben, ich mußte einen Tisch an die Wand stellen und da draufsteigen. Unter größter Vorsicht! Du mußt auf die Tür achten, damit der Wärter das nicht sieht. Dann kriegste wirklich schwere Strafen. So, jetzt steht auf dem Hof so alle 20 Meter ein Posten mit Gewehr. Der schreit rauf: «Vom Fenster weg!» Und denn legt der schon an. Nu mußt du aber schnell verschwinden! Sind auch welche erschossen worden.

Jede Woche konnte die Wäsche der Häftlinge abgeholt werden, wenn sie in Untersuchungshaft waren. Und dann standen die Frauen alle in einer langen Schlange vor der Tür mit einem Paket und haben für ihre Männer und Söhne Wäsche gebracht. Meine Mutter nahm immer die alte Wäsche wieder mit. Zu Hause stellte sie das Paket in die Küche. Meine Schwester, die war damals ungefähr dreizehn Jahre alt, war gerade dabei. Die beiden haben das Paket zusammen geöffnet. Die Wäsche war völlig verklebt mit Blut. Die Mutter hat wohl zu meiner Schwester gesagt: «Dein Bruder hat Nasenbluten», aber dann fing sie fürchterlich an zu weinen. Das hat meine Schwester nie wieder vergessen. Die nächsten Male, wenn die Mutter wieder mit einem Paket aus Fuhlsbüttel kam, hat sie das Mädchen hinaus zum Spielen geschickt.

Als ich dann endlich rauskam, sollte ich unterschreiben, daß ich nicht von der Gestapo geschlagen worden bin. Was machste jetzt? Wenn du nicht unterschreibst, kommste nie raus. Jo, denn hab ich unterschrieben. So, und wenn du rauskommst, wo gehst du jetzt zuerst hin? Ich bin zu meiner Mutter gegangen. Nicht zu meiner Frau. Die Mutter ist immer die wichtigste. Die hat denn geweint.

Nach Fuhlsbüttel fahr ich manchmal. Einmal war ich alleine da. Bin 'n paarmal um die Mauer rumgegangen. Ach, hab ich gedacht, in welcher Zelle warste denn? Den Bau weiß ich noch. Aber die Zelle weiß ich nicht mehr.

Schwarze Listen und Schwarzarbeit

Die Leute, die einmal im KZ-Lager gewesen und wieder raus waren, standen dauernd unter Kontrolle und Beobachtung der Gestapo. Wegen meines Fluchtversuchs mußte ich jahrelang im Stadthaus zur Meldung antreten. Da habe ich jedesmal Todesangst gehabt. Ich dachte, die behalten mich jetzt wieder da! In meiner Angst vor der Gestapo habe ich in der ersten Zeit nach meiner Entlassung nicht einmal im engsten Familienkreis über meine Haftzeit gesprochen.

Die Haft in Fuhlsbüttel ist das Schlimmste in meinem ganzen Leben gewesen. Als ich zurückkam, war ich vollkommen demoralisiert. Am Boden zerstört – seelisch und körperlich. Ich hätte das auch nicht länger durchgestanden. Die Folterungen habe ich nicht wegschlucken können. Das war nicht möglich. Sondern ich war niedergeschlagen und bedrückt.

Von der jungen Generation in der Partei, zu der auch ich gehörte, mußte eine neue Initiative entwickelt werden. Aber ich selbst war noch nicht bereit, weiter illegal zu arbeiten. In diesen ersten Jahren nach meiner Entlassung konnte ich mich keiner illegalen Gruppe anschließen. Ich hatte auch gar nicht den Nerv und den Mut dazu. Gebe ich ehrlich zu. Ich war noch nie im Leben ein Held.

Meine Frau war hochschwanger, hat aber die Aufregungen um meinen Fluchtversuch gut überstanden. Im April 1934 kam unser Kind zur Welt. Nun hatte ich eine Frau und eine Tochter, aber keine Wohnung. Da haben wir bei meinen Schwiegereltern Ernst und Karla Groth in der Sillemstraße ein Zimmer in ihrer kleinen Zweizimmerwohnung bekommen. Wir drei – Mary, das Baby und ich – wohnten dort zusammen in einem Raum.

Ich hatte keine Arbeit, kein Geld. Nur die Unterstützung vom Arbeitsamt. Da bin ich wieder zu Blohm & Voss an die Tür gegangen. Ich war ja gelernter Schiffszimmerer. Ich hatte auch gute Zeugnisse, die habe ich gezeigt. Da haben sie zu mir gesagt: «Hier können Sie nicht mehr arbeiten!» Ich stand auf der Schwarzen Liste. Ich war ein vorbestrafter Kommunist. Und Kommunisten wurden auf der Werft nicht mehr eingestellt. So eine Werft war ein Kriegsbetrieb. Ich konnte nur noch in Berufen arbeiten, die mit der Rüstungsproduktion nichts zu tun hatten.

Was macht nun ein Mensch in meiner Lage? Ich wurde ungelernter Arbeiter. Ich habe angefaßt, was es gab! Jeden Tag mußte ich neue Arbeit suchen. Ich hatte kein festes Arbeitsverhältnis, sondern war unständig beschäftigt. Ich hatte auch eine Stempelkarte für «unständig Beschäftigte». Da wird täglich festgehalten, was ich gearbeitet hatte. Jede Woche mußte ich zum Arbeitsamt und dort meinen Verdienst der Woche angeben. Das wurde dann verrechnet mit der Unterstützung: war es zu wenig, zahlte das Arbeitsamt zu. 30 Mark kriegte ich vom Arbeitsamt für mich und die Familie. Wenn ich zum Beispiel 20 Mark die Woche verdient hatte, kriegte ich noch 10 Mark dazu.

Über das Arbeitsamt wurde auch die Frage der Krankenkasse geregelt. Von der Krankenkasse bekam ich eine

Krankenkarte für unständig Beschäftigte. Und jeden Tag, den man gearbeitet hatte, wurde eine Krankenmarke auf diese Karte geklebt. Sonst war man ja nicht versichert. Das große Problem war nur, wenn ich keine Arbeit hatte.

Ich wollte auf jeden Fall arbeiten, wollte nicht zu Hause bleiben. Manche gingen nach Hause und haben sich um nichts gekümmert, aber das bin ich nicht. Man kam ja mit dem Geld nicht aus! Ich mußte ja für drei Personen sorgen.

Ständig war ich auf der Suche nach Arbeit. Es war für mich einfach unmöglich, eine feste Arbeit mit einem richtigen Arbeitsvertrag zu bekommen, weil man immer ein Führungszeugnis brauchte. Und darin war ich als ehemaliger Kommunist gezeichnet.

Für Hafenarbeiter gab es ein Vermittlungsbüro. Im Radio wurde dann morgens gesagt: «Heute an Schuppen 27 benötigen wir 100 Leute.» Dann geh ich runter zum Hafen und seh zu, daß ich in die Schicht reinkomme. Da können auch mal 200 stehen! Dort habe ich als Schiffsentlader gearbeitet. Heute gibt es ja keine Hafenarbeiter mehr auf den Schiffen, das machen sie heute alles mit Containern. Früher haben das Tausende Hafenarbeiter mit den Händen gemacht.

Ich habe auch in der Speicherstadt auf dem Speicher gearbeitet. Die Schuten, die aus dem Hafen kamen, wurden noch alle per Hand mit der Seilwinde entladen. Jeder Tag wurde einzeln berechnet. Manchmal war ich in einer Woche bei mehreren Firmen. Lange habe ich auch als Kohlenträger gearbeitet. In den Häusern, in denen noch mit Kohle oder Briketts geheizt wurde, mußte ich die Kohlen vier bis fünf Treppen auf den Boden tragen. Da war ich abends immer vollkommen fertig.

Um zurechtzukommen, habe ich jahrelang noch dazu bei einigen Firmen «schwarz» gearbeitet – als Möbelpakker. Zum Beispiel bei der Möbeltransportfirma «Krosanke» im Eppendorfer Weg in Eimsbüttel. Die hatten drei feste Leute. Und da habe ich unständig mitgearbeitet – je nachdem, was es zu tun gab – rechtlos.

Freund Reinhold und der Verlust

Freundschaften sind mit das Allerwichtigste im Leben. Ich meine aber richtige Freunde – fürs ganze Leben. Menschen, die sich ehrlich die Meinung sagen. Wenn dann der andere darüber nachdenkt, ist alles gut. Dann kann der sich entwickeln. Aber es gibt da auch andere. Die wollen nicht lernen, die glauben, daß sie alles richtig machen. Das ist aber ganz schlecht, besonders für sie selbst.

Ich habe viele Freunde gehabt im Leben. Aber ich habe auch viele verloren. Das ist schon traurig. Mein erster bester Freund hieß Reinhold Garbrecht. Der war genauso alt wie ich. Er wohnte gegenüber, auf der anderen Straßenseite. Wir sind jeden Tag zusammengewesen. Wir waren wirklich allerbeste Freunde. Fünfzehn Jahre lang. Als wir noch ganz klein waren, gingen wir jeden Morgen zusammen in die Schule. Der Reinhold, der war sehr gut in der Schule, nicht wie ich. Er hat gute Noten gehabt. Da hat seine Mutter sich immer gefreut.

Reinhold Garbrechts Mutter und meine Mutter waren beide sehr christliche Frauen. Sie hatten sich durch unsere Freundschaft kennengelernt. Da kam Frau Garbrecht immer zu uns rüber «Habt ihr meinen Sohn da?» Der war mit mir beim Fußballspielen. Dann blieb sie bei meiner

Mutter, und die beiden haben sich mit der Zeit sehr angefreundet. Jeden Sonntag bin ich mit den Garbrechts in die Kirche gegangen. Der Reinhold wurde ein sehr gläubiger Christ. Und er war auch Mitglied in der kirchlichen Jugend.

Nun, nachdem ich sechs Monate in Untersuchungshaft in Fuhlsbüttel gewesen war, habe ich dann aber mit dem Reinhold eine große Enttäuschung erlebt. Ich kam nach Hause und traf ihn zufällig in unserer Straße. Da hat er die HJ-Uniform an. Die gesamte kirchliche Jugend in Hamburg war sang- und klanglos der HJ angeschlossen worden. Reinhold hatte das mitgemacht. Nein, da gibt es nichts zu reden in so einem Moment. Wir haben danach nicht mehr viel miteinander zu tun gehabt – waren andere Freundeskreise. Ist ja klar. Nur manchmal haben wir noch politisch gesprochen. Da hat Reinhold gesagt «Jo, dat ist doch besser für Deutschland. Wat soll man denn sonst tun?» Was sollte ich darauf sagen?

Der Reinhold war dann früh in den Krieg gezogen. Er ist in Stalingrad gefallen. Ich glaube, das war schon 1942. Die Mutter hat den Tod von Reinhold nie überwunden. Wenn man drei Söhne hat, dann geht das. Aber er war ihr einziges Kind gewesen.

Von den Balkons hingen jetzt überall die Hakenkreuzfahnen hinunter. Es gab viele Leute, die gerne die Nazifahne raushängten. Die anderen taten dasselbe aus Angst vor dem Terror der Nazis. Die hatten den Befehl gegeben, daß an bestimmten Feiertagen jeder eine Hakenkreuzfahne raushängen mußte. In jedem Haus hatten sie einen Mann zum Blockwart bestimmt. Der sollte auch sichern, daß die Fahnen hingen.

Unser Blockwart wohnte in der Wohnung direkt über

uns. Er war kein richtiger Nazi, aber aus Pflichtgefühl wollte er dafür sorgen, daß alle eine Hakenkreuzfahne kaufen. Tatsächlich haben das auch alle Hausbewohner getan. Alle, aber meine Mutter nicht.

Meine Mutter, die war gleich gegen den Hitler gewesen. Sie hatte eine lose Zunge und hat immer gegen den Führer gepöbelt – ja, auch im Treppenhaus und ganz laut. Da kam jedesmal der Blockwart zu ihr gelaufen – der hat sie gemocht, muß ich dabei sagen – und hat sie gewarnt, sie solle den Mund halten: «Hol de Muhl, Mudder Hellmann!» Oh, das mußte er viele Male sagen!

Immer wieder hat er sie ermahnt, doch endlich eine Fahne rauszuhängen: «Mudder Hellmann, du mut de Fon ruthängen!» Nein, sie hat sich geweigert. Mit der Zeit wurde es wirklich gefährlich. Schließlich hat sie dann gesagt: «Ick hol mi de schiet Fon!» Dann ist sie losmarschiert und kam tatsächlich zurück, mit einer Hakenkreuzfahne in der Hand – es war die allerkleinste, die man kriegen konnte. Die war so klein, man konnte sie gar nicht hängen. Da hat sie die Fahne einfach in ihren Blumenkasten gesteckt. Das sah vielleicht komisch aus: Zwischen den wehenden Fahnen ein kleiner roter Punkt. Der Blockwart hat dann nix mehr gesagt. Nach dem Krieg hat er auf den Knien meine Mutter angefleht, sie möge doch ein gutes Wort für ihn einlegen. Er hatte nie jemanden denunziert. Sie hat dann positiv für ihn ausgesagt.

Die Schwiegereltern und die Loyalität

Alle führenden Persönlichkeiten der KPD waren entweder ermordet worden, emigriert oder waren die ganze Nazizeit im KZ-Lager oder Zuchthaus. Der Einfluß der Kommunistischen Partei war durch den unsagbaren Terror beseitigt worden. Trotzdem ging die Parteiarbeit weiter. Meine Schwiegereltern waren beide aktive Kommunisten. Sofort nach der Machtübernahme durch Hitler haben sie illegale Arbeit in den Reihen der Kommunistischen Partei gemacht. Zwischen 1933 und 1936 wurden immer wieder neue Widerstandsgruppen aufgebaut. Aber sie wurden auch immer wieder durch die Gestapo zerschlagen. Die Mitglieder wanderten fast alle in das Gestapo-Gefängnis oder das Konzentrationslager Fuhlsbüttel. Viele sind dort ermordet worden.

Mein Schwiegervater arbeitete seit 1933/34 in einer dieser illegalen Gruppen. Er war Mitglied der illegalen Parteiorganisation in Hamburg-St. Pauli. Sein Instrukteur und Leiter im illegalen Kampf hieß Albert Bennies. Er war ein langjähriger Funktionär der KPD und wurde seit der Machtübernahme von den Nazis gesucht. Eines Tages im Juli 1934 kam mein Schwiegervater völlig aufgeregt nach Hause.

Morgens um zehn Uhr hatte sich ein Verbindungsmann der Gruppe mit Bennies treffen wollen. Die beiden kannten sich nicht. In einer Diktatur muß man bestimmte konspirative Formen anwenden, sonst wird das nix. Eine Bushaltestelle auf der Reeperbahn, gegenüber von der Davidwache vor dem Lokal Alkazar, sollte der Treffpunkt sein. Aber vor dem Treffen war Bennies in die Hände der Gestapo gefallen und gefoltert worden. Er gehörte zu denen, die nicht gestanden haben. Aber sie hatten ihn gefilzt und dabei einen Zettel gefunden. Auf dem waren die Angaben über das geplante Treffen mit dem Genossen – Treffpunkt und Uhrzeit! Das war sein Fehler.

Bennies wurde dorthin gebracht, und die Gestapo war in der Nähe und wollte den Verbindungsmann verhaften. Der Verbindungsmann hat sich genähert. Als der Bus kam, hat sich Albert Bennies vor den Bus geschmissen und wurde schwer verletzt. Er starb auf dem Weg ins Krankenhaus. So sind damals die Genossen unter Hitler gestorben. Dadurch wurden der Verbindungsmann und auch mein Schwiegervater gerettet. Später, 1934, ist mein Schwiegervater doch noch verhaftet worden. Durch Folterungen kriegte die Gestapo immer viel heraus. Er war dann zwei Jahre lang im Zuchthaus.

Meine Schwiegermutter Klara Groth war auch eine mutige Frau. Sie kassierte seit langen Jahren für die Partei in der Sillemstraße. Sie hatte in der Parteiorganisation in Eimsbüttel diesen Bezirk als Hauptkassiererin unter sich. Ungefähr 25 bis 30 Mitglieder. Und das machte sie einfach weiter, als Hitler schon an der Macht war. Dazu brauchte sie nicht mal den Anstoß von der Partei. Das war sie einfach so gewohnt.

Aber 1936 ist diese Eimsbüttler Parteiorganisation durch einen Gestapo-Angehörigen hochgegangen: Von der illegalen Bezirksleitung der Partei in Rostock hatte sich ein Genosse angemeldet. Der sollte die Organisation hier in Eimsbüttel mit aufbauen. Derjenige, der aber gekommen ist, war ein Beamter der Gestapo – das tatsächliche Mitglied der Bezirksleitung Rostock hatten sie verhaftet. Unter Folter hatte er alles über die Mitglieder der Gruppe gestanden. Der ist dann in Eimsbüttel weitergereicht wor-

den: «Hier ist der Genosse aus Rostock!» War er gar
nicht! Der Gestapo-Mann hat sich erst alles genau angesehen und dann wurde die gesamte Gruppe in Eimsbüttel
aufgerollt. Auch meine Schwiegermutter wurde verhaftet
und hat als ganz lüttsche Parteikassiererin drei Jahre
Zuchthaus gekriegt. Weil sie jede Aussage verweigerte. Sie
hat als Frau schwere Folterungen mitgemacht. So kam sie
in einen Knast nach Lübeck. Ein paarmal sind wir rausgefahren – «Lauerhof» hieß das Zuchthaus. Meine Tochter
erinnert sich heute noch, wie sie damals an bestimmten Tagen zu einer bestimmten Zeit vor dem Zuchthaus an einem
See stand. Ihre Oma guckte dann aus ihrem Zellenfenster.
Da hat sie dann ihre Enkelin sehen können.

Karla Groth kam als gebrochene Frau zurück. Sie er-
holte sich seelisch und körperlich nie wieder. Bis zu ihrem
Tod. Und sie wollte nie darüber sprechen. Für sie war das
zu stark gewesen.

Ein Sportunfall und eine zerbrochene Liebe

Erst im Jahre 1935 hatte unsere kleine Familie Glück, und
wir bekamen endlich eine eigene kleine Wohnung in der
Sillemstraße. Da haben wir uns sehr gefreut.

Mary war mir, seitdem wir uns kannten, eine gute Ka-
meradin gewesen. Sie war immer auf meiner Seite. Aber
beim ehelichen Zusammenleben traten nun die ersten
Schwierigkeiten zwischen ihr und mir auf. Ich habe jeden
Tag körperlich sehr schwer arbeiten müssen. Wenn ich
abends nach Hause kam, war meine Ehefrau immer selte-
ner da. Mein Essen mußte ich mir dann selber machen. Sie
nahm das Eheleben nicht so genau. Es traten die ersten

Zerwürfnisse auf. Aber ich nahm alles in Kauf. Ich liebte meine Frau nach wie vor. Wir hatten doch schon so viel Schweres durchmachen müssen.

In der Zeit machten alle jungen Leute in meinem Alter bei irgendeiner Nazi-Organisation mit. Die Naziwelt wurde immer größer – das kann man sich heute gar nicht mehr vorstellen! Man mußte sich irgendwo organisieren, irgendwo teilnehmen. Und da hab ich gedacht, du gehst den anderen Weg und trittst in einen Sportverein ein.

Ich hatte einen guten Freund, der sagte zu mir: «Mensch, komm doch mal mit in den Postsportverein in der Schlüterstraße. Dann bist du irgendwo drinne!» Also bin ich dahin. Das war ein Turn- und Ringverein. Da habe ich in der Ringabteilung mitgemacht, später auch Judo gelernt.

So Mitte 1936 waren die Hamburger Meisterschaftskämpfe in Judo, da hatte ich einen schweren Sportunfall. Ich hatte für Postsport in einer bestimmten Gewichtsklasse mitgemacht. Und da verpaßte mir einer einen verbotenen Griff am linken Knie und haute dieses Knie kaputt! Kreuzbandriß.

Na ja, dann kam ich ins Krankenhaus nach Eppendorf. Dort wurde ich operiert. Die haben das Band zusammengeflickt und steckten mich in eine Bewegungsmaschine. Das war so 'ne Art Kraftmaschine. Denn das Knie war nun versteift. Nachdem ich aus dem Krankenhaus entlassen worden war, blieb ich erst mal arbeitsunfähig, und meine Frau und mein Kind waren sehr in Nöten. Wir lebten von der Wohlfahrt.

Und nach kurzer Zeit macht es plötzlich: Zack! Da ist das Band wieder gerissen! Dann hatte ich ein Schlackerknie – das wackelte immerfort hin und her. So, und was sollte ich nu machen? Der Sportverein war ein guter Verein. Sie haben dafür gesorgt, daß ich in ein Spezialkrankenhaus kam. Sie schickten mich nach Berlin, gerade zu der Zeit, als die Olympiade war, in ein Sportsanatorium. Da wurde ich noch mal operiert, und die haben das wunderbar gemacht. Da kamen Krampen oben und unten rein, und dann haben sie irgendwie die Sehne befestigt. Damit habe ich später den ganzen Krieg mitgemacht. Das hat bis heute gehalten!

In den vielen Monaten in Berlin habe ich meine Familie nicht einmal gesehen. Erst im Oktober 1937 wurde ich endlich aus dem Krankenhaus entlassen. Auf Krücken kehrte ich nach Hamburg zurück. Das Gelenk war steif geworden. Ich mußte deshalb ein weiteres Vierteljahr lang an Krücken gehen. Ich hatte ein Telegramm geschickt, damit meine Frau Bescheid wußte, wann genau ich ankommen würde. Jetzt stand ich vor unserem Haus, aber niemand machte auf. Mary war gar nicht da. In dieser Nacht ging ich zu meiner Mutter. Sie war immer für mich da.

Am nächsten Tag teilte Mary mir mit, daß sie die Absicht habe, unsere eheliche Gemeinschaft aufzulösen. In der langen Zeit meiner Abwesenheit wäre ein anderer Mann in ihr Leben getreten. Mary gehörte zu den Frauen, die nicht lange allein sein konnten – da konnte sie nichts für. Aber für mich brach eine Welt zusammen. Das hätte ich niemals für möglich gehalten. Sie war sogar schon aus unserer Wohnung ausgezogen.

Ich verlor jetzt die Nerven und suchte den Ausweg im Alkohol. Mehrmals wurde ich von fremden Menschen mitsamt meiner Krücken in meine Wohnung zurückgebracht. In dieser Zeit hat sich ein prächtiger Freund, Fiete Handke, sehr um mich gekümmert. Er setzte sich jeden

Tag auf meine Spuren, um das Schlimmste zu verhindern. Ich weiß, daß ich den falschen Weg gegangen war, aber ich wollte einmal alles vergessen: das Zerbrechen meiner ersten großen Liebe und den Verlust eines Ideals. Die beiden Mütter hatten mit Mary gesprochen und bestimmt, daß sie es mit mir noch mal versuchen sollte. Ich selber mußte versprechen, das Gleiche zu tun. Ich wollte es auch versuchen, schon wegen unserer Tochter. Wir zogen also wieder zusammen. Aber bei mir war alles gestorben. Trotzdem machten wir weiter. Es war ein Fehler. Es war auf Sand gebaut.

Mit dem operierten Knie konnte ich noch keine schwere körperliche Arbeit machen. Ich habe dann auf Lastwagen umgeschult, Führerschein Klasse 2 gemacht. Das wurde alles vom Postsportverein geregelt und bezahlt. Der hatte einen wunderbaren Leiter, der hat sich wirklich darum bemüht. Das war mein Glück. Denn ich habe dann als Fahrer bei einer Transportfirma Arbeit bekommen. Zum ersten Mal war ich nun wieder in einer festen Anstellung.

Der gelbe Stern und die Nachbarn

Die Mehrheit der deutschen Bevölkerung vertrat nach 1945 immer wieder den Standpunkt, sie hätten nicht gewußt, was mit den Juden geschehen ist. Ich selber habe das Schicksal der Juden in Hamburg gesehen. Ich war mit einem Juden befreundet, der hieß Hugo Hecht. Wir sind hier in Eimsbüttel zusammen groß geworden. Er war genau wie ich ein einfacher Hafenarbeiter. Und er war Mitglied der Kommunistischen Partei. Ich hab mit ihm auch auf Schicht im Hafen gearbeitet. Als sein Freund und Genosse wußte ich deshalb ganz genau Bescheid, welche Schikanen er und seine Familie in der Nazizeit durchmachen mußten.

Die Familien in unserer Straße, die waren freundschaftlich miteinander verbunden und hilfsbereit. Direkt gegenüber wohnte das jüdische Ehepaar Parnass mit zwei Kindern. Die Tochter ist die Schriftstellerin Peggy Parnass. Meine Mutter war mit Frau Parnass befreundet, und meine Schwester spielte viel mit den beiden Kindern. So hörten wir immer aus erster Hand, welche neuen Gesetze wieder gegen die Juden herausgekommen sind.

Von 1933 an wurden die Juden ununterbrochen verfolgt und gedemütigt. Immer dachten sich die Nazis neue Maßnahmen aus, um die Juden von den anderen Menschen zu isolieren. Ich habe selbst die Aufmärsche der SA- und SS-Abteilungen erlebt. Sie marschierten durch die Stadt und riefen: «Deutschland erwache – Juda verrecke!» und sangen: «Ja, wenn das Judenblut vom Messer spritzt, dann geht's noch mal so gut!» Ich habe gesehen, wie jüdische Geschäfte boykottiert und die Fensterscheiben eingeschlagen wurden. Am 30. März 1933 rief die NSDAP im «Völkischen Beobachter» zu einem Generalboykott auch der jüdischen Ärzte auf. Das betraf unsere Familie besonders, denn wir hatten über viele Jahre einen jüdischen Arzt. Der war tüchtig und hilfsbereit. Tausende und Tausende von Juden haben daraufhin Deutschland verlassen und ließen ihre Häuser und Wohnungen zurück.

Von drüben, von der Familie Parnass hörten wir, daß ihr Leben von Tag zu Tag schwieriger und gefährlicher wurde. Bis 1939 hätten sie noch emigrieren dürfen. Aber weder sie noch Hugo Hecht konnten weg – die hatten nämlich kein Geld. Denn jede jüdische Familie, die emigrieren wollte, mußte an den Staat sehr viel Geld für die Erlaubnis zur

Ausreise zahlen. Es kam so weit, daß 1938 durch die Hamburger Jüdische Gemeinde Kinder nach Schweden evakuiert wurden. Soweit ich weiß, hat der jüdische Hamburger Bankier Warburg diese Aktion bezahlt. Er hat dafür gesorgt, daß ungefähr 60 Kinder nach Stockholm reisen konnten. Und da haben die Eltern Parnass gesagt: «Wir schicken unsere Kinder mit!» So kamen Peggy und ihre Schwester nach Schweden und wurden vor Auschwitz bewahrt.

Ständig gab es neue Gesetze: 1938 bekam jeder deutsche Jude in seinen Ausweis ein «J» gestempelt. Und im Oktober dieses Jahres wurden alle Juden polnischer Abstammung aus Deutschland ausgewiesen. Dazu gehörte auch der Vater von Peggy Parnass – es war ein Abschied für immer. Kurz danach brach der erste riesige Pogrom gegen die Juden in Deutschland aus – Menschen wurden ermordet, und Synagogen gingen in Flammen auf. Die arme Frau Parnass war in dieser bösen Zeit ganz alleine ohne Mann und Kinder in ihrer Wohnung.

Auch Hugo Hecht bekam jetzt eine Menge Schwierigkeiten. Das ging schon los, als 1935 die Nürnberger Gesetze rauskamen: Rassenzugehörigkeit, Stammbaum, Ariernachweis. Zuerst konnte er noch weiterarbeiten, denn er war mit einer sogenannten arischen Frau verheiratet. Das wurde damals von den Nazis «Mischehe» genannt. Unternehmer konnten zum Beispiel bei der Behörde einen Antrag einreichen, daß diese Juden noch in dem Betrieb arbeiten können. Das mußte von der Gestapo genehmigt werden. Und so gab es eine Reihe von Juden, viele gelernte Kräfte auch, die dann später auch noch in der Kriegsproduktion mitarbeiteten. Hugo Hecht hatte noch Glück, denn seine Frau kriegte noch Lebensmittelkarten.

Aber sonst waren die Juden sich alleine überlassen. Und auch im Untergrund hatten die Juden es noch schwerer als wir Kommunisten.

Ab 1941 mußten alle Juden an der Jacke einen gelben «Judenstern» tragen. Alle liefen sie so rum in Hamburg. Das war beschämend. Ich kann niemals vergessen, wie Hugo Hecht zum ersten Mal mit dem «Judenstern» zu uns kam – das war furchtbar. Aber er mußte ja, sonst war er ein Toter! Wie das Leben von Frau Parnass und unserem Freund Hugo Hecht nach 1941 war? Sie durften keine Grünanlagen betreten und nicht Straßenbahn fahren. Ihre Fahrräder und Radioapparate mußten sie abgeben. Sie durften keine Tiere halten und durften nicht in den Luftschutzkeller. Sie mußten sogar ihre Führerscheine abgeben. Endlose Schikanen.

Die Kommunisten waren direkt nach 1933 mit großem Lärm verfolgt worden. Aber die Juden verschwanden lautlos. Das ging ohne Krach. Sie bekamen einen Bescheid: «Melden Sie sich morgen früh mit höchstens zehn Kilo Handgepäck.» Die mußten sich in der Nähe vom Dammtor-Bahnhof sammeln, und dann wurden sie deportiert. Zuletzt wurden sogar die Möbel und andere Dinge aus den jüdischen Haushalten auf die Straße gestellt und meistbietend verkauft! Die Frau Parnass, die hatte ihre Sachen schon vorher an Freunde gegeben. Meine Eltern hatten von ihr ein Chaiselongue und eine Trittleiter. Vor ein paar Jahren entdeckte ich die Trittleiter bei uns auf dem Dachboden. Da habe ich Peggy Parnass gefragt, ob sie die nicht als Andenken an ihre Eltern wiederhaben möchte. Ja, das wollte sie.

Hugo Hecht habe ich 1943 zuletzt gesehen. Da hatte ich Lebensmittel organisiert und bei der Familie vorbeigebracht. Ganz zum Schluß – ich kann nicht mehr genau sagen, wann – kam ein Gesetz raus, daß auch «Mischehen» aufgelöst werden müßten. Und da haben sie ihn auch abgeholt. Er ist nach Auschwitz gekommen. Am 27. Januar 1945 wurde Auschwitz von der Roten Armee befreit. Aber vorher wurde das Lager von den Nazis geräumt, und in verschiedenen Etappen wurden die Leute zu Fuß auf den Weg nach Bergen-Belsen geschickt. Soweit ich das Jahre später nachgeforscht habe, war Hugo Hecht auf einem dieser Todesmärsche dabei. Er war ein ganz robuster, kerniger Mann gewesen. Aber er ist wohl auf dem Todesmarsch umgekommen.

Der Diskussionskreis und der Kämpfer

Es gab hier in meinem Stadtteil einen losen Zirkel von zwanzig oder dreißig Personen, der sich in den ganzen zwölf Jahren der Nazizeit immer wieder traf. Wir alle kamen aus kommunistischen Kreisen. Alles Leute meines Jahrgangs – damals so zwischen neunzehn und fünfundzwanzig Jahre alt. Wir waren die Nachwuchskinder, die Küken der kommunistischen Bewegung.

Unter der fürchterlichen Nazi-Propaganda mußte man einen solchen Freundeskreis haben, um das alles zu überstehen. Denn was der Naziirrsinn verursacht hat, das kann man sich heute gar nicht mehr vorstellen: Die Hitlerpropaganda nahm ständig zu und vernebelte den Leuten das Gehirn. Die Nazipartei hatte ab 1934 zehn Millionen Mitglieder, und dazu kamen die riesigen Verbände der SA und der SS. Die sangen auf der Straße das Lied «Heute gehört uns Deutschland und morgen die ganze Welt!». Viele Deut-

sche waren völlig verrückt für Hitler, weil Hitler alle in
Lohn und Brot brachte. 1937 hatten alle Leute Arbeit. Was
willste denn jetzt noch sagen? Es gibt Krieg?! Da haben
sich die Leute an den Kopf gefaßt. Die meisten haben nicht
geglaubt, daß Hitler Krieg macht. Und nun willste politische Propaganda machen?

In so einer Situation klammert sich jeder Mensch an den
anderen. Wir haben uns zutückgezogen und in unserem
eigenen Kreis gelebt. Dort gab es ein breites Band der So-
lidarität. Da kriegste deine Geborgenheit über die ganzen
Jahre. Wir mußten uns alle immer gegenseitig seelisch auf-
richten. Das war eine Schulungsgruppe, ein Bildungs-
zirkel, ein Diskussionskreis. Wir kamen zusammen und
haben gelesen, uns gegenseitig vorgelesen. Rein wissen-
schaftliche Bücher über Marx, Sachbücher, Belletristik.
Natürlich geschah das alles im geheimen.

In diesem Kreis habe ich Richard Heller kennengelernt.
Richard Heller stammte eigentlich aus Bremen. War Bauarbeiter, nicht mal gelernter Bauarbeiter, sondern Hilfsar-
beiter – Steineträger. Und nach der Machtergreifung Hitlers hat er gleich für drei Jahre im Zuchthaus gesessen.
Aber sobald er wieder raus war, machte er illegale Arbeit
gegen die Nazis.

Nach Hamburg gekommen war er durch die Liebe. Das
kam so: Er hatte in Bremen eine Jugendliebe gehabt. Diese
Frau war auch in der kommunistischen Bewegung aktiv
und ging von Bremen nach Hamburg. Als Heller in Bremen aus dem Zuchthaus entlassen wurde, geht er natürlich zu seiner Jugendliebe! Sie und Mary waren zusammen
im Kommunistischen Jugendverband gewesen. Heller kam
dann mit in unseren Diskussionskreis.

Hier ganz in der Nähe gab es eine Konditorei. Da haben

wir uns immer zu viert getroffen. Daraus hat sich eine gute Freundschaft entwickelt. Weil Richard Heller ein ganz wertvoller Mensch war. Denn er war es, der uns immer wieder aufrichtete. Wir waren eine lose verbundene Gruppe von Menschen, die alle antifaschistisch eingestellt waren. Aber der Kopf und der Verstand dieses Kreises war bald Richard Heller. Er war klassenbewußt, politisch geschult und auch beschlagen. Und er war Stalinist.

Als in Moskau die großen Prozesse losgingen und Stalin die Köpfe der Kommunistischen Partei umbringen ließ, da wurde bei uns viel diskutiert. Viele haben zugestimmt, aber viele haben das auch abgelehnt. Richard Heller gehörte zu denen, die die stalinistische Linie vertreten haben. Ein Kommunist dieser Generation ging nie von seinem Weg ab. Und der Weg wurde bestimmt von der Parteilinie – und die war so, wie Stalin sie festgelegt hatte. Deshalb vertrat Heller den Standpunkt, daß Stalin mit den Prozessen richtig gehandelt hatte. Das ist die Treue zur Partei ...

Die nächste große Streitfrage war der Nichtangriffspakt zwischen Deutschland und der Sowjetunion – der Hitler-Stalin-Pakt 1939. Das Zusatzprotokoll war damals ja geheim, davon wußten wir alle nichts! In der Öffentlichkeit war nur von dem Vertrag die Rede. Für mich war das ein riesiger Schock. Innerhalb der Partei herrschte großer Unfrieden. Nicht alle waren einverstanden damit – ich auch nicht. Man kann ja nicht zustimmen, wenn man jahrelang gegen Hitler kämpft, und auf einmal soll das unser Bruder sein? Die haben sich doch gegenseitig mit Sekt begrüßt!

Nun kommt die Rolle der Partei: Heller erklärte die Parteilinie, und dann fügten sich alle. Überzeugt war ich nicht. Aber er war in seiner Darstellung ein überzeugender Mann. Der geborene Parteiagitator: «Die Parteilinie macht diesen Pakt erforderlich!» Das sagte er. Und: «Von Stalins Seite aus gesehen, müssen wir den Krieg noch zwei, drei Jahre rausschieben, damit wir stärker werden.» Damals wurde auch gesagt, daß der Krieg gegen Rußland sonst schon 1939 losgegangen wäre.

«Die Partei hat immer recht» – so heißt es sogar in einem Lied! Und in gewisser Weise hatte Heller auch recht: Man darf nicht links und rechts ausbüchsen, wenn man ein großes Ziel hat! Aber diese Methode der Partei, Kritik zu verhindern, hat die Freiheit der Andersdenkenden ausgeschaltet. Das sag nicht ich, sondern das sagt Rosa Luxemburg.

Die politische Propagandaarbeit war in den Jahren vor 1939 minimal. Sie setzte erst schlagartig wieder ein, als im September der Krieg mit Polen losging. Und vor allem, als 1941 Hitler die Sowjetunion überfiel.

Die Bästlein-Gruppe und Marys Mut

Stalin sagte nach dem Nichtangriffspakt mit Hitler immer wieder, daß es keinen Krieg zwischen Deutschland und der UdSSR geben wird. Wir deutschen Kommunisten, die immer an den großen Führer Stalin geglaubt hatten, wachten erst auf, als am 22. Juni 1941 die deutsche Wehrmacht den Krieg gegen Rußland begann. Dieser Krieg war feige – ohne Kriegserklärung, heimtückisch und vertragsbrüchig angefangen worden. Auf einer Strecke von 2000 Kilometern wälzte sich ein riesiges Heer über die sowjetische Grenze – mit mehr als drei Millionen Soldaten, 3350 Panzern und 2700 Flugzeugen. Im Sturmlauf sollte Rußland erobert werden – bis zum Ural. Die Deutschen hatten das

Ziel, Bodenschätze, Erdöl und das Korn der Ukraine zu bekommen. Die Bevölkerung sollte versklavt werden. Es wurde der blutigste und grausamste Krieg in diesem Jahrhundert.

Nach meiner heutigen Meinung war es ein ideologischer Krieg zwischen dem zum Faschismus pervertierten Kapitalismus und dem von Stalin pervertierten Sozialismus. Im Oktober 1941 sagte Hitler, daß der Feind im Osten nicht Soldaten, sondern Bestien seien. Deswegen sei es ein Vernichtungskampf. Am Ende hatten 20 Millionen Menschen aus der Sowjetunion ihr Leben verloren. Es war eine Tragödie: Wir deutschen Kommunisten waren ständig der falschen Parteilinie gefolgt. Es hatte mit dem Verrat an Polen und seiner Teilung 1939 zwischen Hitler und Stalin begonnen. Und Stalin schreckte nicht davor zurück, im Jahr 1940 ungefähr 1000 deutsche Kommunisten, die in der UdSSR Zuflucht gesucht hatten, als «Morgengabe» an die deutsche Gestapo auszuliefern. Etwa 10000 deutsche Kommunisten emigrierten nach der Machtergreifung ins Ausland, die meisten von ihnen in die UdSSR. Ungefähr 1000 der Exilanten sind unter Stalin umgebracht worden.

Die deutschen Kommunisten mußten unter Hitler und unter Stalin ungeheure Opfer bringen. Bis auf wenige Ausnahmen wurde die ganze Führungsschicht umgebracht. Seit dem Krieg gegen Rußland waren unsere Genossen davon überzeugt, daß unsere Politik richtig war. In den vergangenen Jahren war das sehr schwer. Seit dem Überfall auf die Sowjetunion hat sich alles verändert. Viele meiner Freunde wurden eingezogen – sie kamen an die Ostfront und lernten die Wirklichkeit des Krieges kennen. Aus unserem Freundeskreis sind von dreißig Personen sieben gefallen. Drei sind zur Roten Armee desertiert.

Im Herbst 1940 hatte der KPD-Funktionär Bernhard Bästlein zusammen mit anderen Funktionären und ehemaligen KZ-Häftlingen mit dem Aufbau einer Widerstandsorganisation in Hamburg und Nordwestdeutschland begonnen. Sie wurde nach ihm benannt: die Bästlein-Gruppe. Sie bestand aus rund 300 KPD-Funktionären und -Mitgliedern, aus Sozialdemokraten und Parteilosen.

Kurz nach dem Überfall auf die Sowjetunion kam im Juli 1941 Richard Heller zu mir. Er mußte eine Zelle im Stadtteil Eimsbüttel aufbauen. «Willst du nicht mitmachen?» Er hat erst mal einen langen Vortrag gehalten, was jetzt akut ist: «Jetzt wird Hitler den Krieg verlieren. Er kann nie gewinnen gegen die Sowjetunion.» Als politischer Kaderleiter der illegalen KPD mußte er die Leute aus unserem Diskussionskreis einschätzen und sie nach Charakter und Mut auswählen. Zu mir hatte er volles Vertrauen, wir kannten uns ja gut.

Das Ziel der Widerstandsgruppe war, in Hamburger Betrieben und besonders auf den Schiffswerften eine breite Widerstandsbewegung aufzubauen. Aber Widerstandsarbeit war etwas ganz anderes als der Diskussionskreis von Genossen, die alle gegen Hitler waren. Denn eine Widerstandsgruppe wollte handeln. Aber auf Widerstandsarbeit stand spätestens seit 1941, seit dem Beginn des Krieges gegen Sowjet-Rußland, die Todesstrafe! Überall bummelten in den Zügen der S-Bahn Plakate, auf denen stand: «Der Feind hört mit!» Darauf war ein Mann abgebildet, der die Hand ans Ohr legt. Das deutsche Volk wurde mit diesen Plakaten zum Spionagedienst für die Gestapo aufgefordert. Deshalb war natürlich jegliche politische Regung, die man machte, mit großer Gefahr verbunden. Ich sagte zum Heller: «Das muß ich noch mal überschlafen.»

Ich war bestimmt kein Held. Da hatte ich ja erst mal Todesangst! Ich hatte die ganzen Jahre in Todesangst gelebt, hab immer gedacht: Kommt die Gestapo, kommt sie nicht? Immer! Ich war ein ganz ängstlicher Mensch geworden. Ich war der einzige in der Gruppe, der schon gefoltert worden war. Bis heute kann ich ja nicht auf dem linken Ohr hören, so bin ich geschlagen worden. Und nun dies! Wenn ich jetzt aber nein sage, was passiert dann? Dann bin ich ein Verräter! Dann bin ich ein Feigling! Dann sprechen meine Genosssen kein Wort mehr mit mir.

Ich hab dem Heller zugesagt, weil ich sonst alle meine Freunde verliere. Aus Freundschaft einmal, aus Klassenbewußtsein zweimal und aus politischer Überzeugung dreimal war ich bereit, in der Bästlein-Gruppe mitzuarbeiten. Ich konnte einfach nicht anders.

Dann wollte er auch mit meiner Frau Mary sprechen. «Das mach man alleine. Da muß sich jeder alleine entscheiden, ob Mann oder Frau», hab ich zu ihr gesagt. Mary war noch mutiger als ich. Die hat sofort gesagt: «Ja, selbstverständlich müssen wir mitmachen!»

Richard Heller, als der Kopf unserer Zelle in Eimsbüttel, war die Kontaktperson zur Führung der Bästlein-Gruppe. Ihre leitenden Mitglieder hatten als überzeugte Kommunisten nach dem Angriff auf die Sowjetunion erkannt: Wir müssen jetzt was unternehmen. Die waren die Triebfeder der Organisation. Der Anstoß kam nicht von Moskau – der kam aus diesem Kreis heraus. Es wird immer so dargestellt, als wenn in Moskau Pieck und Ulbricht säßen, als hätten die die Widerstandsarbeit in Deutschland organisiert. Das war gar nicht so! Sondern die Widerstandsarbeit in Hamburg ist wesentlich organisiert worden von den

Kommunisten, die aus dem KZ-Lager entlassen worden waren.

Ich selbst war ein normales Mitglied wie alle anderen auch – mit tausend Ängsten. Außer mir und meiner Frau waren noch fünf Menschen in der Gruppe. Das waren alles Leute der jungen Generation, Kükengeneration nannten wir das, aber trotzdem waren wir alle geschulte Kommunisten. Der eine war Maurer, der andere Klempner, einer Bäcker und ein anderer Angestellter. Wir haben uns nichts vorgemacht: bei einer Verhaftung kommt schwerste Folter und die Todesstrafe.

Unsere Widerstandsgruppe tagte nur einmal mit allen Mitgliedern zusammen. Das war in der Wohnung von Richard Heller in der Osterstraße. Danach wurden die einzelnen Gruppenmitglieder immer persönlich von Richard Heller angeleitet. Man mußte die konspirativen Regeln befolgen: Man mußte jedes Wort überlegen, das man spricht. Keine Informationen aufschreiben, sondern im Kopf behalten. Man mußte vor allen Dingen genau trennen zwischen dem Freundeskreis und der Widerstandsgruppe. Obwohl meine Schwiegereltern auch im Widerstand gewesen waren, habe ich mit ihnen nicht darüber gesprochen. Einer, der in der Widerstandsorganisation ist, der spricht niemals. Wenn einer jetzt überall rumplappert, was für'n Held er ist, dann muß der sofort von der Gruppe abgesondert werden. Bei dem Treffen der ganzen Gruppe haben wir von der KPD-Leitung – woher weiß ich nicht – Material gekriegt. Dort wurden jetzt die Perspektiven des Krieges gegen Rußland analysiert, ob wir den gewinnen oder verlieren. Das wurde schon damals aufgezeigt, daß wir den nicht gewinnen können, weil der Osten zu weit und Rußland deshalb zu mächtig ist.

Die Widerstandsgruppe hatte über das ganze Gebiet Hamburgs ihre Fühler ausgestreckt. Aber die einzelnen Zellen wußten nichts voneinander. Man durfte untereinander so wenig wie möglich wissen, für den Fall einer Verhaftung. Ich zum Beispiel hätte bei einer schweren Folter nur die Namen der Mitglieder unserer Gruppe sagen können, dann wäre Schluß.

Durch den Krieg, als die Familien die ersten Todesnachrichten erhielten, wurden viele Deutsche jetzt wieder zugänglicher. Man konnte wieder mit ihnen sprechen. Nach 1941 pöbelte schon mancher gegen Hitler. Und ab 1943 wurde das ganz stark. Wir sammelten alle Informationen, die wir aus der Bevölkerung bekommen konnten. Durch die Fronturlauber waren wir informiert über die Lage an der Front im Osten und im Westen.

Im Oktober 1942 wurde von der Gruppe zum Beispiel ein Flugblatt gegen den Krieg gedruckt. Da stand drauf, daß der Krieg nicht zu gewinnen ist. Und die Werftarbeiter wurden aufgefordert, die russischen Gefangenen gut zu behandeln. Das war eine Form des Widerstandes: Das Volk aufzuklären über den verlorenen Krieg.

Etwa 500 Flugblätter haben Richard Heller und ich ganz früh morgens runtergebracht zu dem alten Elbtunnel bei den Landungsbrücken. Am Elbtunnel gibt es eine Brücke, von der aus man bis ganz unten runtergucken kann. Dort unten gingen jeden Morgen Tausende von Werftarbeitern durch. Auf diese Brücke stellten wir uns. Dann haben wir blitzschnell alle Blätter hinuntergeworfen – das dauerte nur Sekunden. Von den Arbeitern hat uns zum Glück keiner angegriffen. So, und dann fluchtartig weg! Weil ja nach wenigen Minuten Polizei und Gestapo da ist.

Oder wir haben hier im Stadtteil Eimsbüttel Aufklärung gemacht: Zum Beispiel nimmt man eine ganz starke Pappe, dann schneidet man einen Spruch aus: «Nieder mit dem Krieg!» Jetzt nimmt man diese Pappe und legt sie auf die Straße und malt darüber mit roter Mennig-Farbe. Das haben wir nachts gemacht. Am Tag leuchtete es dann auf den Straßen: «Nieder mit dem Krieg!»

Alles, aber auch alles teilte unser Gruppenführer ein. Was die anderen aus unserer Gruppe machten, wußte ich nicht. Jeder hatte seine persönlichen Aufgaben. Mary und ich sollten zum Beispiel nachts in unserer Wohnung Leute verpflegen. Darunter Leute, die untertauchen mußten, weil sie nicht zur deutschen Wehrmacht wollten. Wenn aber einer untertauchte, kam seine Familie in Schwierigkeiten. Denn im Krieg ist das ja so: Da kann man nicht in einen Laden gehen und ein Pfund Margarine kaufen, sondern du kriegst Lebensmittelkarten. Dann mußt du im Laden eine Marke abgeben und kriegst die Margarine. Alles war auf Marken – anders ging's nicht. Und nun ist ein Genosse dabei, der wird von der Gestapo gesucht. Da kam seine Familie in Schwierigkeiten – denn er kriegte nun keine Karten mehr! Wo soll der hingehen? Diese Leute wurden von uns unterstützt.

Als Lastwagenfahrer bei einer Transportfirma habe ich damals auch Proviant für die Wehrmacht gefahren – und dann habe ich immer ordentlich gestohlen! Gebe ich ja ehrlich zu ... Fleisch zum Beispiel und auch die Wehrmachtswurst, das ist so 'ne Art Blutwurst. Das ging leicht, aber da standen auch hohe Strafen drauf! Und so war es eine meiner Aufgaben, Verpflegung zu organisieren. Die Untergetauchten kamen dann immer nachts an und klopften. Dann wurde alles abgeschlossen, und Mary kochte einen großen Topf voller Essen. Dann haben sie erst mal ordentlich gegessen. Die haben alles weggeputzt. Das hat sie sehr oft gemacht. Aber ich war eigentlich immer bemüht, meine Frau rauszuhalten. Wir hatten ja auch ein kleines Kind.

Ich hab immer tagsüber zehn, zwölf Stunden gearbeitet. Und wenn ich von der Arbeit nach Haus kam, denn saß Richard Heller schon wieder da: Wir müssen das und das und das machen! Ein Deserteur hat sich jetzt gemeldet. Ein kommunistischer Deserteur, auf Heimaturlaub. Der wollte nicht wieder unmittelbar an die Front zurück und wollte nicht töten. Der kam jetzt mit seiner Weltanschauung durcheinander, er wollte nicht unsere russischen Brüder und Schwestern töten! Der hat sich hier im Stadtteil illegal versteckt. Ich hab erlebt, wie der nachts im Bett geschrien hat: «Ich geh nicht wieder raus!» Der hatte auch Frau und Kinder. Wer soll jetzt helfen? Die kommunistische Widerstandsgruppe!

So, der muß jetzt sofort verschwinden. Wo willst du den denn unterbringen? Wie sollst du das machen? Such erst mal ein Quartier zum Schlafen. Bei den Mitgliedern unserer Gruppe durften ja auf keinen Fall illegale Leute untergebracht werden. Bei einer Verhaftung wäre das schlimm für die ganze Gruppe gewesen. Der Blockwart in jedem Haus hat die Leute kontrolliert. Wenn einer auf Urlaub kommt und geht nicht wieder raus, dann ist übermorgen die Geheime Feldpolizei hier und forscht im Haus: «Wo ist er denn?» Für den Mann mußt du jetzt 'ne Wohnung besorgen. Dann gehst du los zu alten Vertrauten und Bekannten, die ahnen schon was: «Hör mal zu, kannst du vielleicht den Mann unterbringen?» Aber auf alles steht Todesstrafe! Oft war ich erfolglos, auch bei alten Bekannten. Geschnappt haben sie den Deserteur am Ende doch. Aber eine Zeitlang konnten wir ihn verstecken.

Unsere Lebensmittelzuteilung war begrenzt. Da kam man so eben gerade mit aus. Und wenn man jetzt einen mit durchfüttern soll von seinem eigenen Brotkanten, das ging sehr schwer.

Radio Moskau und die Mädchen vom Valvo-Werk

Ich hatte damals einen starken Radioapparat. Meine Tochter Ursula kann sich heute noch gut daran erinnern, wie ihr Vater nachts unter einer Wolldecke saß und die ausländischen Sender abhörte – besonders Radio Moskau. Oder London. Denn die Widerstandsgruppe muß sich politisch informieren, damit man eine Richtlinie hat. Der Wehrmachtsbericht, der jeden Tag kam, der war immer erlogen! Und am nächsten Tag mußte ich Richard Heller berichten, was ich gehört hatte. «Aber du hast dir keine Notizen gemacht!» sagte er dann manchmal. Denn es galt die Regel: So wenig Schriftliches wie möglich. Man muß sein Gehirn trainieren, damit man das alles im Kopf behält. Bei Radio Moskau erfuhr ich auch von den Verbrechen, die an der sowjetischen Zivilbevölkerung begangen wurden. Aber nichts über die Vernichtung der Juden, jedenfalls kann ich mich nicht entsinnen. Von dem Ausmaß der Verbrechen – von der fabrikmäßigen Tötung – haben wir zu der Zeit nichts gewußt. Darüber erfuhr ich erst Jahre später zum ersten Mal etwas.

Die Deportation der Juden ging lautlos vor sich. Es wurde gesagt, das ist eine Umsiedlung. Es gab schon im Volksmund ein Gemunkel über das, was passierte. Aber nur im geheimen. Auch in unserer Gruppe und von unserem Gruppenleiter wurde diese Problematik nicht erörtert. Die Verfolgung der Juden war in der Widerstandsgruppe kein eigenes Thema. Politik ist ja die Kunst des Machbaren. Und unsere politische Aufgabe bestand darin, im Volke eine Aufklärung zu machen über die Verbrechen von Hitler. Für uns waren alle gleich. Und für dieses riesige Problem der Judenverfolgung hatten wir nicht die Kraft. Der Beweis ist ja Hugo Hecht: Ich war mit dem Mann mindestens zwanzig Jahre zusammen. Wir kennen uns seit der Kindheit. Und wir waren zusammen bei der kommunistischen Organisation, er bei den Pionieren, bei der Jugend und nachher in der Partei. Im Rotfrontkämpferbund waren wir vielleicht ingesamt hundert Mitglieder hier in Eimsbüttel. Da war er wie jeder andere. In der Zeit des Widerstandes habe ich diesem Mann viele Male was zu essen besorgt, weil ich die Möglichkeit hatte, da ranzukommen. Diesen Juden haben wir behütet, wie wir uns selber behütet haben. Da hat keiner gesagt: Das ist ein Jude. Ich kenne das nicht aus meinem Leben. Es gab in der deutschen Arbeiterklasse keinen Antisemitismus. Es gab auch innerhalb der Arbeiterschaft keine Propagandisten, die Antisemitismus predigten. Hat es noch nie gegeben.

Über Radio Moskau habe ich auch gehört, wie die deutschen Soldaten die sowjetischen Kriegsgefangenen behandelten – die haben sie zu Millionen umgebracht. Ein großer Teil unserer Aufgabe war deshalb, Verbindungen herzustellen zu russischen Kriegsgefangenen und auch zu russischen Zivilgefangenen. Überall in Hamburg haben sogenannte Fremdarbeiter in den Betrieben gearbeitet. Sie waren in großen Lagern untergebracht. Da mußte man auch versuchen zu helfen: da hätte man Lastwagen voll

Lebensmittel haben müssen. Und es kam auch darauf an, den russischen Kriegsgefangenen, zum Beispiel auf der Werft, einen moralischen Halt zu geben. Von unserer Widerstandsgruppe kriegten sie genaue Informationen, wo die Rote Armee stand. Denn sie hatten keine Radios. Eine der Zielsetzungen unserer Arbeit war, unter den russischen Kriegsgefangenen eine Widerstandsbewegung zu organisieren. Aber das war ungeheuer schwer.

Und auch hier in Eimsbüttel liefen die Fremdarbeiter durch die Straßen – auf dem Weg zu den Fabriken oder wieder zurück zum Hauptlager. So hundert Leute auf Holzlatschen. Darunter auch viele Frauen. Immer in Reihen und umringt von Posten. Man muß aber auch sagen, daß viele Deutsche ihnen was zu Essen zuwarfen, wenn sie hier längsgingen. Da haben sie sich immer gleich darauf gestürzt.

Eines Tages kriegte ich den Auftrag, Verbindung aufzunehmen zu einem russischen Frauenlager in Hamburg-Eidelstedt. Habe ich auch gemacht. Die Frauen wurden immer zugeteilt. Ein Betrieb ruft jetzt an: «Herr Sowieso, wir brauchen zehn Mädchen aus Rußland!» Dann kommen zehn Mädchen aus Rußland zur Arbeit. Und abends gingen sie wieder zurück ins Lager.

Nun mußt du Leute suchen, die sich dir anvertrauen. Das war gar nicht so einfach. Die müssen auch zuverlässig sein. So muß man Informationen zusammentragen. Meine Schwester arbeitete damals bei den Valvo-Werken in Hamburg-Eimsbüttel. Das war eine Radio-Röhren-Fabrik. Dort stand sie mit russischen und polnischen Mädchen am Fließband. Die russischen Frauen hatten alle «Ost» auf der Kleidung, und die polnischen ein «P». Über sie konnte ich was rauskriegen über die Behandlung der Frauen im

Lager. Denn in das Lager kamst du nicht rein. Aber die Mädchen haben sich ihren deutschen Arbeitskolleginnen anvertraut. Das ist komplizierte Arbeit, das rauszukriegen.

So bin ich an eine Frau rangekommen, die mir über die Zustände im Lager berichtet hat und über den Lagerführer. Der SS-Sturmführer, der dort Lagerkommandant war, hat die Kinder, die dort geboren wurden, wie Katzen in einer Wassertonne ersoffen. Das hat die mir erzählt. Ich gab den Bericht an Richard Heller weiter und der gab ihn wieder weiter. Das wurde auch alles niedergeschrieben.

Vor ein paar Jahren war hier in Hamburg der Prozeß gegen diesen SS-Mann. Der ist freigesprochen worden. Konnte ihm keiner nachweisen.

Die Gruppen waren in ganz Hamburg bestens durchorganisiert. Wir haben aber nicht damit gerechnet, daß es die Gestapo schafft, in diesen konspirativen Kreisen einen Mann zum Gestapo-Spitzel zu machen. Sie schafften es durch Folterung. Und da wurde die Bästlein-Gruppe dann von oben her aufgerollt.

Auch Richard Heller haben sie verhaftet. Ich hab das sofort erfahren, denn er kam zu einem vereinbarten Treffpunkt nicht. Wir, die wir noch draußen waren, hatten Todesangst. Wir rechneten jeden Tag mit unserer Verhaftung. Richard Heller wurde entsetzlich gefoltert. Aber er gehörte zu den wenigen, die niemals gestanden haben. Er selber wurde zum Tode verurteilt und am 26. Juni 44 im Untersuchungsgefängnis mit dem Beil hingerichtet. Von der Bästlein-Gruppe verloren 70 Widerstandskämpfer ihr Leben. Weil Richard Heller nicht aussagte, überlebten von unserer Eimsbüttler Gruppe alle.

Bombennacht und die Bunker

Zwischen dem 25. Juli und dem 3. August 1943 bombardierten die Alliierten Hamburg ohne Unterlaß. Schon vorher hatte es ständig Angriffe gegeben. Immer zwei, drei Flugzeuge. Dann kam jedesmal Bombenalarm, und alle sind in die Luftschutzkeller gerannt. Die ganze Hamburger Bevölkerung ist in dieser Zeit immer rein in die Bunker und wieder rausgerannt. Und denn wird man müde. Aber man muß auch dazu sagen, daß alle sowjetischen und polnischen Zivilisten und Kriegsgefangenen nicht in die Luftschutzbunker durften. Auch nicht die russischen Mädchen aus der Valvo-Fabrik. Statt dessen gingen die bei Alarm einfach in ihre Baracke. Und die Tragödie ist, daß bei einem Angriff eine Bombe direkt auf diese Baracke fiel. Dreißig Mädchen waren da drinnen – alle tot.

Wir wohnten in einer sogenannten «Burg» in der Sillemstraße. Im Innenhof dieses Hauses war ein Luftschutzbunker. Da gingen sie immer alle rein. Ich bin in der letzten Zeit vor dem Großangriff gar nicht mehr mitgegangen. Ich war einfach zu müde.

In der Nacht des ersten Großangriffs habe ich tief und fest geschlafen. Ich war den ganzen Tag für die Transportfirma Lastwagen gefahren. Das war eine harte Arbeit. Ich mußte selber die verschiedenen schweren Güter auf- und abladen. Die Arbeitszeit war sehr lang, und deshalb war ich abends todmüde.

Als in dieser Nacht die Engländer die Brandbomben über Eimsbüttel fallen ließen, standen Hunderte von Häusern in Sekunden in Flammen. Ich lag in tiefem Schlaf im Bett. Die Nachbarn haben bei mir angebummst und gerufen: «Das

Haus brennt! Du mußt runter!» Ich bin erst mal hoch und hab gedacht: «Was soll ich jetzt machen?» Nur meine Papiere hab ich noch schnell zusammengesucht und das Geld, das ich noch hatte. Alles andere mußte ich dalassen.

Dann bin ich runtergerannt und hab mitorganisiert. Erst mal haben wir geschaut, ob auch alle draußen waren. Ich habe gleich gemerkt: Meine Nachbarin im ersten Stock, Frau Müller, das war eine Frau mit einem kleinen Baby, die war noch nicht draußen. Das war ja furchtbar: Du guckst hoch, da lodern die Flammen, und die beiden sind noch im Haus!

Und die Flammen fraßen sich so langsam durch. Ich bin dann wieder reingelaufen, hoch in den ersten Stock. Die Frau hatte die Nerven verloren, Schreikrämpfe gekriegt und weinte in einem fort. Ich packte das kleine Baby und die nötigsten Sachen und habe die beiden in den Luftschutzbunker vor dem Haus gebracht. Da sind jetzt alle Leute von den vier Häusern unserer «Burg» rein und haben abgewartet, was kommt.

Ganz Eimsbüttel war jetzt ein Flammenmeer. Ich rannte zuerst um die Ecke zu meinen Eltern in die Methfesselstraße. Ihr Haus war nicht getroffen worden. Da war ich natürlich befreit. Sie waren in Ordnung, aber natürlich aufgeregt.

Dann lief ich zum Haus meiner Schwiegereltern. Dort brannte die ganze Straße – vierzig oder fünfzig Häuser. Meine Schwiegereltern wohnten wie ich im ersten Stock. Das Haus stand in hellen Flammen. Alle Leute hingen nun an ihren alten Möbeln! Und so haben wir mit Freunden und Genossen versucht, einen Teil der Möbel zu retten. Ich trug zusammen mit meinem Schwiegervater die nötigsten Sachen aus der Wohnung. Die haben wir auf die Straße gestellt. Jetzt saßen die ganzen Menschen in der Straßenmitte bei ihrem Hab und Gut, das sie noch vor den Flammen retten konnten, und haben nach oben geguckt – da brannten die Häuser von beiden Seiten runter. So war das überall – in ganz Eimsbüttel! Ganze Straßenzüge verschwanden.

Dann bin ich wieder zurück zu meiner Wohnung – alles ein Flammenmeer. Ich versuchte noch, aus der Wohnung einige Sachen herauszuholen. Es war schon lebensgefährlich, weil das ganze Treppenhaus brannte und jederzeit einstürzen konnte. Ein bißchen konnte ich noch retten.

Noch mal bin ich zurück zu meinen Eltern. Meine Mutter weinte sehr und fragte immer nach ihrer Mutter – Oma Caroline. Meine alte Großmutter Caroline und der Onkel Hans wohnten zusammen im Doormannsweg – von uns aus etwa 15 Minuten zu Fuß. Ich versuchte, dorthin durchzukommen.

Ich schaffte es tatsächlich bis zu ihrem Haus. Aber es war schon bis auf die Mauern runtergebrannt! Wie vom Erdboden verschluckt! Ich habe dann Leute, die auf der Straße standen, gefragt, was denn mit den Bewohnern passiert ist. Die waren aufgeregt und sagten, daß alle Menschen in dem Haus von einer Bombe zerrissen worden waren …

Nicht weit weg, eigentlich nur um die Ecke, in der Fruchtallee, war ein großer Hochbunker. Da war eine Luftschutzwarte, und da waren auch Menschen, die nicht die Nerven verloren hatten – muß es ja geben, solche Organisationen. Da bin ich dann hin. Und in diesem Bunker fand ich tatsächlich Oma Caroline und Onkel Hans. Sie waren doch noch rechtzeitig aus ihrem Haus gekommen. Meine Großmutter war damals schon so uralt wie ich heute. Ich hab die beiden da rausgeholt und nahm sie mit zu meinen Eltern.

Dann rannte ich wieder zurück zu meinen Schwiegereltern. Die saßen immer noch auf der Straße zwischen den Möbeln. Sie hatten jetzt nasse Tücher vor dem Mund wegen des furchtbaren Rauches, der überall in den Straßen war. Ich konnte nichts mehr helfen – nur noch Trost sprechen, bevor ich wieder zurück zu meinem Haus lief. Die oberen drei Stockwerke waren schon abgebrannt. Es bestand die Gefahr, daß die Häuser auf den Luftschutzbunker in der Mitte fielen. Im Bunker saßen all die Frauen und Kinder. Wir mußten schnell die Menschen durch einen Notausgang rausholen. Es wurde höchste Zeit: Tatsächlich fielen Minuten später die Mauern unseres Hauses auf den Bunker.

So bin ich die ganze Nacht hin- und hergerannt. In die Wohnung meiner Eltern waren viele Menschen aus unserer Familie gekommen. Einer neben dem anderen lagen sie auf dem Fußboden. Wie die Heringe. Aber wir waren am Leben geblieben. Alle haben sich gegenseitig geholfen. Die Menschen, die ausgebombt waren, gingen nun erst mal zu denen, die noch nicht ausgebombt waren. Und in allen Wohnungen hier in der Gegend haben die Menschen Verwandte zu sich genommen, auch aus anderen Stadtteilen.

In den ersten Tagen nach dem Bombenangriff haben die ganzen Verwandten bei uns gewohnt. Für die anderen haben die Nazis gleich Verpflegung und Evakuierung organisiert. Mußten sie auch. Ich kann die genaue Zahl nicht sagen, aber Tausende wurden nun mit Zügen nach Bayern oder sonstwohin geschickt.

Meine Frau hat das alles nicht miterlebt. Die war schon im Frühjahr nach Bayern evakuiert worden. Die Nazis hatten wohl geahnt, was da kommt. Meine Frau war in Bamberg mit dem Kind. Und sie war hochschwanger mit dem zweiten Kind.

Neulich bin ich mit einem Bekannten in den Ort Wintermoor in die Heide rausgefahren. Heute ist da eine Reha-Klinik. Damals sind die Verletzten und Kranken dorthin evakuiert worden. Viele Menschen hatten ja auch Verbrennungen. Das war ein ganz großes Problem, das alles zu organisieren. Dort gibt es einen Kirchhof. Nur ein kleiner Kirchhof. Da liegen die ganzen Bombenopfer, ein Grab neben dem anderen. Die waren alle im Krankenhaus in Wintermoor und sind dort verstorben.

Hier in Eimsbüttel gab es damals noch so kleine Torwege. Und wenn du da durchgehst, stehen hinten noch mal Häuser – kleine Häuser, so zwei Etagen hoch. Und da habe ich meine Schwiegereltern hingebracht. In der Sillemstraße war da so eine Wohnung frei. Nach den ersten Bombenangriffen haben die Nazis viele Wohnungen von Leuten beschlagnahmt, die Hamburg schon verlassen hatten.

Später kamen ja noch mehr Bombenangriffe. So wurden meine Schwiegereltern nachher noch mal ausgebombt. Da hatten sie gar nichts mehr. Sie sind dann nach Bevensen in die Lüneburger Heide gekommen. Dort gab es ein großes Auffanglager für Leute aus Hamburg, die keine Wohnung mehr hatten.

Ich selber war auch total ausgebombt. Blieb nichts mehr nach. Ich hab dann bei meinen Eltern gewohnt und hab noch ein bißchen rumgewurstelt. Bis am 20. August 1943 ein Bescheid kam: Eingezogen!

Der Eid und die Front

Nachdem ich 1937 wegen meiner Knieverletzung und vor allem wohl wegen meiner politischen Vergangenheit als «wehrunwürdig» ausgemustert worden war, zogen sie mich nun doch noch ein. In Lüneburg kriegte ich eine ganz kurze, mangelhafte Ausbildung, vielleicht 14 Tage lang. Das war keine Ausbildung wie bei der Bundeswehr, sondern eine Schnellausbildung! Karabiner 98 zerlegen, zusammensetzen. Das mußten wir lernen. Ja, wir waren praktisch Kanonenfutter. Es war aber keine Strafkompanie. Das muß man unterscheiden. Die in der Strafkompanie, das sind absolute Todeskandidaten, denn die wurden ganz vorne eingesetzt. Wir aber waren ein Stellungsbau-Pionierbataillon. So heißt das exakt. Es war ein Sammelsurium von Menschen aus allen Schichten, darunter auch solche wie ich, also politisch vorbestraft und deshalb bisher nicht eingezogen. Unsere Aufgabe war es nun, an der Front Schützengräben auszuheben.

Zuerst kamen wir nach Lübeck. Dort sollten wir auf den Führer vereidigt werden. Aber konnte ich einen Eid leisten auf den Mann, gegen den ich jahrelang, zusammen mit meinen Freunden, gekämpft hatte und nachdem viele von ihnen ihr Leben gelassen hatten? Nach der Gefangenschaft in Fuhlsbüttel, nach den Folterungen, nach den Todesängsten, die ich ausgestanden hatte? Nachdem viele meiner politischen Vorbilder hingerichtet worden waren?

Ich war natürlich in einem unglaublichen Gewissenskonflikt. Aber mir war auch klar: Wenn ich den Eid auf den Führer nicht leiste, dann bringen die mich bestimmt um. Ich habe den Eid geleistet. Das Schlimmste für mich war jetzt, daß ich dadurch, daß ich in den Krieg zog, in

Kauf nahm, gegen das fünfte Gebot «Du sollst nicht töten» zu verstoßen. Denn ich wußte, daß ich an die Front
kommen würde. Nach der Vereidigung kam dann noch ein
Geistlicher und gab uns tatsächlich den kirchlichen Segen.

Mit meinem Bataillon kam ich südlich von Kiew unmittelbar an die Hauptkampflinie heran. Diese sollte zwei,
drei Kilometer zurückverlegt werden. Da mußte also eine
neue Linie ausgeschachtet werden. Das war die Arbeit, die
wir jetzt machen mußten. Man macht einen Graben, ein
richtiger kleiner Gang, in dem man rumlaufen kann. Dieser führte im Zickzack einen Bergabschnitt runter.

Schon am nächsten Morgen erlebte ich mein erstes Trommelfeuer – das ist was Entsetzliches! Die Russen hatten beobachtet, wie wir angerückt waren. Es war noch ganz früh,
vier, fünf Uhr ungefähr. Auf einmal setzt das Trommelfeuer
ein. Schlagartig. Es wurde mit der Stalinorgel geschossen.
Das ist ein Geschütz, das ungefähr dreißig Granaten bei einem Schuß abschießt. Die haben eine Streuwirkung. Die
Russen haben das ganze Gebiet, in dem wir waren, beschos-
sen. Dann liefen alle wie die Irrsinnigen durcheinander.
Wenn das Trommelfeuer erst einmal eingesetzt hat, dauert
das zwei, drei Stunden, bis wieder Ruhe ist.

Ich hatte dort einen Freund, Emil Toller aus Köln. Der
sprach die kölsche Mundart. Er war ein gemaßregelter
Obergefreiter gewesen. Er war vorher schon im Frontein-
satz und hat nie die Ruhe verloren. Er war ein Erfahrener.
Er hatte den Kriegsfeldzug ab 1941, vom ersten Tag an,
mitgemacht, immer vorne. Er war einer der wenigen, die
mehrmals verwundet wurden, aber überlebt haben. Ich
war von diesem Mann beeindruckt aufgrund seiner
menschlichen Qualitäten. Er war immer solidarisch mit
anderen. Er war ein besonderer Mensch.

Und dieser Mann mit zwei Jahren Fronterfahrung verhielt sich beim Trommelfeuer natürlich anders als die Leute, die das zum ersten Mal erlebten. Der hatte die Übersicht und wußte gleich, was los ist. Es gab kleine Panzerdeckungslöcher, in die mußte man reinspringen und sich ducken. Und wir hatten auch Panzerabwehrwaffen, mit denen schießt man Granaten auf die Panzer. Wenn jetzt ein Panzer kommt, solltest du den Mut haben, hochzukommen und zu schießen. Aber wenn der Fahrer von dem Panzer das durch den Schlitz sah, dann fuhr er auf das Deckungsloch drauf und drehte den Panzer einmal herum. Dann blieb von dir nur noch eine breiige Masse übrig. Der Emil schubste mich jetzt in so ein Loch und sprang hinterher. Und dann haben wir uns beide eng umschlungen – ich jedenfalls. Ich gebe zu, ich hab die Nerven verloren. Das war ja das erste Trommelfeuer in meinem Leben – das ist nicht so einfach. Vielen gehen die Nerven jetzt komplett durch. Viele laufen weg. Dann sind die aber verloren wegen der Splitterung. So eine Granate verschwindet ja nicht im Boden, sondern sie splittert auseinander, und alles was da keucht und läuft, das wird durch fliegende Granatsplitter zerrissen.

Zwei, drei Stunden später ist das Trommelfeuer zu Ende. Nun ist eisige Stille. Da sagt der Emil in ganz ruhigem Ton: «Jetzt müssen wir verduften, jetzt kommt der Iwan – wir müssen hoch.» Jetzt bist du wie vollkommen durchgedreht! Die Nackenhaare sind aufs äußerste angespannt. Jetzt rennst du erst einmal weg, erst mal zurück. Wenn du vorne bist, darfst du eigentlich nicht weglaufen. Da hat jeder Befehl. Sonst würden ja gleich alle weglaufen. Es waren schon viele standrechtlich erschossen worden.

Als Widerstandskämpfer und geschulter Kommunist

hab ich natürlich Gedanken gehabt: Wie kannst du über-
laufen? Als ich an die Front geschickt wurde, war meine
innere Überzeugung, sofort überzulaufen. Das hatte ich
mir vorgenommen. Ich wollte auf keinen Fall für Hitler
kämpfen. Ich will nicht sagen, ich hätte keine Gelegenheit
dazu gehabt. Das ist Quatsch, das stimmt nicht. Ich hätte
einfach zurückbleiben können oder in den Wäldern verschwinden. Daran hat's nicht gelegen, das muß ich zu mir
selber kritisch sagen. Ehrlich gesagt: Ich hatte einfach
Angst.

Die beste Gelegenheit wäre nach dem ersten großen
Trommelfeuer gewesen. Als ich in dem Panzerabwehrloch
in der eisigen Stille wartete, hätte ich rausgehen wollen
und zu den Russen rübermarschieren können. Aber ich
hatte die Nerven nicht. Ich dachte, wenn ich jetzt zu den
Russen hinüberlaufe, schießen die mich einfach ab! Bei
allem, was wir Deutschen bei denen im Land schon angerichtet hatten, hätten die einen einzelnen Überläufer vielleicht erschossen. Und nachher wurde das immer schwieriger. Meine Erkenntnis war: Wenn ich überlaufe, dann
kann ich nicht erwarten, am Leben zu bleiben. Die Rache
der Russen wäre verständlich gewesen. Davor hatte ich zuviel Angst.

Und man kann sich gar nicht vorstellen, wie die Geheime Feldpolizei in der Wehrmacht gewütet hat. Die paßten genau auf! Nur der geringste Gedanke an Sabotage,
wie auch ans Desertieren, war lebensgefährlich. Es sind
auch viele erschossen worden. Es waren ganz, ganz strenge
Gesetze.

Der Jugend damals wurde viel über die Wehrmacht vor-
gegaukelt. Die Jungen wollten dann angeben, wenn sie zu
Hause waren. Wenn du um die zwanzig Jahre alt bist, dann

ist es am schlimmsten. Wenn du im Urlaub bist, dann willst du vor den Mädchen angeben. Willst das Eiserne Kreuz zeigen. Das war damals so. Dazu sagte man EK I und EK II. Manche hatten ganz viele sogenannter Auszeichnungen. So wurden die jungen Soldaten wagemutig, wenn zum Beispiel an der Front ein Spähtrupp ausgesucht wurde. Ein Spähtrupp hat die Aufgabe, wenn alles ruhig ist, die russische Seite auszuspionieren. Das ist meistens nachts und sehr gefährlich, weil viele Tellerminen vergraben waren. Es wurde damit gelockt, man würde das EK I und EK II kriegen. Familienväter waren da vorsichtiger, aber junge Leute weniger, die meldeten sich freiwillig. Dabei haben viele ihr Leben lassen müssen.

Unsern Zugführer, den kannte ich schon von meiner Militärausbildung in Lüneburg. Wir haben uns gewehrt gegen diese blöden Abmeldungen, also: «Stube belegt mit soundsoviel Mann – alles sauber, alles ordentlich!» Schon damals hatte ich also diesen blöden Feldwebel. Der Mann schikanierte mich und nahm meine Stube einfach nicht ab. Der suchte und suchte, und wenn du suchst, dann findest du natürlich immer etwas. Zuletzt mußte ich mit einer kleinen Zahnbürste auf dem Boden rumkrabbeln. Da hab ich bei mir gedacht: Menschenskinder, wenn der hier rauskommt, dann wird der was erleben!

So, nun an der Front, ich hab die obere Partie zum Ausschachten gehabt und war gerade im Graben, da geht der blöde Kerl tatsächlich oben am Grabenrand längs. Er ist gerade auf meiner Höhe – und kriegt plötzlich einen Bauchschuß! Ein Scharfschütze hat ihn getroffen. Er fällt herunter in den Graben. Jetzt liegt der neben mir und blutet und stöhnt und weint und schreit und alles. Ich denk: Was machste jetzt mit dem?! Du kannst den ja so nicht lassen. Also jetzt wirste wieder Mensch. Dann hab ich ihn den ganzen Graben runtergezogen, das war so'n kleiner Berg. Der hat immer weiter geblutet. Aber er ist nicht gestorben, er ist dann ins Feldlazarett gekommen. Später wurde er, nebenbei gesagt, ganz friedlich.

Der Rückzug und die Schande

Im Juli 1944 war ich in Kischinew. Dort wurde die Einheit wieder neu aufgestellt. Unsere Armee und die Panzerdivision hatten alle Panzer verloren – sie hatten kein Benzin mehr. Ich wurde als Fahrer abgestellt. Und dann, das weiß ich noch wie heute, kam der Unteroffizier Tiedemann aus Bremen – einer der wenigen, der auch Platt sprechen konnte – zu mir und sagte: «Komm mal mit, ich will dir mal deinen neuen Wagen zeigen, der steht da hinten. Den sollst du jetzt fahren.» Ich geh mit ihm um die Ecke und denk, ich seh nicht richtig: Da war alles voller Pferde! Ich war von den Socken! Wir mußten umstellen von Panzer auf Pferde. Sibirische Pferde. Der Tiedemann lacht und sagt: «Du kannst dir zwei aussuchen.» In der Herde waren zwei Schimmel. Ich hab ja nicht geglaubt, daß ich die kriege, hab's aber mal versucht. «Ja, die kannste haben.» Also habe ich von da an einen Wagen mit Pferden gefahren. Den fuhr ich von Rumänien durch die Karpaten bis nach Ungarn. Und von Ungarn nach Polen. An der Weichsel wurde die Front wieder neu aufgebaut, in groben Zügen. Als es wieder Benzin gab, wurde ich auch wieder als Lkw-Fahrer eingesetzt. Aber die Pferde blieben bis zum Schluß dabei.

Ich war nie kv – kriegsverwendungsfähig für Infanterie

erster Klasse. Da war man gleich zum Sterben verurteilt, konnte man gleich als Leiche hingehen. Aber wenn man das Glück hatte, daß man ein bißchen verletzt oder eben wie ich Lastwagenfahrer war, dann hatte man eine Chance zu überleben.

In der Zeit hatte ich einen jungen russischen Beifahrer. Iwanow. Der war ein sogenannter Hiwi – oder eben ein Hilfswilliger. Davon gab's viele, etwa eine halbe Million. Das waren alles Russen, oder sagen wir besser Sowjetbürger – aus allen Richtungen, Gefangene, die sich verpflichtet hatten, für die deutsche Armee Dienst zu tun. Allerdings nicht zum Schießen.

Die machten ihren Dienst wie die anderen Soldaten auch und lernten schnell Deutsch. Der Iwanow war ein fleißiger und strebsamer Mann, mit dem ich viel erlebt habe. Eines Tages hab ich zu dem gesagt: «Wie kann das angehen, daß du jetzt in der Hitlerarmee Soldatendienst machst und diese Uniform anhast? Wie kannst du das aushalten?» Na ja, der war noch ein junger Bengel. Da verlor er die Nerven und fing fürchterlich an zu weinen. Und dann hat er mir die Geschichte seiner Gefangenschaft im deutschen Lager erzählt: Er war 1941 mit Hunderttausenden Kriegsgefangenen in einem Lager auf kleinstem Raum zusammengepfercht gewesen. Alle mußten auf freiem Feld schlafen. Ihre Notdurft haben sie an Ort und Stelle verrichtet. Es gab fast nichts zu essen. Alle hatten entsetzlich abgemagerte Körper, bald sahen sie aus wie Skelette, die apathisch am Boden lagen. Die Hungernden schrien in Chören – man muß es Kilometer weiter in den Dörfern gehört haben. Viele sind verhungert. Iwanow weinte ununterbrochen, während er mir davon erzählte. Und es wurde noch schlimmer: Der entsetzliche Hunger ließ manche Menschen zu

Tieren werden. In der Nacht wurden sie zu Kannibalen. Da waren richtige Menschenfresser-Banden unterwegs. Menschen wurden geschlachtet und aufgefressen.

In dieser ausweglosen Situation kamen Werber von der Wehrmacht und haben gefragt: «Wer will in Dienst der deutschen Armee treten?» So, nun stand der Iwanow vor der Wahl: Entweder ich bleibe leben oder ich sterbe. Eine Reihe von Russen, die wollten lieber sterben – aus Idealismus. Aber ein großer Teil erklärte sich bereit, mit den Deutschen zusammenzuarbeiten. Die hatten jetzt die Chance zu überleben. Nur so konnte auch dieser junge Russe überleben. Christian Streit schreibt in seinem Buch «Keine Kameraden», daß von den 5,7 Millionen sowjetischen Kriegsgefangenen 3,3 Millionen in deutscher Gefangenschaft umgekommen sind. Die Hiwis, die überlebt haben, wurden später von Stalin für mindestens zehn Jahre in den Gulag gesteckt.

Mitte Januar 1945 brach die Front an der Weichsel völlig zusammen. Nun setzte ein unglaublicher Flüchtlingstreck ein – Hunderttausende gingen auf die Flucht in den Westen. Dabei waren es 20 Grad minus! Die Deutschen verließen ihre Heimat zu Fuß oder auf Pferden, beziehungsweise auf Pferdewagen. Die Straßen waren völlig vereist. Auf dem Eis rutschten die Pferde. Es entstand ein rücksichtsloser Kampf ums Überleben. Dieser Kampf war zum Nachteil der Schwachen und der Kinder. Sie waren schnell erschöpft. Dann setzten sie sich an den Straßenrand, um sich auszuruhen. Sie schliefen ein und wachten nicht wieder auf. Nun sah man rechts und links kleine Hügel, auf denen der Schnee liegenblieb. Wenn man sie antickte, fielen sie um.

Mein Beifahrer hatte mehrere kleine Kinder am Wegesrand aufgesammelt und hinten auf den Wagen gelegt. Aber wir hatten nicht genug Nahrungsmittel, vor allem keine Milch. Es ist nicht zu verstehen, daß zur selben Zeit viele Deutsche nach wie vor an den Endsieg glaubten. Sie erwarteten noch immer den Einsatz einer Wunderwaffe ...

Auf diesem Rückmarsch sah ich auch die Politik der verbrannten Erde. Auf dem Rückzug wurde von Moskau bis Berlin alles zerstört, verbrannt und erschlagen. Ich selber war zwar nicht bei der kämpfenden Truppe – die mußten töten. Aber unser Pionierbataillon mußte Sprengungen durchführen. Ja, unsere Armee hat unsagbar Böses in Rußland angerichtet. Ich habe auch gesehen, wie deutsche Soldaten Erschießungen gemacht haben und überall Menschen aufgehängt wurden. Das war die Wirklichkeit des Krieges, den die Deutschen angefangen hatten. Daß ich in diesem Krieg Hitlers blutige Uniform getragen habe, betrachte ich als Schande.

In den letzten Wochen des Krieges wurde meine Pioniereinheit mit Zügen von Luckenwalde bei Berlin ins Riesengebirge bis an die Neiße verlegt. Die Züge funktionierten alle noch. Glatzer Bergland – das war meine Endstation. Mittlerweile war es Ostern 1945. In der Armee und auch in meinem Kameradenkreis war das Gefühl: Alles bricht zusammen! Denn die Einheit zog sich immer weiter zurück, und es sickerte auch durch, daß die Amerikaner schon am Rhein vor Köln standen. Alle, die konnten, hörten jetzt die Soldatensender aus England und auch Moskau. Die verbreiteten immer dieselben Parolen: «Lauft über! Rettet euer Leben, sterbt nicht in letzter Minute!»

Reihenweise sind sie jetzt desertiert. Keine organisierte Massenflucht, sondern jeder hat für sich alleine entschieden. Aber reihenweise sind sie von der Wehrmacht wieder

Die Kneipe von Oma Caroline

Der Vater nach dem Ersten Weltkrieg. Die Mutter

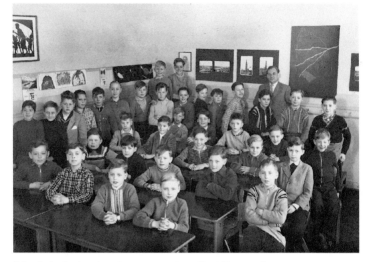

Die Schule in der Grundstraße. Ein Klassenfoto mit Herrn Reimers

Taubenzuchtverein Kurier. Links der Vater

Der Luruper Weg in Eimsbüttel hieß auch Klein-Moskau, um 1930 ...

... dieselbe Straße, wenige Jahre später

**Eines der seltenen Fotos aus der Zeit des Widerstands:
Mit Mary und Genossen bei einem Ausflug**

Richard Heller und Fiete Schulze

Nach den Bombennächten: Ecke Sillem-/Methfesselstraße – Tönnies Hellmann in Wehrmachtsuniform

Das Kriegsgefangenenorchester von Sepp Schnabel, 1948

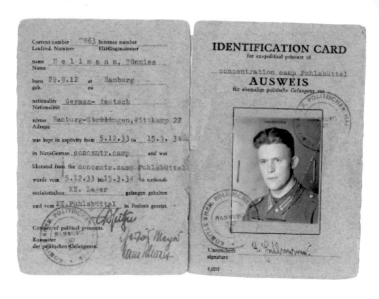

Nachkriegsjahre: Der Akkordeonspieler ist Onkel Hans, links daneben Schwester und Mutter

Die fünfziger Jahre: Mit einer Delegation in Ostberlin

Die Mutter mit Tönnies und mit Urenkel

Mit Marion Dönhoff

eingefangen worden. Denn bis zum Schluß setzten Feldpolizei und Geheime Feldpolizei Greiftrupps ein. Und die rannten rum und fingen die Leute wieder ein. Die fackelten nicht lang, sondern hängten die Deserteure gleich auf oder erschossen sie. Als Nachschubfahrer hab ich sie gesehen. Jetzt hingen an den Bäumen und Laternenpfählen keine Russen, sondern Deutsche.

Wenige Tage vor Kriegsende wurde ein ganz junger Mann, der erst achtzehn Jahre alt und aus unserer Kompanie desertiert war, wieder eingefangen. Unser Kompanieführer ließ ihn an einen Pfahl binden. Dann mußten zwölf Leute antreten. Der Junge hat geschrien – immer nach seiner Mutti hat er geschrien. Dann wurde er erschossen! Zur Abschreckung sollte das sein!.

Jahre später, nach dem Krieg, traf ich einen Deserteur, der aus dem Riesengebirge bis nach Deutschland durchgekommen war. Ich fragte ihn, wie er das bloß geschafft hatte. Er erzählte, er sei immer nur nachts marschiert. Als Kompaß hatte er die Sterne genutzt.

In den letzten Tagen brach die Front wieder zusammen, und es gab ein völliges Durcheinander. Die Parole hieß: «Hin zu den Amerikanern!» Unsere Einheit ging zurück bis in die Nähe von Prag. Alle, die mit unserer Truppe aus Rußland geflüchtet waren, kamen mit. Zum Beispiel auch die vielen russischen Frauen, die in der Wehrmacht in der Küche gearbeitet hatten, aber auch andere russische Hiwis. Die hatten natürlich Todesangst. Unter keinen Umständen wollten sie in die Hände der Roten Armee fallen. Jetzt brach jede Disziplin zusammen.

Es war der 9. Mai – der Tag nach der Kapitulation. Auf einer Landstraße, kurz vor Prag, wurde ich zusammen mit etwa 30 anderen deutschen Soldaten von tschechischen

Partisanen gefangengenommen. Ich wußte, was mit Partisanen geschehen war, die in deutsche Hände gefallen waren – wir konnten also nur hoffen und beten. Tatsächlich wollten die uns gleich erschießen. Erst einmal schlugen sie auf uns ein, dann stellten sie uns in einer Reihe an einer Mauer auf … Mein ganzes Leben zog in meinem Kopf vorüber. Jetzt geht es um dein Leben! Ich wollte nicht erschossen werden! Ich hab dann zu dem Anführer der Partisanen gerufen, ich bin ein deutscher Kommunist … Nun war der selber nicht mal Kommunist. Jetzt kommt der zu mir hin und hält mir einen Vortrag darüber, wie wir Deutsche in seinem Land gewütet haben. Auch seine eigene Familie ist dabei ermordet worden … In dem Moment kamen auf dieser Landstraße Soldaten der Roten Armee. Die gingen nun dazwischen. Sie bewahrten uns vor der Erschießung und nahmen uns gefangen.

Ich kam in ein riesiges Gefangenenlager in der Nähe von Prag. Da waren ungefähr 40000 bis 50000 deutsche Kriegsgefangene. Das eingezäunte Lager wurde von tschechischen Posten und auch von Partisanen bewacht. Aber die Oberherrschaft hatten die Russen. Dort traf ich einen polnischen Partisanen. Ich sprach ihn an und erzählte aus meinem Leben. Er war ein Student, sprach deutsch und erzählte von seinem unsagbaren Haß auf alle Deutschen: «Weißt du, was in Polen wirklich geschehen ist?!» Er erzählte dann, wie die Hochschulen geschlossen wurden und er als Student in ein Arbeitskommando eingeteilt worden ist. Kein Pole sollte noch studieren. Sie sollten zu Hilfsarbeitern der Deutschen werden und mußten an der Brust ein «P» tragen. Ich war erschüttert. Und er erzählte noch weiter, von den Städten, in denen die Patrioten an den Laternenpfählen hingen und junge Polen öffentlich hinge-

richtet oder in Viehwagen nach Deutschland abtranspor-
tiert wurden. «Viele starben in deutschen KZs. Deshalb
mein Haß gegen euch Deutsche!» sagte er mir zum Schluß.

Der Marsch und das Gefangenenlager

Mitte Mai begann der große Fußmarsch von Prag nach
Bratislava. Ich schätze, daß 20000 bis 30000 deutsche
Soldaten in die Gefangenschaft marschierten. Wir waren
ungefähr zwei Wochen unterwegs, ob bei Regen oder Son-
nenschein. Keiner durfte aus der Reihe treten. Wir marschierten immer in Reihen von zehn Soldaten. Auf beiden
Seiten marschierten russische Posten. Die waren schwer
bewaffnet mit Kalaschnikows. Ein Menschenleben zählte
nicht viel. Irgendwann in der Nacht hieß es «Stoi!» (Halt),
und dann mußten wir uns auf der Stelle dort hinsetzen, wo
wir gerade standen – egal, ob nun gerade in den Matsch
oder aufs Trockene. Man schlief dort auf dem Boden, wo
man zufällig stand.

Als ich in Gefangenschaft kam, hatte ich gleich alles Un-
nötige weggeschmissen und nur einen Poncho aus Wolle in
meinem Rucksack. Aber andere haben sogar in dieser To-
desnot noch profitträchtig gedacht und jede Menge Sachen mitgeschleppt. Die nahmen Zigaretten und Natura-
lien und schleppten ihren schweren Rucksack den ganzen
Weg. Unterwegs kamen wir überall durch die Dörfer, in
denen die deutsche Armee während des Rückmarsches die
Häuser angezündet hatte. Jetzt wurden wir von der Bevölkerung natürlich nicht gerade mit Samthandschuhen angefaßt. Die Menschen zahlten uns zurück, was wir ihnen in
den vergangenen Jahren angetan hatten. Keiner wollte au-

ßen marschieren. Man versuchte immer, in der Mitte zu gehen. Aber die russischen Posten paßten auf, daß es nicht zu Ausschreitungen kam.

Vorsätzliche Ermordung von Gefangenen gab es nicht. Es gab natürlich Fluchtversuche. Das war klar, daß die Posten dann schießen. Das macht jede Armee der Welt. Aber direkt Erschießungen gab es nicht. Trotzdem starben viele unterwegs, denn es gab wenig Essen und wenig Wasser. Viele brachen zusammen und viele konnten nicht mehr laufen. In unserem Zug waren immer Lastwagen, die diese Halbtoten aufsammelten und in die Sammellager brachten.

Der Durst war das Schlimmste auf dem Marsch. Es war in diesem Mai sehr heiß. Ich trank aus einer Regenpfütze fauliges Wasser und bekam die Ruhr. Da war ich bald sehr geschwächt. Das war einer der wenigen Momente in meinem Leben, in denen ich keinen eigenen Willen mehr hatte. Denn die Ruhr geht nicht so schnell wieder weg, sondern sie nimmt einem die ganze Kraft aus dem Körper. Ich wurde apathisch und wollte aufgeben – wollte mich hinsetzen und nicht wieder aufstehen. Es kam ständig oben und unten raus und lief die Beine runter. Von Tag zu Tag wurde meine Kraft weniger. Ich war bereit zu sterben.

Aber nun kam das Wunder durch meinen Freund und Kameraden Otto Steinbiß aus Hamburg. Der war Schmied, und ich war mit ihm ein Jahr an der Front gewesen. Wir waren zusammen gefangengenommen worden. Er hat energisch dafür gesorgt, daß ich nicht aufgab. Irgendwoher hat er Mehl organisiert und es in der Nacht auf einem kleinen Feuer gekocht. Er fütterte mich wie ein kleines Kind. Ich wollte sitzen bleiben und nicht wieder aufstehen. Aber

Otto Steinbiß duldete es nicht. Immer wieder wurde ich von ihm angetrieben: «Sitzenbleiben bedeutet den Tod!» Mein Freund schaffte es, daß ich lebend in Bratislava eintraf.

Dort wurden wir nach einer Entlausung umgepackt in einen Zug nach Rumänien, nach Fosçani. Dort gab es ein riesiges Sammellager mit 100 000 Deutschen, wo die Menschen in Transportzüge nach dem Osten eingeteilt wurden. Einzeln mußten wir an den russischen Ärzten vorbeigehen. Und die guckten von hinten und von vorne und teilten uns in drei Gruppen ein. Die Ärzte pinselten auf unsere Arme ein Zeichen für die erste, zweite oder dritte Gruppe. Nur die erste Gruppe kam für einen Arbeitseinsatz in Sibirien in Frage. Die anderen Gruppen schickten sie in Gebiete, in denen die Lebensbedingungen leichter waren – in den Süden zum Beispiel. Dort war es viel besser als zum Beispiel im Nordural oder in Kasachstan, wo auch viele Deutsche hingekommen sind und wo sehr harte Bedingungen herrschten.

Ich war in die Gruppe I eingeteilt worden. Am 1. Juni ging meine Zugfahrt los in den Osten. In meinem Herzen war noch immer die Begeisterung der Jugendideale vorhanden: Stalin, der große Meister und Vater – eine Überfigur.»

In jedem Zugwaggon waren 70 bis 80 Personen. Unsere Reise dauerte Wochen. Einmal am Tag gab es trocken Brot und Wasser. Wir hockten zusammengedrängt auf dem nackten Fußboden. Alle rissen ihre militärischen Abzeichen ab und warfen sie aus dem einzigen Fenster. Das Fenster war sehr klein, und jeder wollte einmal Luft schnappen. Im Waggon herrschte unerträgliche Hitze. Es war eng, staubig, und man hatte immer Durst. Ständig gab es auch Reibereien. Nur der Stärkste setzte sich durch. In einer Ecke des Waggons war im Fußboden ein Loch mit einem Trichter darauf. Das war unser Abort. Es entwickelten sich unbeschreibliche Zustände. Keiner wollte neben dem Loch liegen. So lagen schließlich dort immer nur die Kranken und Schwachen. Viele machten ihre Notdurft in ihr Kochgeschirr und gossen es aus dem Fenster. Aber viele strahlten vorbei, und dann lief es über die Schwachen. Ich wurde Waggonältester. Es war ein schweres Amt – die ständigen Reibereien um das Loch haben mich fertiggemacht. So ging das drei Wochen lang!

Als unser Eisenbahnzug mit ungefähr 2000 Kriegsgefangenen auf einmal an einer Rampe anhielt und wir alle rausspringen mußten, waren viele vollkommen fertig und konnten nicht mehr gehen. Es begann ein Marsch durch den Wald zum Lager, das in der Nähe des Schienenstranges lag. Die Kranken wurden mit Lkws dorthin transportiert. Es war August und sehr heiß – richtig Hochsommer! Das wunderbarste Wetter.

Ich war an der Endstation angekommen: Lager 70207 – 15 im Nordural. Der Lagerkommandant hielt eine Ansprache, die übersetzt wurde: «Hört zu, in nur vier Wochen ist hier finsterster Winter mit Temperaturen bis unter 30 Grad Kälte! Ihr müßt euch beeilen! Bäume fällen und die Baracken winterfest machen!» Es war 30 Grad Wärme, und du kannst dir in dem Moment gar nicht vorstellen, daß es in einem Monat so kalt werden kann.

Das Lager war ein Baulager in der Nähe der Stadt Kisel. Es lag in einem riesigen Urwaldgebiet in Sichtweite des Schienenstranges. Alle Lager in Rußland waren schematisch gleich, so groß wie zwei Fußballfelder. Um das Lager herum waren große Zäune und an jeder Ecke ein überdachter Posten. Und von diesen Posten aus guckten die Soldaten immer den Zaun entlang. Im Lager gibt's einmal die russische Lagerkommandantur und eine deutsche Kommandantur, die nur für den Arbeitseinsatz verantwortlich ist. Dann ist da noch die NKWD-Abteilung. Das ist die politische Polizei, die die oberste Kontrolle über die Lager hat.

Schon unter dem Zaren war dies ein Gefangenenlager. Doch in den letzten Jahren vor unserer Ankunft waren hier wohl keine Gulag-Gefangenen. Ich schätze, daß damals das Lager leerstand. Wir wurden nun erst mal alle in die verschiedenen Baracken aufgeteilt. Aber wir wollten lieber draußen schlafen, weil das drinnen so muffig und heiß war. Es war ja August. Aber abends mußten wir alle rein. Die Baracken waren wie fast alle Gebäude im Lager aus Holz. Alle zu ebener Erde. In jeder Baracke wohnten ungefähr 100 Personen. Dann gab es eine sogenannte «Stalova» – das ist der Speiseraum und der Raum für Versammlungen. Und noch Büroräume und ein Magazin. Das Lazarett war außerhalb. Es war nicht nur für unser Lager, sondern ein Lazarett war immer für, sagen wir mal, 20 000 Kriegsgefangene zusammen. Da mußte man mit dem Lastwagen hingefahren werden. Das Lazarett war wie ein eigenes kleines Lager, mit Posten und Wachtürmen.

Die größte Gefahr in so einem Lager ist ein Tier – die Laus. Die springt von einem zum anderen. Durch die Laus kann Fleckfieber übertragen werden. Und wenn das Fleckfieber ausbricht, können alle sterben, so schlimm ist das. Die Russen hatten solche Angst, daß ihre Offiziere zur Verantwortung gezogen wurden, daß sich in den Lagern auf keinen Fall Läuse entwickeln durften. Alle vier Wochen ist in unserem Lager eine Entlausung durchgeführt worden. In jedem Lager gab es eine «Banja». Das war in diesem Fall keine Sauna, sondern ein Entlausungsbad. Du mußt dein ganzes Zeug ausziehen. Das wird auf einen Haken gebummelt und kommt an einer Stange aufgehängt in einen Ofen. In dem Ofen ist ein Holzfeuer. Auf dem Feuer wird Wasser gekocht, und der Dampf tötet irgendwie die Läuse im Zeug. Das war das Allerwichtigste. Ich weiß von keinem Fall, wo Fleckfieber in unserer Lagerabteilung ausgebrochen ist.

In der «Banja» konnte man sich auch waschen. Normalerweise wuschen wir uns ja ganz primitiv: Da war so eine lange Wasserleitung mit Wasserhähnen dran. Aber wenn wir einmal alle vier Wochen in die «Banja» kamen, war das für uns wie ein Bad. Nicht mit Badewannen, sondern jeder bekam einen kleinen Pott mit warmem Wasser und konnte sich waschen.

Kisel liegt ganz hoch im Uralgebirge. Ungefähr 900 Meter über dem Meeresspiegel. Für uns Mitteleuropäer war natürlich das harte Klima sehr schwer zu ertragen. An meinem Geburtstag, das ist der 29. September, lag das Lager schon wieder im Hochschnee.

Wir waren ungefähr 2000 deutsche Kriegsgefangene, davon ungefähr 100 Offiziere. Die Offiziere wurden ein klein bißchen bevorzugt gegenüber den Mannschaftsdienstgraden. Die bekamen auch bessere Verpflegung. Dadurch entstanden im Lager schon mal zwei verschiedene Klassen. Ab Major aufwärts mußte gar nicht mehr gearbeitet werden. Im ersten Jahr kriegte jeder Mannschaftsdienstgrad eine Platte rasiert – aber nicht die Offiziere! Da gab es wieder Streitigkeiten.

Ein Vaterunser und die Normerfüllung

Bevor ich weiter über meine Erfahrungen im russischen Kriegsgefangenenlager erzähle, will ich noch mal daran erinnern, daß es, wie man heute weiß, den russischen Gefangenen in den deutschen Lagern noch schlechter ergangen ist als uns. In deutschen Lagern sind über drei Millionen sowjetische Gefangene umgekommen. Die Russen aber wollten uns Deutsche einmal als Freunde nach Deutschland zurückschicken.

Als ich in das Lager kam, habe ich mich sofort freiwillig zur Arbeit gemeldet. Ich war ja Handwerker. Meine erste Erfahrung war in einer Erdarbeiterbrigade. Die Russen suchten vor allem Facharbeiter – Schlosser, Kfz-Mechaniker, Maschinenbauer. Solche Leute kamen in Facharbeiterbrigaden. Aber bei der Zusammenstellung der Arbeitsbrigaden für Erdarbeiten wurde einfach abgezählt. Ob einer gelernter Bäcker, Schneider oder Schuster war, ist ganz egal. Das einzige, was zählte, war die körperliche Einsatzkraft. Geschickte Leute wurden an der Spitze der Arbeitsbrigaden eingesetzt – drüben in Rußland nennen sie das Brigadier. Wer Brigadier wurde, entschieden die Russen. Und weil ich ausgebildeter Handwerker war, wurde ich Brigadier in einer Erdarbeiterkolonne.

Morgens um sechs müssen alle aufstehen. Draußen hängt eine Eisenbahnschiene, da haut einer gewaltig gegen mit einem Klöppel, damit das ordentlich schallt. In jeder Baracke wohnt eine Kompanie von ungefähr 100 Kriegsgefangenen. Und der Barackenälteste ist zugleich Kompanieführer. Der soll dafür sorgen, daß die Leute fertig werden. Nach 30 Minuten müssen sie raus. Außerdem muß der Kompanieführer sofort morgens Meldung bekommen,

137

wer krank ist. Der hat allerlei um die Ohren. Nebenbei kommen auch die Russen immer reingerannt: «Dawai, dawai!» – los, los! Ich bin auch mal vier Wochen Kompanieführer gewesen. Aber ich bin schnell wieder abgesetzt worden, weil ich dafür nicht geeignet war. Das habe ich nicht gekonnt, die müden Leute antreiben. In der Baracke sind im Winter ja auch zwei, drei Grad Frost, wenn es draußen 30 Grad Kälte ist. Da liegen sie denn alle auf ihren Pritschen mit den Wattejacken über sich, damit das wärmer ist.

So, dann zum Waschen. Im Vorraum der Baracken sind drei, vier Wasserhähne. Manchmal gibt es auch nur ein langes Rohr, wo das Wasser so rausdröppelt. Man hat nicht immer Seife. Meistens kannst du dir nur ein wenig Wasser ins Gesicht schlagen. In dieser kurzen Zeit müssen sie alle rennen. Geht alles ruck-zuck.

Dann geht's weiter mit dem Brotempfang. Ich als Brigadier muß dafür sorgen, daß meine Brigade das Brot bekommt, das ihr zusteht. Am Abend vorher weiß der Brigadier schon, wieviel Brot es am nächsten Morgen gibt. Auf jeder Baustelle ist ein russischer «Natschalnik» – ein Vorarbeiter. Und mit dem wird nach jedem Arbeitstag abgerechnet. Der Bauführer sagt abends zu dem Brigadier: «Du hast heute 90 Prozent der Norm erfüllt». Wenn die Brigade dann abends zurück ins Lager kommt, werden die 90 Prozent gemeldet. Dort gibt es eine große Tafel. Da stehen die verschiedenen Brigaden drauf und ihre Arbeitsleistung. Wurde die Norm erfüllt, gibt es 200 Gramm Zusatzbrot pro Mann – wenn nicht, kriegt die Brigade nur ihre 600 Gramm pro Person. Deshalb ist auch jede Brigade daran interessiert, daß alle mitarbeiten.

So, und nach dem Waschen rennen alle wie die Wilden

rüber in die «Stalova» – dort gibt es das Essen. Das Brot, das die Brigade jeden Morgen bekommt, wird gleich aufgegessen. Einige hatten einen Teil unter ihren Pritschen versteckt, für später. Aber dann wurde das geklaut. So lernst du mit der Zeit, daß du immer alles sofort aufessen mußt! Meinen Leuten habe ich immer gesagt: «Alles, was ihr bekommt: sofort weg!» Dann haben alle ihre 600 Gramm sofort aufgegessen.

Eine Stunde ist jetzt vergangen. Jetzt ist die Uhr sieben. Dann wird wieder geläutet, und das Lager muß draußen antreten. Alle rennen raus zur Aufstellung. Als Brigadier bist du verantwortlich, daß das alles klappt. Du mußt auf die Leute wie auf Kinder aufpassen: Haben sie ihre Fußlappen? Haben sie ihre Schuhe? Ist ihr Zeug in Ordnung? Weil dies alles über Leben oder Tod entscheidet. Da ist der Brigadier verantwortlich für seine Leute. Jeden Morgen bekommt der Brigadier auch seinen sogenannten Normzettel. Da steht drauf, was die Arbeitsbrigade schaffen muß.

Erdarbeiterbrigaden arbeiten auf dem Bau. Sie machen hauptsächlich Ausschachtungen. Man muß die Sommermonate ausnutzen, um die Löcher für die Fundamente zu graben. Denn im Winter ist der Boden in diesen Gebieten tief gefroren. Er weicht in den kurzen Sommermonaten nur ein bißchen auf – wolln mal sagen auf 1,80 Meter – dann ist Schluß. Das war eine sehr harte körperliche Arbeit. Du mußt große Löcher picken mit der Spitzhacke. Die 600 Gramm Brot, die waren mittags schon verbraucht. Deshalb wurde in den Sommermonaten immer gesucht, wo noch was zu essen in der Erde sein könnte. Wurzeln, Kartoffeln oder Gras – alle versuchten, irgendwo etwas zu organisieren.

Auf den Baustellen wurden Fabriken, Betriebe und Häuser gebaut. Dorthin wird die Brigade mit Lastwagen gefahren. Das war manchmal 20 oder 30 Kilometer weit weg vom Lager. Im Schnitt wurde acht Stunden gearbeitet. Meistens wurde durchgearbeitet – ohne Pause. Der Brigadier kann über dein Leben entscheiden. Weil der mit dir vor Ort beim Arbeitseinsatz ist. Es gibt gute und schlechte Brigadiere. Wenn er einen Piek auf dich hat, gibt er dir die schwerste, schlechteste Arbeit.

In der Zeit, in der ich Brigadier war, hatte ich auch sehr junge Leute dabei. Und ich konnte immer schon sehen, wie lang die Leute noch durchhalten. Zu den Rauchern habe ich gesagt: «Laß das Rauchen nach!» Ich selber habe keinen Tag geraucht in der Gefangenschaft. Als Soldat hatte ich auch geraucht. Aber dann sofort aufgehört. Denn in der Gefangenschaft ist für die meisten die Sucht nach Tabak stärker als die Sucht nach Leben. Die tauschen ihr letztes Brot gegen Tabak. Dann kann man sich ausrechnen, wie lang sie noch leben. Die sind alle gestorben.

In unserem Lager wurde mit Holz geheizt. Jeden Tag mußte in den Wäldern um das Lager herum Holz gefällt werden. Die Arbeitskolonnen mußten bei jedem Wetter raus in den Wald. Da war ich auch mal dabei. In unserer Bekleidung sahen wir aus wie außerirdische Wesen. Sogar die Nase mußte eingewickelt werden. So waren wir auch Heiligabend 1945 unterwegs. Unter diesen Bedingungen war es schwer für die 25 Mann, Bäume mit der Hand zu fällen und zu zerlegen. Die Kräfte waren schnell verbraucht. Plötzlich setzte dann auch noch ein Schneesturm ein! Was sollten wir jetzt machen? Wir bildeten einen Kreis, und einer mußte den anderen festhalten, damit niemand verlorenging.

Der Schneesturm wurde heftiger, immer stärker. Wir kämpften wirklich um unser Leben. Unter uns war ein evangelischer Priester. Jeden Morgen hatte er im Lager ein Gebet gesprochen. Aber die meisten lachten nur über ihn, denn viele hatten im Krieg ihren Glauben verloren. So, und auf einmal fragte der Priester uns, ob er beten dürfte. Jetzt waren alle einverstanden. Und so betete er in diesem Schneesturm laut das Vaterunser. Einige beteten mit. Nach einer Weile hörten wir Stimmen. Kurze Zeit darauf fand uns ein russisches Suchkommando – sonst wären wir wohl alle erfroren.

Essen und Gerechtigkeit

Brot war das wichtigste Nahrungsmittel. Das war weich, innen noch ein bißchen feucht und braun wie Vollkornbrot. Es wurde in einer Zentralbäckerei gebacken und jeden Tag in unser Lager gebracht. So, nun geht das los: Jede Arbeitskolonne, das sind 25 Mann, bekommt jeden Tag eine ausgewogene Menge Brot – vielleicht so sechs Brote.

Nun geht ein Essenholer los. Der steht an der Klappe, wo das Brot ausgegeben wird, und bekommt sechs Brote. Ich hab das als Brigadier selber erlebt: Du mußt erst mal zwei Mann mitschicken, damit der Brotholer nicht überfallen wird. Auf dem Weg von der Essensausgabe zur Baracke lauern dunkle Gestalten, die das Brot klauen könnten. Wenn er mit dem Brot ankommt, legt er es auf den Tisch. Es gibt keine Waage – wie willst du das jetzt einteilen? Wir sind alle Tiere, wie wir da sitzen. Alle starren auf das Brot und rechnen auch mit kleinen Krümeln. Nun müssen wir es gerecht einteilen – ein Messer gibt's aber nicht. Wie willst du das so machen, daß jeder seinen Teil kriegt? Also, einige Brigaden haben das so über den Daumen gepeilt. Dann kriegten die Schwächsten das wenigste. In meiner Brigade wurde das folgendermaßen geregelt: Einer baute eine Waagschale aus Holz. Wir besorgten uns einen Stein von genau 600 Gramm. Dann brichst du so lange Brot ab, bis das genau 600 Gramm sind. Die kleinsten Krümel zählst du mit. Alle gucken ganz genau! Jeden Morgen gab es die Zeremonie mit dem Brot.

Und nun kommt die Kante. Die ist ein bißchen trockener und hat deshalb mehr Gehalt. Und weil die jeder haben möchte, geht das umschichtig. Als Brigadier mußt du einen Zettel haben, den «Kantenzettel», und aufschreiben, wer den Kanten kriegt. Muß man sich alles merken. Du mußt nun sehr gerecht sein und darfst natürlich keinem was klauen.

In den ganzen Jahren meiner Gefangenschaft ist mir einmal mein Brot geklaut worden. Aber dann nie wieder. Ich habe mir geschworen, daß ich alles, was ich bekomme, sofort aufesse. Wer seinen Anteil Brot nicht auf einmal essen will, teilt sich das ein und bindet es in Lappen ein. Das legt man dann unter den Strohsack. Hab ich auch so gemacht – und das ist dann geklaut worden. Wenn du abends zurückkamst, war dein Brot weg. Weil das Klauen ja sehr stark verbreitet war, haben die meisten ihr Brot sofort aufgegessen. Die 600 Gramm eß ich, dann hat der Körper das, und keiner kann es mehr klauen. So, das war das Brot.

Dann gehst du morgens noch in die «Stalova». Da gibt's Kaffee. Jetzt solltest du als Gefangener noch Zucker bekommen. Laut internationaler Abkommen stand den Kriegsgefangenen eine bestimmte Menge Nahrungsmittel zu, für jeden Gefangenen die 600 Gramm Brot, ein Eßlöffel Zucker, eine kleine Brise Fett und Fisch. Aber das war einfach nicht durchführbar, weil alle vorher hinlangten. Alle! Von oben bis unten. Die Nahrungsmittel kamen erst gar nicht zu den einfachen Gefangenen. In jedem Kriegsgefangenenlager ist das die gleiche Geschichte: 10 Prozent sind satt und 90 Prozent haben Hunger. Erst nehmen die Offiziere was weg, und so geht das weiter: die deutschen Kompanieführer, das sind hohe Tiere, und dann die Brigadiere, die nicht ehrlich sind. Und so kriegt der kleine Mann immer weniger. Er bekommt nie richtig seinen Verpflegungssatz.

Ich weiß keinen Tag, wo es nicht Kohlsuppe gab. Der Kriegsgefangene soll Kohl und soll auch Kascha bekommen. Kascha ist ein Hirsebrei. Der wird gekocht, und dann kriegst du so einen kleinen Klecks auf deinen Teller. Aber das war alles nicht genug. Außerdem gab es Kartoffeln. Jedes Jahr im September nach der Ernte bekam das Lager seine Kohl- und Kartoffelzuteilung. Die wurde in einen Erdbunker im Magazin gebracht. Wenn du die Kartoffeln nicht richtig einlagerst, denn erfrieren sie. Anfang Oktober war schon tiefer Frost dort. In keinem Lager hat das geklappt mit den Kartoffeln. Überall sind die eingefroren! Und ich weiß überhaupt keinen Tag, an dem ich nicht gefrorene Kartoffeln gegessen hab. Und die größten Szenen – das kann man gar nicht erzählen – waren jetzt immer: Du gehst mit deinem Pott zu dem großen Bottich, in dem die Kartoffeln mit Schale waren, und kriegst deinen Schlag Kartoffelsuppe. Denn guckst du wie so 'n Tier: Langt der jetzt nach unten oder nimmt der nur von oben weg? Hast du Pech, kommt das von oben – dann hast du natürlich nur warmes Wasser!

In den Arbeitskommandos waren wir ja auch mit Russen zusammen. Auf dem Bau zum Beispiel wurde auch Essen gegen Kleidung getauscht. Im Lager gab es eine Schneiderei und eine Schusterei. Dort arbeitete man in den Sommermonaten schon für den neunmonatigen Winter vor. Im Herbst bekamen wir dann das Winterzeug. Es wurden Watteanzüge und Watteschuhe ausgegeben. Ohne Wattejacken kannst du dort keinen Tag im Winter überleben. Und in Sibirien mußt du auch Watteschuhe haben. Das sind Filzschuhe. Wenn du die nicht trägst, erfrieren die Füße. Und auch ohne Handschuhe kann man nicht rausgehen. Das ist gefährlich. Selbst für die Nase brauchst du einen Schutz. Mußt dein Gesicht mit Öl einschmieren, sonst erfriert das ja alles.

Und nun ist das so: Da hat einer 'ne schöne Wattejacke bekommen – schön warm. Die hat er aber nur acht Tage, dann war die weg. Die hat er auf dem Bau bei einem Russen eingetauscht gegen ein Brot. «Mensch», sagt der Russe, «gib mir doch deine Jacke. Du kriegst ein Brot und meine Jacke!» So, jetzt träumt der von dem Brot. Der Russe kriegt die neue Jacke und gibt ein Brot und seine alte Jacke. Der stellt sich hintern Baum und ißt das ganze Brot auf. Das hat der im Winter bereut.

Das Schlimmste, was es gibt, ist der Hunger. Ich hab selber im Inneren immer mit mir gekämpft: «Mensch, du wirst ja ein Tier!» Kultur und Moral kann unter diesen Bedingungen von den Menschen abfallen. Auf einmal zeigst du solche Eigenschaften, weil sie alle träumen vom Essen. Es wird nicht von Frauen erzählt, sondern vom Essen. Die dankbarsten Zuhörer hatte ein Österreicher. Der war Konditor von Beruf und hat die Leckereien aus seinem Konditorladen beschrieben. Der konnte so wunderbar erzählen, wie die Mohrenköpfe und das ganze Zeug gemacht wird. Dann saßen sie alle und haben die Zungen bewegt. Das waren so Themen, da hörten alle gerne zu. Nicht Frauen. Wenn du bei der Wehrmacht bist als Soldat, erzählst du von Frauen. Aber unter diesen Bedingungen sind Frauen kein Thema, sondern nur der unstillbare Hunger.

Ich hab da mal was erlebt: Also hat man im Sommer einen drei Meter tiefen, langen Graben ausgehoben. Über diesen Graben wird ein Balken gelegt – ein Baumstamm. Das ist nun das Klo. Du sitzt jetzt auf diesem Balken, und neben dir sitzt der andere Kumpel. So. Und nun gab es diese Woche Mais. Mais kann der Körper nicht verdauen. Die Körner kommen so wieder raus, wie man sie runtergeschluckt hat. Da gab es Leute, die haben die Körner aus der Grube wieder rausgeholt … Ein Staatsanwalt, der hat tatsächlich alle Kultur abgestreift und wurde zum Tier. Der hat die Körner aus der Grube geholt, durchgespült und mit Steinen kleingehauen. Dann machte er sich im Lager irgendwo ein kleines Feuer, aus den Körnern einen süßen Brei und hat den aufgefressen …

Die Grenze ist die schwierigste Situation. Wenn du die Grenze im Hunger überwunden hast, denn wird das normal. Also, dann wirst du apathisch. Aber wenn du kämpfst um diese Grenze, hast du immer ein dolles Hungergefühl von morgens bis abends. Der ganze Tag und das ganze Leben dreht sich nur um Essen. Jahrelang. Wenn die Leute über den Hunger weg sind und körperlich ganz runter, dann kämpfen die auch gar nicht mehr. Dann ist alles weg. Denn wollen sie sterben.

Der Antifa-Aktivleiter und die Vorwürfe

Eines Tages kam ein Lagerbefehl: Alles antreten! Ein Russe hält einen Vortrag. Der wird von einem Dolmetscher übersetzt. Jetzt sollten alle Soldaten links raustreten, die in Deutschland in der KPD und in der SPD waren. Also bin ich dabei, zusammen mit vielleicht 15 anderen. Wir wurden kadermäßig registriert und mußten einen Lebenslauf für den NKWD schreiben. Da mußtest du ganz genau angeben, was du früher politisch gemacht hast.

Die Angaben haben die genau überprüft. Bis nach Deutschland. Das dauerte über drei Jahre. Immer wieder wurde ich vernommen. Erst nach drei Jahren wurde ich schließlich noch einmal vorgeladen, und dann sagten sie: «Gellmann» – die sagen ja G, nicht H –, «die politischen Angaben Ihres Lebenslaufes sind bestätigt!» Die hatten wirklich alles nachgeforscht. Bis nach Hamburg. Da biste von den Socken.

Im Lager und in der Brigade habe ich im ersten Jahr die Hölle auf Erden durchgemacht, weil ich mich gleich am Anfang zu meiner politischen Vergangenheit und Überzeugung bekannt habe. Ich habe gesagt, daß ich Mitglied der Kommunistischen Partei in Hamburg gewesen bin. Da wurde ich von den anderen Gefangenen beschimpft. Denn überall waren noch überzeugte Faschisten darunter.

Weil ich doch gelernter Zimmermann war, habe ich auch in einer Zimmermann-Brigade auf Baustellen in der Umgebung des Lagers gearbeitet. Wir erfüllten immer spielend unsere Norm. Aber aus dieser Kolonne bin ich wieder rausgeholt worden. Wollte ich gar nicht! Aber 1946 kamen Anweisungen von oben: Jedes Lager muß ein

Antifaschistisches Aktiv bilden und einen Antifa-Leiter bestimmen. Sie brauchten unter den Gefangenen Leute, die für sie als Propagandisten tätig sind. Das war ich. Praktisch ist die Kommunistische Partei an mich herangetreten und fragte: «Wären Sie bereit, im Lager antifaschistische Propaganda zu machen?» Das will nämlich keiner, das ist ein ganz unangenehmer Posten. Die sowjetische Regierung wollte uns deutsche Kriegsgefangene umschulen – zu Antifaschisten. Nicht zu Kommunisten! Sie wollten keine Feinde, sondern Freunde schaffen. Ich wurde von der russischen Lagerleitung vorgeladen, und mir wurde gesagt, daß ein Antifa gegründet werden müsse. Ich hätte lieber weiter als Zimmermann gearbeitet.

Auf einer großen Versammlung aller Kriegsgefangenen wurden dann von der russischen Lagerleitung Vorschläge gemacht für die Besetzung des Postens des Aktiv-Leiters. Auf der Kandidatenliste standen sechs Leute, darunter auch ich. Dann haben die Gefangenen in einer Wahl abgestimmt, und ich wurde erster auf der Liste. Jetzt war ich Aktiv-Leiter des Antifa-Aktivs im Gefangenenlager.

Die deutschen Offiziere waren konsequent gegen das Aktiv eingestellt. Ich wurde beschimpft als «Verräter» und «Nestbeschmutzer». Am Anfang hatte ich die meisten der Gefangenen gegen mich. Im Aktiv waren fast nur ganz junge Leute, so achtzehn oder neunzehn Jahre alt, insgesamt waren das ungefähr 20 von 2000. Mehr nicht! Bei dieser Stimmung mußt du als Aktivleiter bei deinen Leuten erst mal Vertrauen erwerben. Bevor du anfängst zu reden, mußt du Vorbild sein. Sonst brauchst du das gar nicht zu machen. Nicht durch Reden! Sondern du mußt vorbildlich sein im Handeln und Denken. Und auch beim Essen – man muß unbestechlich sein.

Der Aktivleiter im Lager war nicht mit körperlicher Arbeit beschäftigt. Seine Aufgabe war es, die deutschen Kriegsgefangenen politisch umzuerziehen. Unter den Lebens- und Arbeitsbedingungen im Stalinismus konntest du aber keine sozialistische oder kommunistische Propaganda machen – unmöglich! Da lachen ja alle! Die kriegen Schreikrämpfe, wenn du dieses System als Ideal hinstellen willst. Wir hatten einen kleinen Raum, dort haben wir Vorträge vorbereitet. Dann wurde angekündigt: Heute abend in der «Stalova» ist ein Vortrag von Hellmann, Thema: Die KPD vor 1933. Wie konnte Hitler an die Macht kommen? Das war so ein typisches Thema. Mensch, die Leute haben geschnarcht, geschlafen. Die waren doch alle kaputt abends! Die sind überhaupt nicht aufgewacht, oder sie haben sich mit mir gestritten, haben mich ausgelacht.

Als Aktivleiter mußt du dich auch für die Kriegsgefangenen einsetzen. Wenn zum Beispiel morgens 35 Grad Kälte sind, denn hab ich dagegen protestiert, daß die Leute zur Arbeit rausgehen – denn sie durften nur bis 30 Grad Kälte arbeiten. Ich wollte nicht nur große Reden schwingen! Das war auch der Grund, warum ich ein gewisses Vertrauen gewann. Weil ich mich, statt zu reden, morgens um die Füße der Leute kümmerte! Daß sie ordentliche Fußlappen bekamen, daß im Winter keine Löcher in ihren Winterstiefeln waren.

Als Aktivleiter habe ich aber nicht nur im Lager gehockt! Denn der Aktivleiter hatte auch das Recht, Baustellen zu besuchen. Ich ging also rum zu den verschiedenen Arbeitskommandos und habe mich umgesehen, wie die Arbeitsbedingungen waren. Der gute Wille war immer vorhanden bei den Leuten, aber viele Brigaden konnten ihre Arbeit einfach nicht schaffen.

Der Aktivleiter war auch verantwortlich für das ganze Lager und mußte bemüht sein, daß die einzelnen Brigaden ihre Norm erfüllen. Und auch, daß das Lager insgesamt die Norm erfüllte. Die Normen stehen in dem Normbuch – ein dicker Wälzer. Eines der schwierigsten Probleme war, daß das Normbuch nicht mit den klimatischen Gegebenheiten übereinstimmte. Das konnte es auch gar nicht, weil es für alle und überall galt. Wenn da steht, daß du als Erdarbeiterbrigade drei Löcher am Tag buddeln mußte, und du bist in der Ukraine in Gefangenschaft, denn machst du das spielend. Da ist das Klima doch viel milder. Jetzt sollst du die drei Löcher aber im Uralgebirge graben, wo der Boden tief gefroren ist! Das kannst du doch nicht! Was hab ich deswegen für einen Krach gehabt ...

Zehn Brigaden von fünfzig kamen abends ins Lager und hatten die Norm nicht erfüllt und kriegten deshalb kein Zusatzbrot. Einige schafften nur 60 Prozent. Jetzt kommt ein Aufruf: «Woenno plennji Gellmann» zum Natschalnik. «Putschemu malo Prozentow?» (Warum so wenig Prozente?) Das sollte ich ihm jetzt erklären! Der russische Lagerführer ist wiederum bei seiner Lagerverwaltung verantwortlich für die Arbeitsleistung und muß dort Meldung machen. Da wurde es mir einmal zu bunt. Da hab ich dem Dolmetscher gesagt: Nun kannst du dem das mal genau erzählen – «Putschemu malo Prozentow!» Ich habe gesagt, daß es unmöglich ist, bei diesen Arbeitsbedingungen und dieser Kälte die Norm zu erfüllen. Und er hat das alles übersetzt, wie ich das gesagt habe! Aber verändern konnten wir da gar nichts. Weil das Normbuch in Moskau festgesetzt wurde.

So wie die Erdarbeiter gab es auch unter den Holzfällern eine hohe Todesrate. Die mußten riesige Bäume fällen.

Aber Maschinen gab es keine. Das mußten sie alles mit Handsägen machen: den Baum ankerben, fällen, entästen und zersägen. Laut Normbuch war die Norm für diesen Baum zwei Stunden Arbeit. Aber unter den schlechten Bedingungen brauchte die Brigade fünf Stunden. Die Normen, die für unsere deutschen Kriegsgefangenen festgelegt wurden, waren nicht zu erfüllen! Ich bin krank geworden von diesem Normbuch.

Der deutsche Lagerkommandant in Kisel hieß Hauptmann Behr. Den Namen werde ich nie wieder vergessen. Den hatte ich vom ersten Tag an auf dem Kieker. Behr teilte die Arbeitsbrigaden ein. Politischen Einfluß hatte der nicht. Aber seine klare Aufgabenstellung war die Normerfüllung. Die Norm und die Arbeit waren das Primäre in jedem Arbeitslager, nichts anderes zählte. Der deutsche Lagerkommandant will seinen Posten nicht gerne verlieren. Denn der ist mit genug Essen und anderen Vorteilen verbunden. Also will er vor der russischen Lagerleitung glänzen. Die Lager standen ja in gegenseitigem Wettbewerb. In der Selbstdarstellung, der Arbeitserfüllung und anderen Punkten. Aus diesem Grunde wollte der Hauptmann Behr aus unserem Lager ein Musterlager machen. Und das versuchte er ohne Rücksicht auf die Gesundheit der Menschen.

An sich war der Behr ein Tüchtiger. Der konnte organisieren, aber eben nur auf Kosten der Mannschaften. Wenn wir abends vollkommen kaputt von der Arbeit zurückkamen, dann legst du dich sofort hin. Egal wo – du schläfst sofort ein. Aber nun kommt dieser Kerl, dieser Leuteschinder, mit noch einem Arbeitsdienst! Dann mußten wir für die Russen noch unser Lager gestalten. Bei elektrischem Licht mußte die Kompanie jeden Abend von sechs bis acht im Lager noch mal Arbeitsdienst machen, Blumenbeete anlegen und so etwas. Für den Fall, daß mal eine Kommission kommt, wurden Potemkinsche Dörfer gebaut. Da sind die Leute natürlich überanstrengt. Deshalb gab es auch viele Kranke, Pöbeleien und Unstimmigkeiten. Ich hab das lange Zeit mitgemacht ...

Dann ist mir der Kragen geplatzt. Die Leute wissen, daß ich politische Arbeit mache im Lager. Einen Tag kommen wir in die «Stalova». Da sitzten 400 oder 500 Leute und essen gerade ihre Suppe. Auf einmal hören die einen Riesenkrach – das war ich: Vor den Mannschaften habe ich zum deutschen Lagerkommandanten gesagt, daß er die Toten von unserem Lager auf dem Gewissen hat. Wir haben uns entsetzlich gestritten. Ich beschuldigte ihn, daß er antisowjetische Propaganda betreibt, indem er unsere Leute so ausbeuten ließ. Daß er ein ganz großes Schwein ist und daß er absolute Sabotage macht an der Politik der Russen. Ich hab ihm vorgeworfen, daß sein Ziel ist, vorzeitig entlassen zu werden. Und das alles auf den Knochen unserer Leute.

Ich habe ein wenig die Nerven verloren, aber ich sprach im Sinne unserer Leute, die da saßen. Sagen mochte von denen keiner was, weil sie Angst hatten. Dieser Offizier stand auf der Seite des NKWD, hatte Menschen auf dem Gewissen. Der deutsche Kommandant und der NKWD hielten zusammen. Und gegen diesen Mann bin ich aufgestanden. Ich bin jetzt aufgestanden gegen das System, und das System hieß nun Stalinismus. Ich habe vom ersten bis zum letzten Tag in der Kriegsgefangenschaft die Methoden abgelehnt, die sie dort anwandten. Absolut abgelehnt! Aber am Ende war der Hauptmann Behr stärker. Die Russen mußten einen Mittelweg gehen. Mir gaben sie recht, aber den Mann konnten sie auch gut gebrauchen. Ich wurde versetzt in ein Kohlenbergwerklager nach Usvar. Der Behr ist später tatsächlich vorzeitig entlassen worden. Mit hohen Auszeichnungen. Der hat dann in der DDR gelebt.

Der Rotarmist und ein SS-Mann

Einen weinenden Rotarmisten traf ich in Usvar. Ich wurde als Stempelsetzer im Kohlenschacht eingesetzt. Dort arbeiteten wir deutschen Kriegsgefangenen auch mit sowjetischen Strafgefangenen zusammen – alles ehemalige Rotarmisten. Einer der russischen Kumpel konnte gut Deutsch sprechen. Er faßte mit der Zeit Zutrauen zu mir und erzählte mir seine Geschichte.

Er war vor dem Krieg Parteigenosse gewesen und sogar von der Partei geehrt worden als Vorbild für die Jugend. Er glaubte an Lenin und Stalin und war durchdrungen von der Lehre des Marxismus-Leninismus. Als er im Krieg gefangengenommen wurde, wollte er nicht in den großen Gefangenenlagern der Deutschen verhungern und hatte sich als Hiwi anwerben lassen. Deshalb ist er wie viele andere ehemalige Rotarmisten nach dem Krieg wegen angeblicher Spionage für Hitler zu zehn Jahren Arbeitslager verurteilt worden.

Zum ersten Mal in meinem Leben erfuhr ich von den schrecklichen Folterungen des NKWD. Nachdem er die ersten Schläge bei den Verhören überstanden und immer wieder seine Unschuld beteuert hatte, kam er in eine kleine Zelle, in der man nur stehen kann. Dort ließen sie ihn Tage und Wochen aufrecht stehen. Außerdem entzogen sie ihm den Schlaf, indem die politische Polizei ihn immer wieder aufweckte. Irgendwann brach er zusammen und nahm alle Beschuldigungen auf sich. So wurde der Schauprozeß vorbereitet. Dort gestand der Rotarmist alles, was ihm vorgeworfen wurde. Um der Verhaftung zu entgehen, hatte sich inzwischen seine Frau von ihm losgesagt. Seine drei Kinder kamen in ein Heim.

Ich wollte nicht glauben, daß es so etwas im Paradies der Arbeiterklasse geben konnte. Ich war doch selber ein treues Parteimitglied. Die Partei war bindend für mein Denken und hatte immer recht. Wir dachten auch, daß der Zweck die Mittel heiligt. Selbst der Rotarmist glaubte immer noch an den großen Führer Stalin. Er sagte zu mir: «Die Partei hat immer recht, und eines Tages wird sich meine Unschuld noch herausstellen!»

Schon nach kurzer Zeit wurde ich in dem Kohlebergwerk von einer Ärztekommission in die Kategorie III eingestuft. Aufgrund meiner Knieverletzung war ich für diese Arbeit nicht geeignet. Wenn du IIIer bist, kannst du nicht mehr im Kohlenschacht arbeiten. Dann konnte ich wieder zurück ins alte Lager.

Während der ganzen Zeit, in der ich antifaschistische Arbeit gemacht habe, versuchte ich, aufgrund meiner Erfahrung im Widerstand, den gefangenen Soldaten Einblick in das Wesen des Faschismus zu geben. Aber mit den Soldaten dieser Armee war das ganz schwer, politische Propaganda zu machen. Denn das war eine Armee, die bis zum letzten Blutstropfen gekämpft hatte, eine Armee, die vollkommen von der Ideologie des Faschismus durchseucht war.

Ein SS-Mann bereut: Es gab einen Tag, an dem die Gefangenen doch einmal betroffen wurden. Das kam so: Wir liegen in einer Holzbaracke. So 120 Menschen. Und wenn du nachts unruhig bist und nicht schlafen kannst, denn hörste, wie viele im Schlaf schreien. Kein Einzelfall. Da kommt bei denen jetzt alles hoch, was sie in den vergangenen Jahren durchgemacht haben. Auch die Menschen, die sie erschossen haben. Die Toten stehen wieder auf.

Da war einer, der hat immer entsetzlich geschrien. Ich kannte ihn, weil er zu meinen Vorträgen gekommen war. Eines Tages sagt dieser Mann zu mir: «Wenn du willst, dann können wir uns mal darüber unterhalten, warum ich immer so schrei.» Wir setzen uns in eine ruhige Ecke, und er legt nun los: Er war zu einer SS-Einheit in Auschwitz-Birkenau eingezogen worden. Er gehörte zu den Totenkopf-Einheiten, die für die KZ-Lager zuständig waren.

Unter ständigem Weinen erzählte er das Furchtbarste, was ich je in meinem Leben gehört habe: Er war eingeteilt in Birkenau. Zwischen den Gaskammern und dem Verbrennungsofen. Es sind große Türen an den Gaskammern. Und wenn man die aufmacht, dann liegt dort ein Berg Leichen. Die sind alle ineinander verkrallt. Das Sterben dauert für die Eingeschlossenen fünf bis zehn Minuten. Da versuchen die Menschen, nach oben zu kommen. Dadurch verhaken sie sich ineinander.

... Es war so grauenhaft, was er mir da erzählte. Ich wollte es erst gar nicht glauben. Für ihn war der schlimmste Eindruck: die Augen der kleinen und großen Kinder. Die Augen sind ja noch auf. Man macht ja Sterbenden die Augen zu. Wenn du sie nicht zumachst, bleiben sie auf. Ich hab das nie wieder vergessen.

Da ich im Gefangenenlager gegen den Antisemitismus aufgetreten bin und dafür als Nestbeschmutzer beschimpft worden war, kam mir der Gedanke, den SS-Mann zu fragen, ob er bereit wäre, vor dem ganzen Lager seine Geschichte zu erzählen. Er wollte das. Ich ging also zur Lagerverwaltung und holte eine Genehmigung für die Veranstaltung. Wir hingen ein Plakat auf: «Heute abend spricht ein Mann von der SS über Auschwitz». Die Russen legten Wert darauf, daß alle hingehen. Auch die Offiziere.

Alle saßen im großen Speisesaal, der gerammelt voll war. So voll war der sonst nie gewesen. Der SS-Mann setzte sich dann aufs Podium. Ich hab ihn vorgestellt. Dann hat er erst mal ganz genau seine Einheit und seinen Dienstgrad angegeben und auch seine Blutgruppe, die an seinem Oberarm eintätowiert war, gezeigt, damit die glauben, daß er das wirklich ist. So, und denn hat er losgelegt. Hat die ganze Geschichte erzählt. Dazwischen fing er immer wieder an zu weinen. Menschenskinder, denen wurde es ganz schlecht. Es war zwar nicht so, daß sie das nun alle glaubten. Das nicht. Aber es hat doch tiefen Eindruck hinterlassen.

Später hat der einen Prozeß bekommen. Der hat 25 Jahre gekriegt. Ist nicht erschossen worden. Dieser Mann – und das war ganz, ganz selten – war tief traurig. Daß er als SS-Mann öffentlich seine Taten bereute, war eine Ausnahme.

Mit meiner politischen Arbeit bin ich bei den Gefangenen ansonsten natürlich gescheitert. Die meisten anderen, die antifaschistische Propaganda gemacht haben, geben das nicht zu. Meine politische Arbeit war vollkommen vergeblich. Als Mensch habe ich vielleicht etwas erreicht, denn nach dem Krieg bekam ich Besuche und Einladungen von Leuten, denen ich geholfen hatte. Aber politisch habe ich nichts erreicht.

Post und Sehnsucht

Alle deutschen Kriegsgefangenen hatten die Möglichkeit, ihren Eltern, ihren Geschwistern oder Frauen zu schreiben. Alle paar Monate bekam jeder eine unbeschriftete Postkarte. Die wurden verteilt im ganzen Lager. Und an jeder Karte hängt noch eine zweite dran – das ist die Antwortkarte. Und so konnten die Menschen in Deutschland jetzt zurückschreiben. Und nun ringt man mit sich: Wem schreibst du jetzt – der Frau oder der Mutter?

Wenn du keine Post bekommen hast, konnte das an vielen Dingen liegen. Wenn zum Beispiel die Eltern schreiben gegen Rußland, dann kriegst du die Post natürlich nicht. Denn überall gab es eine Zensur, bei der Post und dann noch mal im Lager. Das hat der NKWD gemacht. Wenn du, wie ich, immer nur blabla schreibst, dann geht das glatt durch. Aber wenn du politische Erklärungen abgibst, dann kommt die Post nicht an.

Es wurden auch Geschäfte gemacht mit den Postkarten. Manche wollten drei Karten im Monat schreiben. So eine Karte kostete, wolln mal sagen: 400 Gramm Brot. Die Jungen, die Achtzehnjährigen, die hatten immer besonders großen Hunger. Jetzt sagt einer: «Gib mir doch deine Karte – kriegst ein Stück Brot dafür!» So wurde verhandelt. Wenn Post aus Deutschland kam, war das eine seelische Aufrichtung. Manche kriegten nie Post. Ich selber habe Post bekommen von meiner Mutter. Aber nie von meiner Frau.

Ich hatte einen Kumpel, der hieß Paul Schulz. Der war Musiker, spielte Schifferklavier. Dieser Paul Schulz kam aus Hamburg. Der wohnte in der Langen Reihe. Und bekam nun Post von seiner Frau. Sie teilte ihm mit, daß sie einen anderen Mann hatte und keinen großen Wert drauf legte, daß er wieder zu ihr zurückkommt. Na, was jetzt mit so einem Menschen passiert, kann man sich ja vorstellen. Der war eben vor dem Selbstmord. Wir waren gut befreundet. Ich war schon älter. Das machte was aus. Ich war denn auch so ein klein büschen Beichtvater für ihn. Bis 1949 waren wir zusammen. Doch dann kamen wir auseinander. Und dann sagte der zu mir: «Wenn du eher in die Heimat kannst als ich, gehst du mal zu meiner Familie?»

Und als ich aus dem Krieg zurückkam, bin ich tatsächlich zu der Familie gegangen. Weiß ich heute noch, wo das Haus steht. Ich wollte nun Bescheid sagen, wo ihr Sohn ist. Aber da bin ich schlecht behandelt worden: «Watt wollen Sie denn?» Die dachten, ich wollte abkochen! So was passierte damals tatsächlich. Da sind welche zu den Familien gegangen und haben gesagt: «Herzliche Grüße von Ihrem Sohn, der ist da und da.» Die machten das nur, damit sie dann was geschenkt bekommen, irgend etwas. Damals nach dem Krieg gab es noch kaum was zu essen.

Später ist der Paul Schulz gesund und munter wiedergekommen. Er war Wirt und hatte im Osten von Hamburg ein großes Lokal. War aber von der Frau geschieden. Na ja, und eines Tages denk ich, ich gehe mal den Paul in seinem Lokal besuchen. Aber er wollte gar nicht mit mir sprechen. War politisch anders eingestellt. Dann wetterte er gegen Rußland. Konnte ich auch verstehen. Weil ich praktisch gesehen mit den Russen paktiert hatte, wollte er mit mir nichts mehr zu tun haben.

Eisenbahnreisen und Stalins Lektionen

Mitte 1948 trat die russische Lagerleitung an mich heran, ob ich bereit wäre, als Lektor zu arbeiten. Ein Lektor ist ein Vorleser. Der trägt Lektionen vor, die immer so 15 Seiten lang sind. Die Lektionen stalinistischer Texte, die hab nicht ich geschrieben, sondern die Politabteilung der russischen Partei. Ich war nur der Vorleser.

Aus den 20000 bis 30000 Kriegsgefangenen unserer Lagerabteilung wurden von der Partei zehn Deutsche ausgesucht. Die mußten aufgrund ihres Lebenslaufes dazu geeignet sein. Sie gehörten alle der SPD oder der KPD an. Das war ja ein Vertrauensposten. Auch der NKWD mußte sein Einverständnis geben.

Bis dahin hatte ich schon zwei Jahre antifaschistischer Propagandaarbeit hinter mir. Ich hatte schon eine antifaschistische Gruppe gebildet. Wir setzten uns zusammen und machten Agitationsarbeit unter diesen Bedingungen im kleinen Rahmen. Dort wurde Aufklärung gegeben über das System des Nationalsozialismus, und ich erzählte über meine Erfahrungen mit der Gestapo. Und ich war ja selber auch im KZ-Lager gewesen, wenn auch kurz, aber ich hatte es kennengelernt. Ich bin ein richtiger Parteiredner gewesen auf Versammlungen deutscher Kriegsgefangener! Und das hat die Politstelle im Lager bemerkt und mich dann als Lektor ausgesucht. Sollte ich das ablehnen? Ich hätte größte Schwierigkeiten bekommen.

Wir Lektoren wurden erst einmal zusammengefaßt und kamen nach einer langen Reise in die Stadt Perm, die damals noch Molotow hieß, am Fuß des Ural. Perm war die Basis für die Lektorenarbeit. Das Arbeitslager dort war der Himmel im Vergleich mit den Lagern vorher. Wir kamen alle zehn in einen Raum. Da stand ein höherer Offizier, der perfekt deutsch sprach. Das war ein Volksschullehrer aus Perm. Der erklärte uns nun unsere Aufgabe: «Ihr zehn bereist jetzt unseren Lagerbezirk. Jedesmal fahrt ihr in ein anderes Lager.» Man bekommt eine ausgearbeitete Lektion mit. Es ist eine Propagandaschrift des Stalinismus, so wie ich das heute sehe. Damals hab ich das nur mit Einschränkung gedacht.

Diese Form der politischen Arbeit habe ich neun Monate gemacht. Dadurch bin ich im Nordural in fast jedes Lager gekommen. Ich war immer so acht Tage in einem Lager und bin dann wieder nach Perm in das Lager gefahren, um Bericht zu erstatten. Wenn ich in ein Lager reinkam, wurde ein Anschlag gemacht: Ein deutscher Kriegsgefangener hält einen Vortrag. Dann mußten alle Deutschen in den Speiseraum. Zu Hunderten saßen die nun da. Auf dem kleinen Podium saßen russische Offiziere, ein Dolmetscher und aus der deutschen Lagerleitung auch zwei Leute, und denn ging das los. Ich gehe zum Pult, lege die Lektion hin und fange an, das abzulesen. Wenn du bei der dritten Seite bist, dann siehst du schon, wie sie unten schlafen und schnarchen. Ist doch logisch. Ist ja auch viel zu langweilig. Und deshalb mußte ich mir eine andere Methode ausdenken.

Erst einmal hab ich vorher die Lektion ganz genau durchgelesen, damit ich den Inhalt schon ein bißchen auswendig konnte. Dann habe ich aber die Lektionen frei gesprochen. Ich hab die Dinge jetzt so erklärt, wie ich das sah. Das waren ja immer stalinistische Lektionen. Wenn im Text Überspitzungen gewesen waren wie: «Der Genosse Stalin, er lebe...» – jetzt müssen sie alle «hoch!» rufen –, dann habe ich das vermieden. Wenig-

stens habe ich das versucht und meistens auch durchge-
kriegt. Aber zum Schluß kam von den Gefangenen immer
dieselbe Frage: «Kagda damoj?» – «Wann kommen wir
nach Hause?»

Du mußt auch etwas über die Arbeitsbedingungen in
einem Lager wissen. Die Vorträge und Lektionen, das war
nur nebenbei! Erst mal mußt du mit dem «Normorovki»
sprechen. Das ist der Mann, der die Akkordzettel
schreibt. Da mußt du perfekt sein. Ich sehe jetzt zum Beispiel auf einer großen Tafel, daß eine Brigade nur 60 Prozent der Norm erfüllt. Die kriegen also kein Zusatzbrot.
Da weißt du sofort – das sind Halbtote. Dann gehst du
dorthin, wo die Brigade untergebracht ist und sprichst mit
dem Brigadier. Am nächsten Tag gehst du mit ran zum
Arbeitseinsatz. Das schreibst du dir alles auf! Das sind
alles Sachen, die als deutscher Lektor meine Aufgaben
waren.

Es gehörte dazu, sich alles anzugucken. Ich bin in zig
Bergwerken im Ural gewesen. Dort bekam ich eine Uniform und einen Helm, mit so einer Lampe obendrauf.
Wenn das ein Bergwerklager ist, und ich komme dorthin
und halte nur eine große Rede und gehe nicht an die Ar-
beitsplätze, dann habe ich schon gleich verloren. Also
mußte ich ins Bergwerk reingehen bis ganz unten! Und
weil ich selbst schon in einem Bergwerk gearbeitet hatte,
konnte ich nun auch Fachfragen stellen. Das merkten die
sofort.

Ich bin einigermaßen zurechtgekommen. Aber von vielen Deutschen, besonders von deutschen Offizieren, wurde
ich als Verräter angesehen. Bei den anderen mußte ich Vertrauen erst erwerben. Das fing schon beim Essen an. Niemals durftest du mehr essen, als dir zusteht! Ich hatte

meine Norm erfüllt, und wenn die mir ein ganzes Brot angeboten haben, habe ich nur das mir Zustehende genommen. Die hätten mir glatt drei Brote gegeben! In jedem Lager gab's Korruption. Da mußte ich auf Draht sein.

Zum Beispiel: Wenn der leitende Koch eines Lagers klaute, indem der die russischen Offiziere mit Lebensmitteln bestach, dann ging das alles natürlich von der Verpflegung der Kriegsgefangenen ab. Dieser Küchenchef kommt nun mit einer Schüssel bei mir an und klopft mir auf die Schulter: «Mein bester Mann – hab dir da einen schönen Kasch hingestellt mit Öl und Zucker. Komm nachher rein, kannst essen!» Das ganze Lager guckt in diesem Moment zu – ißt er oder ißt er nicht? Das hatte sich natürlich rumgesprochen, daß da einer angekommen war. Die Zunge hängt dir aus dem Hals, wenn du die Schüssel nur riechst. Wenn ich den Hirsebrei jetzt esse, denn bin ich erledigt. Dann brauch ich mit den Leuten gar nicht mehr zu reden. Nicht, daß ich meinen Posten los bin, aber ich hätte bei unseren Leuten jegliche Autorität verloren. Unter den zehn Lektoren sind auch Leute gewesen, die haben den Hirsebrei gegessen. Die nannte man «Kasch-Sozialisten». Zwei oder drei trugen sogar besondere Kleidung. Das war schlecht. Da kannste nicht beeindrucken, wenn du im Maßanzug kommst. Ich selber hatte die ganzen Jahre dieselben Klamotten wie die anderen Gefangenen an.

Diese Art politische Arbeit machte ich neun Monate lang. Alle zwei, drei Wochen fuhr ich in ein anderes Lager. Dann fuhr ich wieder zurück und hab Bericht erstattet bei der Lagerleitung. Als deutscher Kriegsgefangener bin ich alleine mit der Eisenbahn durch das riesige Gebiet der Lagerverwaltung gefahren! Ich hab ganz selbständig die Fahrkarte lösen müssen für den Bezirk, in den ich fahren sollte. Und im Ausgangslager mußte ich immer auf einer Landkarte suchen, wo ich hinmuß. Das sind ja riesige Gebiete. Ich hatte eine Binde um. Darauf stand «WP – woenno plennji» – das heißt Kriegsgefangener. Viele Male wurde ich kontrolliert. Ich beherrschte die russische Sprache ja nur teilweise. Aber die notwendigsten Fragen und Antworten konnte ich. Ich fuhr immer dritter Klasse mit dem Zug.

Ich hatte alle Bücher von Tolstoi gelesen, und jetzt war ich unter diesen Menschen. Halbfrei sozusagen. Aber immer mit dem Gefühl der Angst. Denn wenn du einen Fehler machst, bist du ganz schnell wieder unten! Erst auf diesen langen Fahrten über Hunderte von Kilometern habe ich gesehen, wie arm die Zivilbevölkerung war. Und trotzdem haben sie den Gefangenen immer wieder was abgegeben. Die russische Bevölkerung war unheimlich deutschfreundlich. Ich erinnerte mich daran, daß im Gegensatz dazu nur ganz wenige Deutsche es gewagt hatten, den russischen Gefangenen in Deutschland etwas zu geben. Ich habe mich immer wieder gewundert.

Wenn wir zurückkamen nach Perm, dann mußten wir bei dem Leiter der Politabteilung, Kapitän Scheike, Bericht erstatten. Über die guten und auch die schlechten Zustände. Kapitän Scheike war vor dem Krieg Deutschlehrer in Perm gewesen. Den Namen vergesse ich nie. Er sprach perfekt Deutsch. Dann saßen wir immer alle da, und Scheike hatte seinen großen Notizblock und sagte «Gellmann» – und ich sollte dann erzählen, was ich erlebt und erreicht hatte. Kapitän Scheike sagte immer: «Gellmann, Sie müssen mal anderes Zeug anziehen.» Dann hab ich immer geantwortet: «Herr Kapitän, dann brauch ich gar nicht mehr ins Lager gehen. Die erkennen das nicht an!»

Eine der Aufgaben bestand darin – wenigstens in unserer Lagerabteilung – kriminelle Dinge in den Lagern zu untersuchen. Und wenn wir wieder zurück waren in Perm, mußten wir auch darüber Bericht erstatten. Da habe ich was erlebt, das kann man sich gar nicht vorstellen! Es gab deutsche Antifa-Leiter, die haben sich vom Lagerschneider Maßanzüge machen lassen. Das waren nur wenige. Aber die haben das gemacht. Die liefen dann so im Lager rum. Das waren gefährliche Deutsche. Die haben die eigenen Landsleute ans Messer geliefert beim NKWD. Und die übten in den Lagern wirklich eine gewisse Diktatur aus. Sie waren Knechte des Stalinismus und des NKWD – das ist heute meine Meinung. Und ich hab das entgegengesetzt gemacht. Wenn ich nach Perm zurückkam, hab ich über diese Zustände berichtet.

Und dann hat der Scheike die Mißstände aufgeschrieben. Ich sagte immer: «Herr Kapitän, die klauen in den Lagern, die verschieben die Verpflegung der Gefangenen!» Und mein zweiter Satz war immer: «Wenn sie nach Hause kommen, Kapitän, dann sind sie Feinde, keine Freunde!» Und der Scheike hat sich immer auf die schwierigen Lebensbedingungen der Gefangenen konzentriert, nicht auf die politischen Berichte. Ich hatte große Sympathien für ihn. Und er war ja auch sozusagen Parteigenosse. Aber ich war ja im Krieg gegen ihn verwickelt gewesen. Das war ein großer Minuspunkt. Ich war ja kein deutscher Immigrant, sondern als deutscher Kriegsgefangener freigestellt für diese Arbeit. Die haben alles bemerkt: große Sterblichkeit, daß die Norm nicht zu erfüllen ist usw. Nicht bloß große politische Sprüche gemacht.

Die Leute, die zu schwach zum Arbeiten waren, wurden in Waggons gepackt und nach Deutschland gefahren.

Nicht als Feinde, als Freunde sollten wir in die Heimat zurückkehren. Und die Menschen, die wie ich politische Propaganda in den Lagern machten, die mußten werben für eine Freundschaft mit dem russischen Volk. Das war das Schwierige an der Arbeit.

Eines Tages bekomme ich plötzlich Bescheid, daß ich am nächsten Morgen abgeholt werde. Da hatte die Partei gesagt: «Der muß noch mal auf eine Schule.» Und so wurde ich aus der Funktion des Lektors entlassen und nach Moskau in ein Antifa-Schulungslager für deutsche Kriegsgefangene geschickt. Obwohl ich vorher ein freier Mensch war, bin ich jetzt wieder unter Bewachung. Zwei Soldaten haben mich mit dem Zug nach Moskau gebracht. In Perm auf dem Bahnhof bin ich von Kapitän Scheike persönlich als – Genosse ist falsch, aber wenigstens als ein fortschrittlich denkender Mensch verabschiedet worden. Der war mit am Zug. Er hatte sich viele Gedanken gemacht, weil ich viel bei ihm durchgesetzt und erreicht hatte. Ich glaube, der hatte Sympathien für mich, und ich hatte sein volles Vertrauen.

Scheike hatte eine Tasche bei sich und holte nun ein Buch raus. Und in dieses Buch hatte er über eine ganze Seite eine Widmung gemacht. Das war wie eine Beurteilung in Russisch, was ich in Gefangenschaft gemacht hatte. Ich habe sie später übersetzen lassen: das war eine gute Beurteilung! Auf das Buch war ich ein bißchen stolz. Und denn umarmt mich der Scheike – er als russischer Offizier! – und sagt «Doswidanje, Towarischtsch» – das heißt «Auf Wiedersehen, Genosse». Wie er dies zu mir zum Abschied sagte, das war eine tiefe Berührung. Na, geweint habe ich nicht, aber ich war erschüttert, ehrlich gesagt.

Dann bin ich mit den beiden Begleitern vom NKWD in

den Zug gestiegen und Richtung Moskau gefahren. Auf
der Fahrt haben wir drei uns amüsiert, haben uns gut ver-
tragen. Die haben sogar ihre Gewehre oben ins Gepäck-
netz gepackt! In Moskau haben sie mich dann bei der
Schule abgeliefert. Sie klopften mir auf die Schulter und
sagten: «Doswidanje.»

Der Angestellte und der Kapellmeister

Freundschaften sind mir immer besonders wichtig gewesen. Aber in der Kriegsgefangenschaft war das schwierig.
Vor allem wegen der harten Lebensbedingungen. Da kümmerte sich jeder erst mal um sich selber. Trotzdem gab es
zwei Männer, mit denen im Laufe der Zeit eine Freundschaft entstand. Ich hatte die Möglichkeit, mich für sie einzusetzen, und sie wurden echte Lehrer für mich. Die waren
so richtig Gebildete, und die zeigten mir Dinge, die für
mich ganz neu waren. Das waren echte Freundschaften, da
hat der eine was für den andern getan. Eben Geben und
Nehmen.

Im Lager, da starben ja die Angestellten zuerst. Die
schwach und zart gebaut und nicht an die körperliche Arbeit gewöhnt waren. Das sah ich sofort, wenn einer noch
nie einen Spaten in der Hand gehabt hat.

Heinz Witt lernte ich in meiner Erdarbeiterbrigade kennen. Er war ein kleiner Mann, nur etwa 1 Meter 70, nicht
stark. Eines Tages geh ich zu ihm hin und sag: «Hör mal
zu, wenn du so weiterarbeitest, dann können wir unsere
Arbeitsnorm nicht erfüllen!» Der machte alles verkehrt.
So kamen wir ins Gespräch. Ich fragte ihn: «Was bist du
bloß von Beruf gewesen vor dem Krieg?» – «Ja, ich bin

Büroangestellter. Aber vor Hitler war ich in Breslau im Parlament als SPD-Abgeordneter.» Das war ein alter Sozialdemokrat. Er gehörte zur SAP. Das war eine Abspaltung von der SPD. Die gab es speziell in Schlesien überall. Dann war der mir schon ein bißchen sympathisch geworden.

Als sich im Lager alle ehemaligen SPD- und KPD-Leute melden sollten, ging auch mein kleiner Heinz Witt mit aus der Reihe raus. Und von dem Tage an sind wir beide zusammen kadermäßig erfaßt worden. So entstand unsere Bekanntschaft. In der Brigade habe ich meine Hand auf Heinz Witt gelegt – symbolisch gemeint. Weil er sonst gestorben wäre. Die Angestellten konnten doch die Norm nie erfüllen! Und dann wurden sie immer schwächer.

Später wurde der Witt selbst mal als Brigadier eingesetzt. Aber er war absolut unfähig zu dieser Aufgabe. Seine Brigade konnte nie ihre Norm erfüllen. Da habe ich mich intensiv für ihn eingesetzt, daß er von dem Posten wieder wegkam.

Als es um die Besetzung des Antifa-Leiterpostens ging, wurde ich dem Heinz Witt vorgezogen, obwohl er eine höhere Schulbildung als ich hatte, wunderbares Deutsch sprach und besser schreiben konnte. Er konnte sogar Englisch sprechen. Denn wenn die russische Lagerleitung nun abwägen mußte zwischen einem Mann von der KPD und einem der SPD, dann nahmen sie lieber den von der KPD. Nachher, im zweiten und dritten Jahr, hat er bei den Russen auch ein gewisses Ansehen gehabt. Er wurde dann in einem Nebenlager selber Aktivleiter.

Als Antifa-Leiter mußte ich auf vielen Versammlungen vor deutschen Kriegsgefangenen über die Praxis des Nationalsozialismus sprechen. In all den Jahren mußte ich hochdeutsch sprechen und lateinisch schreiben lernen. Im

Verlauf dieser Aufklärungsarbeit war Heinz Witt natürlich immer bei mir, denn er war auch im Antifa-Aktiv. Er konnte gut zur Geschichte der SPD vor 1933 erzählen. Er war ein glänzender Redner. Wir wurden dicke, enge Freunde.

Heinz Witt hat mir viel gegeben, von ihm habe ich viel gelernt. Er war ein richtiger Intellektueller. Hoch gebildet auf allen Gebieten. Er hat meine grammatischen und orthographischen Kenntnisse ausgebaut. Wenn wir uns unterhielten und ich etwas falsch gesprochen hatte, sagte er sofort: «Falsch!» Er kritisierte mich ständig und verbesserte alle meine Fehler. Wenn ich einen Vortrag hielt, saß er immer in der ersten Reihe und schrieb alle meine Deutschfehler auf. Ein riesiger Haufen Fehler kam da zusammen. «Ja, du hast wieder zwanzigmal dasselbe Wort benutzt», sagte er dann, «und das hier war völlig falsch gesprochen, und dies hier war grammatikalisch ganz falsch!» Ein kleiner Arbeiter wie ich hatte natürlich nur einen begrenzten Wortschatz. Du denkst, wie schön du das gesagt hast, und die Gebildeten finden das furchtbar...

Als 1948 aus der Gruppe der Aktivleiter in unserem Lagerbezirk die zehn Leute ausgesucht wurden als Lektoren, da war Heinz Witt auch dabei. Im Gegensatz zu mir hatte er aber ganz große Probleme und Schwierigkeiten mit dem Posten. Er war eben ein Bürokrat, wie er im Buche steht. Da hat er jetzt folgenden Fehler gemacht: Er hat die Lektionen von 15 Seiten tatsächlich gewissenhaft vorgelesen. Dann kam er schwer betrübt zurück, weil keiner zuhörte. Ich sag: «Wenn du hingehst und liest alles ab, denn sitzen sie unten und schnarchen. Die Leute haben doch nur ein Thema, das sie interessiert: ‹Skoro damoj› – also: Geht es bald nach Hause? Du mußt das ganz anders machen.

Du mußt die Lektion vorarbeiten, so wie ich das mache. Das, was interessiert, hakst du an – einige Stellen kann man vorlesen – aber das Gros der Zeit mußt du selber erzählen!» Er hat es versucht, und dann ging das auch bei ihm besser. So haben wir beide voneinander gelernt. Er war in diesen Jahren ein wunderbarer Freund. Wir blieben am Leben und waren noch bis zu seinem Tode 1986 befreundet.

Auch Sepp Schnabel lernte ich in meiner Erdarbeiterbrigade kennen. Der kam aus Schwabing, diesem lustigen Viertel in München. Der Beginn unserer Freundschaft war so ähnlich wie bei Heinz Witt. Wir stehen alle beim Arbeiten, und dann sehe ich, daß der Mann falsche Hände hat. Hatte ganz feine Hände. Solche Leute sterben schnell im Lager. Wir kamen ins Gespräch. Ich fragte ihn, welchen Beruf er in der Heimat ausgeübt hatte. Er sagte mir: «Ich bin Musiker von Beruf. Ich bin ausgebildeter Kapellmeister vom Konservatorium in München.» Ich hatte keine Ahnung, was das ist. Und er erzählte, welche Grade in der Musikausbildung er hat. Ich hatte auch nicht viel Ahnung von Musik, später hat sich das gebessert. Er spielte alle Instrumente. Da hab ich zu ihm gesagt: «Wenn du jetzt treu und brav deine Norm erfüllen willst, um deine Schuld am Russen wiedergutzumachen, denn wirst du das nicht lange durchhalten. Ganz bestimmt nicht!» Ich habe den Mann dann so eingeteilt, daß er die einfachsten Arbeiten gemacht hat. So konnte er die ersten beiden Jahre, die schweren, überleben.

Jeden Abend, wenn wir fertig waren mit der Arbeit, mußte ich melden, wieviel Prozent wir geschafft hatten – wegen des Brotempfangs. Und wir haben die Norm wirklich nicht erfüllt und kriegten abends tatsächlich nur 600

Gramm Brot pro Person. Die 200 Gramm extra entfielen. Da konnten wir alle nix dafür. Aber das war die ganze Zeit – das hälst du ja nicht durch! Der Sepp Schnabel wurde schon bald krank. Sehr krank. Er war eben vorm Sterben. Er war prädestiniert zum Sterben, weil der so einen Beruf hatte, der damals nicht gefragt war. Nur schwerste manuelle Arbeit war gefragt. Es wurde nicht Technik verlangt, sondern ganz primitive Arbeit.

Dann kommt auf einmal ein Befehl von Moskau, der lautet: «Kultur brauchen wir!» Das war 1947. Die russische Führung war der Auffassung, es müßte jetzt besser werden. Dann kam eine Liste raus, auf der stand, es sollen sich alle Musiker melden. Instrumente, das können doch viele spielen! Aber Dirigent sein, das können weniger. Aber das alles konnte mein kleiner Sepp Schnabel. Der war ausgebildet für diese ganzen Sachen. So, und der wurde jetzt Kapellmeister – Kriegsgefangenen-Kapellmeister. Das war ein Orchester mit ungefähr 20 Musikern. Und in dem Lager, in dem ich arbeitete, wurde dieses Orchester zusammengestellt. Waren auch zwei Opernsänger dabei – was sich so alles anfindet! Und Sepp Schnabel hat jetzt alle geprüft als Fachmann. Er konnte nur Leute gebrauchen, die auch Noten lesen konnten. Es hat ungefähr ein halbes Jahr gedauert, bis er alle zusammen hatte. Ihr Plan war, richtige Konzerte zu geben. Und das haben sie dann auch gemacht. Wo die Instrumente herkamen? Aus Perm und teilweise auch aus Moskau.

Die Leute, die in dieses Orchester reinkamen, die waren jetzt Privilegierte, die blieben alle am Leben. Denn die Russen sind ja sehr musikbegeistert. Du bist ganz von den Socken! Mehr als bei uns, wollt ich sagen. So bekam das Orchester auch gute Verpflegung. Die sahen blendend aus.

Sie konnten und mußten sich ordentlich anziehen. Die hatten alle gleichmäßig wunderbar schönes Zeug an. Das hatten sie aus dem Berg von alten Uniformen der toten Russen. In die Lager kamen ja ganze Güterwagen voll Uniformen von gefallenen russischen Soldaten. Da konntest du häufig noch die Einschußlöcher sehen. Mit dieser Kleidung wurden sie denn ordentlich angezogen. Die haben ihre Norm spielend erfüllt.

Diese Truppe hat nachher überall in unserem Lagerbezirk gespielt. Und als ich später Lektor war, da hat es sich ergeben, daß wir uns so alle vier, fünf Wochen irgendwo trafen. Denn er fuhr mit seinem Verein in den verschiedenen Lagern rum und ich ja auch. Manchmal war es so: Ich kam in ein Lager, und da spielte er abends mit seinem Orchester. Und immer, wenn wir zusammenkamen, war erst mal große Umarmung. Und er hatte nicht vergessen, was ich für ihn getan hatte. Bei Kapitän Scheike in Perm habe ich immer gefragt: «Wo ist denn der Schnabel im Moment? Kann ich da nicht mal hin?»

Was meinste, wie die jetzt gespielt haben! Mein Schnabel, der war ein einmaliger Geiger! Der konnte wunderbar spielen. Der Schnabel hat mich auf musikalischem Gebiet ausgebildet. Ich hatte keine große Ahnung von Opernmusik und diesen Sachen. Aber wenn wir zusammensaßen, erzählte er mir immer nur von der Musik. Ich war ein musikalisch vollkommen ungebildeter Arbeiter und wurde durch ihn einigermaßen gebildet. Es war für mich eine neue Welt. Er hat zum Beispiel zu mir gesagt. «Ich muß die Partituren schreiben für Schwanensee von Tschaikowsky.» Ich sag: «Was mußt du schreiben?!» «Die Partitur …» – Hatte ich noch nie von gehört! Da habe ich erst gesehen, was ein Konzertmeister so alles auf dem Kasten hat.

Es gibt ein Geigenkonzert, das mochte ich immer am liebsten: «Zigeunerweisen» von Sarasate. Da spielt die erste Geige ganz alleine. Jedesmal, wenn wir uns getroffen haben, spielte er Sarasate. Wenn das Orchester von Schnabel Konzerte gab, da kam auch die russische Zivilbevölkerung. Die belegten die ganzen ersten Reihen, so musikbegeistert sind die. Und wenn Schnabel etwas von Tschaikowsky brachte, sind die vor Ehrfurcht aufgestanden. Das war ein Kunstereignis für die. Der Saal war immer brechend voll. Die Konzerte waren einige der wenigen Sternstunden der deutschen Kriegsgefangenen. Die schönen Stunden waren selten, aber es gab sie.

Sepp Schnabel ist aus der Gefangenschaft entlassen worden mit allen Ehren und gesund und so weiter. War alles ganz gut. Er ist nach München zurückgegangen und wirkte wieder in der Philharmonie. Dann haben wir uns lange Zeit nicht gesehen. Jahre später bekam ich von Heinz Witt die Adresse. Der war im Magistrat in Berlin beschäftigt, und mit dem war ich in Berührung. «Mensch», sagt der Witt, «kennste noch den Schnabel, den Musiker?» Ich sag «Sepp Schnabel? Lebt denn der noch?»

Und so bin ich nach München gefahren und hab bei Schnabel ein paar Tage gewohnt. Dann haben wir natürlich über alles gesprochen. In der Ecke stand seine Geige. Gleich am ersten Abend, nach dem Essen, hab ich zu ihm gesagt: So, jetzt spiel doch mal Sarasate. Aber das konnte er gar nicht mehr spielen – die Finger waren steif geworden. Also, das kann man schwer erklären, aber das hat mich sehr bedrückt. Das war doch immer seine Begeisterung gewesen.

Die Antifa-Schule und die Zukunft

Jetzt will ich weiter erzählen aus der Sowjetunion. Die Antifa-Schule war ein Schulungslager für deutsche Kriegsgefangene. Sie lag am Rand von Moskau. Zusammen mit mir kamen ungefähr 1000 Leute aus allen Ecken der Sowjetunion dorthin. Alle waren vorher in ihren Lagern Aktivleiter gewesen oder im Antifa-Aktiv tätig. Die russische Kaderabteilung hatte schon wieder weiter in die Zukunft geplant. Zusammen mit der Politabteilung von der Partei und dem NKWD hatten die entschieden, wer aus den Lagern die Schule besuchen soll. Grobes Ziel ist gewesen, daß die Leute später in Deutschland antifaschistische Arbeit leisten sollten.

Auf dieser Schule habe ich nicht viele aus dem Westen Deutschlands getroffen. Denn die Kaderabteilung nahm vor allem Leute, die vor dem Krieg in Ostdeutschland gewohnt hatten. Die sollten nun den Aufbau der DDR mitmachen. Wenn zum Beispiel der Kaderchef im Ural einen Mann aus Hamburg hatte und einen aus Leipzig, dann hat er den aus Leipzig genommen. Sie brauchten für die DDR Funktionäre, die die Politik der Partei vertreten wollten und sollten. Viele bekamen tatsächlich in der DDR in den verschiedenen Branchen hohe Funktionen.

Die Schule war genauso militärisch organisiert wie die Arbeitslager auch schon. Sie war in vier Kompanien aufgeteilt. Das sind jeweils so 180 bis 200 Leute. Und die Kompanien wurden in Seminare aufgeteilt. Ein Seminar umfaßte 20 Mann. Das war genauso wie auf der Uni: Jede Woche gab es einen Tag, an dem alle in ein großes Auditorium kamen. Dann hielten Professoren aus Moskau Vorträge. Wir hatten Bleistift und viel Papier bekommen. Du mußtest nun, so gut du konntest, die ganze Rede mitschreiben. Das ist die Methode. Dann kam die Seminarstunde, dort wurde die Rede aufgearbeitet, und schließlich diskutierte der Seminarleiter die Vorträge.

Die Seminarleiter waren Leute, die im Sinne des Stalinismus ganz hervorragende Arbeit in der russischen Gefangenschaft gemacht hatten. Der Seminarleiter von meiner Gruppe war Lehrer von Beruf. Er ist der typische Karrierist gewesen, wie sie in Rußland auch groß geworden sind. Er konnte Marx und Engels und Lenin auswendig zitieren. Aber der hatte das nur im Kopf – nicht im Herz. Er war ein Mann des NKWD. Ein Schaumschläger. Ein Kasch-Sozialist. Solche Leute kamen auch auf diese Schule. Die wollten nur sorgenfrei leben, bis sie wieder nach Hause kamen. In der ersten Seminarstunde fing der an zu reden und zu erzählen. Aber ich hör ja sofort raus, ob ein Mensch mit dem Herzen spricht oder nur verstandesgemäß. Ich hab aber nichts gesagt.

So, aber nun kommt die zweite Seminarstunde, und da erzählte der die Geschichte der deutschen Arbeiterbewegung. Er! Na, dann konnte ich natürlich nicht mehr schweigen. Das ist das erste Mal gewesen, daß ich an dieser Schule überhaupt gesprochen habe. Ich bin zu ihm hin und hab ihm höflich gesagt, welche großen politischen Fehler er in seiner Darstellung gemacht hatte. Dann habe ich ihm erzählt, wie ich die Geschichte der Arbeiterbewegung sehe. Heute denk ich manchmal, dem hätte ich damals gerne als gutes Beispiel von dem Schicksal von Heinrich Vogeler erzählt. Heinrich Vogeler ist Kunstmaler gewesen. Er war einer der Künstler, die die Künstlerkolonie in Worpswede mitbegründet hatten. Und er war ein Mitglied der Kommunistischen Partei. Er war ein idealistischer Kommunist und hat sein ganzes Vermögen der Partei überschrieben. Als Hitler an die Macht kam, ist er nach Rußland emigriert. Dann wurde er aber fallengelassen, weil er ein Gegner Stalins war. Sie haben ihn nicht umgebracht mit der Pistole, sondern mit Hunger. Er ist nach Kasachstan in eine Kolchose gekommen und war als Intellektueller dem harten Leben nicht gewachsen. Dann ist er dort gestorben mit 71 Jahren – das habe ich natürlich erst später erfahren.

Aber in der Zeit hat in Moskau schon gereicht, daß ich meine Meinung gesagt habe. Der Seminarleiter machte dann Meldung nach oben. Ich wurde zur Schulleitung geladen. Die Schulleitung bestand aus Leuten von russischer Seite und aus ehemaligen Spanienkämpfern. Das waren fronterfahrene Kämpfer. Waren deutsche Kommunisten gewesen, die nach Hitlers Machtübernahme nach Rußland emigriert waren und von dort aus 1936 nach Spanien gegangen sind, um in den «Internationalen Brigaden» gegen Franco zu kämpfen. Dabei sind die Hälfte, etwa 3000 Mann, umgekommen. Diese Leute hier hatten also ihr Leben riskiert.

Thema der Lektionen war immer Marxismus, Leninismus und vor allem Stalinismus. Zwei Stunden lang dauerte eine Lektion, die eben oft von Professoren gehalten wurden, die von außerhalb, von den Universitäten kamen. Und später in der Seminarstunde, da diskutierte der Seminarleiter nun die Lektionen. Nun mußte ich äußerst vorsichtig sein, denn einmal war ich ja schon bei der Schulleitung vorgeladen worden. Im Laufe der Monate habe ich so meine Persönlichkeit herauskristallisiert. Durch mein Auftreten und Reden. Dadurch habe ich bei verschiedenen Leuten eine gewisse Sympathie bekommen. Unter anderem auch bei einem ehemaligen Spanienkämpfer, der auch Seminarleiter war. Gegen Stalin habe ich nie gesprochen. Natürlich nicht! Denn wäre ich ja ein toter Mann gewesen. Und so weit war ich auch noch gar nicht. Stalin war für mich fast noch ein Denkmal. Das kam erst viel später ...

Dann wurde ich zum Seminarsprecher gewählt. Später wurde ich auch zum Kompaniesprecher. Nachher war ich selber in der Schulleitung. Da wurden Feste organisiert und Manifeste vorbereitet. Ich hab dann auch vor der ganzen Schule als Referent über den deutschen Widerstand gegen Hitler gesprochen. Das hat die Leute interessiert. Ganz zum Schluß der Schulung hat unser Seminar die große Fahne gewonnen, das Banner. Die habe ich aber einem geschenkt, der in die DDR zurückgehen sollte, die konnte ich ja nicht mitnehmen nach Hamburg.

Nun sollten wir wieder in die Heimat fahren. Von der Schule wurde ein Zug zusammengestellt, der ging in die DDR. Der Zug war mit Plakaten behangen und mit Blumen geschmückt. Es herrschte eine gute Stimmung – nach all den Jahren des Krieges. Doch jetzt kam noch mal das Schwert der Partei dazwischen: Alle Kursanten der Schule wurden zum Schluß noch einmal bis auf die Haut untersucht. Das machten Filzer vom NKWD. Sie suchten irgendwelche Listen aus der Gefangenschaft. Keiner wagte Protest, keiner sagte ein einziges Wort. Als ich an die Reihe kam, zeigte ich mein Buch mit Widmung, das mir Kapitän Scheike geschenkt hatte. So, und nun nahmen sie mir das Buch weg! Ich sprach sie auf russisch an. Aber auf meinen Protest antworteten sie nur mit fürchterlichen Flüchen. War damit nicht die politische Schulung und antifaschistische Arbeit in der Gefangenschaft in Frage gestellt? Es war wieder die Praxis des Stalinismus. Aus lauter Angst hat bis Ostberlin keiner gewagt, über den Vorfall zu sprechen.

In Ostberlin mußte ich noch mindestens 14 Tage bleiben, denn wir alle waren Kader für die Zukunft. Nach dem Krieg gab es ja keine kommunistischen Funktionäre mehr. Die mußten sie sich wieder neu erziehen. Jeder von uns wurde von der Kaderabteilung der SED vorgeladen. Wir mußten einzeln nacheinander dahin. Ich sitze jetzt vor dem Kaderleiter. Es sind noch ein paar andere Leute im Raum. Die sind alle in Zivil. Und sie wollen mit mir meine weitere Lebensplanung machen. Die DDR sollte aufgebaut werden. Also werden Angebote gemacht. Jeder sollte nach seinen geistigen und politischen Fähigkeiten eingesetzt werden. Am allerliebsten hätten sie mich in den Staatsapparat eingebaut.

Sollte ich in der DDR bleiben? Ich hatte in Hamburg meine Eltern und meine Freunde und meine Familie. Nach all den Jahren hatte ich das Bedürfnis, nach Hause zurückzukehren. Sie haben dann noch alles versucht. Es war für mich alles offen. Aber ich dachte auch an den NKWD, der uns in den Jahren der Gefangenschaft ständig begleitet hatte. Das war ein trauriges Kapitel, nicht nur im Umgang mit den deutschen Kriegsgefangenen, sondern auch mit dem eigenen Volk. «Nein», hab ich gesagt, «ich will zurück nach Westdeutschland.»

Heimkehr, Abschiede und neue Anfänge

Heimkehr und Enttäuschung

In den langen Jahren der Kriegsgefangenschaft dachten alle Gefangenen immer an ein Thema: Wann kommen wir nach Hause, was macht meine Familie und mein Elternhaus? Ich erlebte Fälle, wo Menschen an Heimweh gestorben sind. Als Lektor hörte ich immer wieder die Fragen nach dem Ende der Gefangenschaft. Da mußte ich nach außen hin voller Optimismus sein. Aber in meinem Inneren sah es ganz anders aus. Ich wußte schon von meiner Mutter, daß Mary einen anderen Mann gefunden hatte. Aber ich hoffte, daß es doch irgendwie gehen würde, wenn ich zurück bin.

Mitte des Jahres 1950 war es soweit. Ich kam von Ostberlin aus nach Friedland, in das Auffanglager für sogenannte «Heimkehrer». Einige Tage mußte ich dort bleiben, um von Ärzten untersucht zu werden. Ich sah von außen gut aus und wurde von dem Arzt als «Gesunder» entlassen. Aber der konnte natürlich nicht in meine Seele hineinschauen. In Friedland bekamen alle ein klein wenig Geld, so um die 40 Mark. Ich schickte ein Telegramm nach Hamburg an meine Familie, in dem die genaue Uhrzeit meiner Ankunft am Hauptbahnhof stand.

Zusammen mit ungefähr 300 Heimkehrern kam ich in Hamburg an. Sie schauten alle gleich aus den Augen, bei allen hatte die Seele gelitten. Alle wurden auf dem Bahnsteig von ihren Familien empfangen. Ich suchte nach meiner Familie und merkte bald: für mich war niemand gekommen. Man könnte dann weinen, aber man muß sich zusammennehmen. Von dem Geld, das wir in Friedland bekommen hatten, kaufte ich mir eine Karte für die Straßenbahn.

Ich fuhr nach Hamburg-Stellingen, wo meine Familie in einem Schrebergarten wohnte. Mary war nicht zu Hause. Nur die beiden Kinder. Meine Tochter Ursula war mittlerweile vierzehn, ich habe sie gar nicht gleich wiedererkannt. Mein Sohn Ernst war sieben Jahre alt. Wir hatten uns noch nie gesehen. Die Mutter hatte die Kinder nicht auf ihren Vater vorbereitet. Ich wurde als eine Art Eindringling gesehen. Ich war überflüssig geworden. Viele Menschen bekommen nun einen Nervenzusammenbruch. Aber ich hatte in den vergangenen Jahren schon soviel durchgemacht, daß ich meine Nerven noch im Griff hatte. Ich drehte mich leise um und ging weg.

Ich ging zu meiner Mutter. Da hab ich dann doch bitterlich geweint. Die ersten Tage habe ich bei ihr gewohnt. Dann haben sich meine Mutter und meine Schwiegermutter wieder eingeschaltet und meine Frau überredet, es schon wegen der Kinder noch einmal mit mir zu versuchen. Unter entsetzlichen Bedingungen wohnten wir von nun an in dem Schrebergarten. Vier Personen auf 16 Quadratmetern. Es führte zu Zank und Streit.

Einmal passierte etwas, das die Beziehung zwischen meinem Sohn und mir gut aufzeigt: Ich arbeitete gerade im Garten. Plötzlich spürte ich einen stechenden Schmerz im Rücken. Etwas Schweres war gegen mich geflogen. Es war ein großer Stein. Ich drehe mich um. Da steht mein siebenjähriger Sohn: «Hau ab! Wir wollen dich hier nicht!» Durch das ganz andere Essen, das ich nun bekam, vor allem aber durch die enorme Nervenanspannung wurde ich magenkrank. Ich mußte ins Krankenhaus. Vier Wochen lag ich dort. In diesen Wochen haben meine Frau und meine Kinder mich nicht einmal besucht.

Ich glaubte aber noch immer, meine Ehe retten zu können. Nach meiner Entlassung aus dem Krankenhaus habe ich viele Schichten gearbeitet, denn ich wollte den Schrebergarten ausbauen, damit wir endlich genug Platz hatten. Und nebenher war ich auch noch als Funktionär in der Partei tätig.

Eines Tages entdeckte ich plötzlich in einer Schublade einen Haufen Postkarten. Der Stapel erschreckte mich: Es waren die Rückantwortkarten, die den aus der Gefangenschaft geschickten Karten stets angehängt waren. Viele Karten hatte ich aus der Gefangenschaft an meine Frau geschrieben. Nie hatte ich von ihr eine Antwort bekommen. Jetzt war ja klar, daß sie nicht auf dem Weg verlorengegangen waren. Ich verlor nun die Nerven. Es gab einen riesigen Ehestreit. Meine Frau reichte die Scheidung ein.

Ein paar Tage später brach ich bei der Arbeit zusammen und wurde mit Blaulicht ins alte Krankenhaus Hamburg-Altona gebracht. Es war alles zuviel für mich. Ich hatte einen schweren Bandscheibenschaden und konnte wochenlang nicht gehen oder stehen. Die Ärzte sagten, dieses seien Nachfolgen vom Krieg. Es waren aber nicht die körperlichen Schmerzen, die überwogen, sondern alles zusammen, was sich in meiner Seele angesammelt hatte. Ich wurde nicht gesund. Drei Monate lag ich in Altona im Krankenhaus. Die Scheidung konnte auch nicht durchgeführt werden.

Die folgenden drei Monate verbrachte ich in einem Spezialkrankenhaus in Bevensen. Das ist ein Ort in der Nordheide, etwa 100 Kilometer von Hamburg entfernt. Ich hatte das Gefühl, daß man hierhin alle diejenigen Opfer des Krieges gebracht hatte, die keiner mehr haben wollte. Wir lebten in einfachen Baracken. Gleich am Eingang meiner Baracke sah ich etwas Furchtbares: einen lebenden Torso. Der war aber nicht der einzige. In unserer Baracke lagen mehrere Menschen ohne Beine, und manche eben auch noch ohne Arme.

Ich habe nun mit einem Anwalt meinerseits die Scheidung eingereicht. Der wurde mit Hilfe des Armenrechts bezahlt. Ich wollte auf keinen Fall, daß die Gründe für die Scheidung vor Gericht zur Sprache kommen. Es sollte eine sanfte Scheidung werden, weil wir beide doch Mitglieder der KPD waren. In Bevensen war ich am Ende. Ich wurde schon lebensmüde. Aber wie es im Leben immer so ist, kamen dann auch Wunder: Ein einmaliger Arzt, der auf Fälle, wie ich es war, spezialisiert war, kümmerte sich um mich. Er war Psychotherapeut. Er erforschte meine Seele, und ich redete wie ein Wasserfall. Es waren viele Aussprachen über den Krieg, die Gefangenschaft, über meine Einstellung als Kommunist und über meine Ehe und die Kinder. Ganz zum Schluß kamen wir auf meine Impotenz zu sprechen. Er sagte, es ist eine Krankheit des Krieges, und das kann man abstellen. Nun bekam ich wochenlang Spritzen und wurde wieder ein normaler Mensch.

Meine Familie besuchte mich auch in Bevensen nicht. Dafür kam eine andere Person. Eine Genossin aus der Partei. Wilma Maßmann. Sie war eine Kriegerwitwe mit drei kleinen Kindern. Sie war eine bildhübsche Frau, mal nebenbei gesagt. Wir kannten uns schon von der gemeinsamen Parteiarbeit. Sie lebte in einer kleinen Dreizimmerwohnung und hatte es, wie alle alleinstehenden Mütter in der Zeit, sehr schwer. Wir freundeten uns an und beschlossen, daß ich zu ihr in die Wohnung ziehe, sobald meine Scheidung durch war. Aber nun, nachdem ich die Scheidung wollte und praktisch eine neue Verbindung gefunden hatte, wollte meine Frau die Scheidung nicht mehr. Aber so bin ich nicht. Das konnte ich nicht und wollte ich auch nicht mehr. Wir sind dann ohne riesige Aufregung 1951 geschieden worden.

Unsere Kinder wurden nun zwischen meiner Frau und mir aufgeteilt: Die Tochter wurde ihr, der Sohn mir zugesprochen. Mit ihm zusammen zog ich nun zu Wilma, ihren zwei Töchtern und ihrem Sohn in die Wohnung. Wir haben das so eingeteilt, daß ich ein Zimmer bekam und den Jungen da mit hineingenommen habe.

Tagsüber mußte ich viel arbeiten. Ich mußte ja nun auch noch für die anderen sorgen. Mein Sohn war ein Unband. Immer wenn ich abends nach Hause kam, hatte der wieder was ausgefressen. Ich wurde mit ihm nicht fertig. Der hörte nicht auf mich. Gar nicht. Und auf die Wilma natürlich auch nicht. Das hat die dann nicht lange ausgehalten. Und nach einem Vierteljahr sagt sie zu mir: «Hör mal zu, der Junge geht weg oder ihr beide geht weg!» Ich habe ihren Standpunkt verstanden. Aber was machste jetzt mit so einem Jungen? Wo sollte ich ihn bloß hinbringen? Ach, das war ganz schwierig. Ich brachte ihn dann in ein Heim. Da habe ich – das ist mein Standpunkt heute – einen großen Fehler gemacht. Das hätte ich nicht machen dürfen. Das hat der mir auch nie verziehen.

Ich kann gar nicht mehr genau sagen, wie lange der Junge in dem Heim war, da ging es aber nicht gut. Ich wußte nicht, wohin mit ihm. Zu Wilma durfte ich ihn ja nicht nehmen. Und meine Eltern waren schon alt. Denen wollte ich nicht den Jungen aufdrücken. Da habe ich ihn zurück zu seiner Mutter gebracht.

Er blieb dann eine Zeitlang bei ihr, bis sich durch die Partei ein älteres Ehepaar fand, die bereit waren, ihn aufzunehmen. Und ich habe natürlich immer die Alimente gezahlt. Nur: Alimente waren zuwenig. Kannste kein Kind für haben. Also mußte ich zusätzlich Geld ausgeben für Kleidung, Schuhe und was alles dazu gehört. Und ich war ja arm wie 'ne Kirchenmaus.

Oh, das war auch schwierig. Ich mußte alle Augenblicke hin. Man kann das gar nicht beschreiben. Das hat Nerven gekostet. Für uns alle. Dann hat die Mutter ihn wieder zu sich genommen. Eine Mutter hängt ja an ihrem Kind. Die Alimente gingen nun wieder an sie.

Die Tochter war ja auch noch da. Aber die wurde jetzt auch groß und hat gelernt. Die ist ganz gut eingeschlagen. Kann man nichts gegen sagen. Aber Mary hat das alles nicht mehr ausgehalten. Die hat die Scheidung bitterlich bereut und wollte sie rückgängig machen. Aber zu den Menschen gehör ich nicht, wenn eine Ehe geschieden ist, ist sie geschieden. Aber wie alle Ehen, die als Auswirkung des Krieges geschieden worden waren, haben auch wir viel Leid über die Kinder gebracht.

Heute arbeitet mein Sohn im sozialen Bereich. Da kümmert er sich um Kinder und Jugendliche, die Hilfe brauchen. Er ist der geborene Erzieher. Ich bin mal dagewesen und hab auch mit den anderen Leuten dort gesprochen. «Oh», sagten da alle, «Ihr Sohn, der ist klasse! Der kann mit jungen Leuten umgehen.»

Geldsorgen und Strafmandate

In den Jahren, die ich mit Wilma und den Kindern zusammenlebte, mußte ich eben auch für sie mit sorgen. In dieser Zeit war es aber für mich beruflich unmöglich, irgendwo in Hamburg eine feste Stelle zu bekommen. Kommunisten wurden nicht eingestellt. Die Stimmung in Westdeutschland war allgemein sehr feindlich gegenüber der Kommunistischen Partei. Was sollte ich da machen?

Ich ging zum Arbeitsamt und ließ mich zu verschiedenen Firmen schicken. Und wenn ich bei einer Firma ankam, dann wollte jeder Chef erst mal die Unterlagen sehen: Lehrbrief, Lebenslauf und Leumundserklärung. Ich war auch zu Blohm & Voss gegangen. Ich hätte wieder als Schiffszimmermann arbeiten wollen. Das wäre eine feste Arbeit gewesen. Aber dort sagten sie zu mir: «Für diesen Betrieb kommen Sie nicht in Frage.» Ich hatte doch glänzende Zeugnisse – warum wurde ich trotzdem nicht eingestellt? Das waren absolut politische Gründe: Ich war doch bei Blohm & Voss vier Jahre lang in der Lehre gewesen und mit dem Betrieb verbunden.

Aber sie guckten in ihre Unterlagen von vorm Krieg. Da konnten sie sehen, daß ich nach 1934 auf der Schwarzen Liste gestanden hatte. Sie sagten natürlich nicht: «Wir können Sie nicht einstellen, weil Sie Kommunist sind». Das geht nicht, dann könnte ich sie ja verklagen. Das brauchen sie auch gar nicht zu sagen: Ich war doch ein aktiver, bekannter Kommunist in Hamburg. Aber die dachten: Wenn ich in ihrem Betrieb jetzt arbeiten würde, würde ich politische Propaganda machen. Solche Leute wollten sie nicht. Da sagten sie einfach: «Nein, wir haben leider keinen Bedarf.» Man muß natürlich auch sehen: Seit 1934 waren 16 Jahre vergangen. Nach dieser Zeit kann man in seinem Beruf auf der Werft auch nur noch schwer mitkommen. Weil dort im Akkord gearbeitet wird.

Ich hab dann den Weg eines Aushilfsarbeiters gewählt und jede Arbeit angenommen, die irgendwo angefallen ist – egal, was das war. Zum Beispiel im Kohlengeschäft oder als Möbeltransporteur – die verschiedenen Firmen kann ich gar nicht alle aufzählen, bei denen ich beschäftigt war. Auch im Hafen habe ich gearbeitet – als Schauermann. Schauerleute sind Hafenarbeiter, die Schiffe ent- und beladen. Wenn zum Beispiel so ein Dampfer aus Südamerika kam, dann war der voll von oben bis unten mit Kaffee oder Getreide. Dann müssen die Schauerleute die Säcke unten im Schiff in Kolonnen von vier, fünf Mann zusammenpacken, und dann holt der Kran das raus. Das ist deine Arbeit – den ganzen Tag immer das gleiche.

Wenn so ein Dampfer entleert werden mußte, dann dauerte das mehrere Tage. Das mußte so schnell wie möglich passieren, damit die Liegegebühr nicht so hoch war. Wenn das Schiff entladen ist, scheidest du erst mal wieder aus. Dann gehst du wieder zur Hafenvermittlung und kriegst die nächste Arbeit: «Drei Mann zum Kaffeespeicher!»

Nach dem Krieg konnte ich nun auch als Lkw-Fahrer arbeiten. Meistens machte ich aber andere Arbeiten und bin nur zwischendurch mal gefahren. Aber ich mußte ja Geld verdienen – das war die entscheidende Frage. Ab 1960 habe ich auch auf dem Schlachthof gearbeitet. Dort gab es ungefähr 75 verschiedene Firmen. Da habe ich am Anfang erst mal für unterschiedliche Firmen gearbeitet, mal für die eine, mal für die andere. War immer noch nicht fest angestellt. Unseren Lohn bekamen wir unständigen Arbeiter auf einer gemeinsamen Zahlstelle.

Aber die letzten Jahre bis zur Rente war ich dann fest, nur bei einer Firma beschäftigt. Da hatte ich einen guten Chef: Als ich bei seiner Firma anfragte wegen Arbeit, habe ich mich ordentlich beworben, wie das überall üblich ist. Und ich habe gesagt: «Am besten, ich sag das gleich dazu ...» und erzählte ihm von meiner politischen Einstellung und meiner Vergangenheit. «Ja, wieso?» sagte er, «das spielt keine Rolle. Hauptsache, Sie machen Ihre Arbeit!» Das war ein prima Chef. Einmalig. Er hat nie Schwierigkeiten gemacht wegen meiner politischen Meinung. Das war die erste und einzige Firma, bei der ich fest angestellt war. Ich brauchte nicht mehr weggehen. Der große Unterschied war, daß ich nicht mehr jeden Tag meinen Lohn bekam, sondern pro Woche. Erst kriegte ich noch jede Woche eine Lohntüte, und die allerletzten Jahre wurde es sogar auf ein Gehaltskonto überwiesen. Das war ein gutes Gefühl. Da ist man erleichtert, da atmet man direkt auf, wenn man einen solchen Chef hat.

Der kannte nun meine Lebensgeschichte und hat nachher mal – nicht direkt, sondern durch die Blume – erzählt, daß seine Familie auch von den Nazis berührt wurde. Also, ganz genau habe ich das nie rausgekriegt. Der erzählte nicht so genau aus seinem Leben. Aber soweit ich das weiß, war mein Chef von der Seite seines Vaters aus mit einer jüdischen Familie hier in Hamburg verwandt. Und da ist in der Nazizeit auch eine jüdische Frau abgeholt worden. Deshalb hatte sich in dieser Familie ein tiefer Haß gegen die Nazis entwickelt. Der Mann war oppositionell zu Hitler eingestellt. Und solche Leute, die so was erlebt haben, sind nachher zu den Menschen anders. Auch deshalb hat mein Chef mein politisches Auftreten und meine Meinung immer stillschweigend geduldet.

In seiner Firma fuhr ich zunächst einen Lastwagen ohne Anhänger. Damit machte ich Auslieferungen in Hamburg. Mein Bezirk war St. Georg. Aber wenn ich abladen wollte, parkten da so viele Autos, daß ich immer in der zweiten Reihe halten mußte. Dann wurde ich oft von der Polizei aufgeschrieben. Von den vielen Strafmandaten, die ich immer kriegte, und von den Streitereien mit den anderen Autofahrern bin ich mit der Zeit aufgeregt und nervös geworden. Das wurde dann so schlimm, daß ich zum Arzt gehen mußte. Und der sagte: «Wollen Sie Ihre Rente noch erreichen?» – «Wieso das denn?» – «Sie haben Kreislaufstörungen!» – «Ja, ich fahre immer Lastwagen!» – «Das müssen Sie abgeben!» meinte der Arzt.

Das war jetzt schwierig. Da mußte ich die gute Arbeit abgeben. Ich bin dann zu meinem Chef gegangen und habe gesagt, daß ich das nicht mehr machen kann und daß ich schon beim Arzt war. «Ja, denn machen wir was anderes», hat er darauf gesagt. Seitdem habe ich kleinere Wagen der Firma gefahren – einen VW-Transporter und Pkws. Ich mußte immer die Ware vom Schlachthof abholen und zu den verschiedenen Fleischereien hinfahren. Und mußte ganz schön schleppen dabei. Denn abladen mußte ich ja nun alleine. Trag mal so ein Hinterviertel! Das wiegt mehr als einen Zentner!

Pflicht und Zweifel

Die eigentliche Hauptaufgabe, die ich innerlich hatte, war, politische Arbeit hier in Hamburg zu leisten. Das hat sich in den ganzen Jahren nicht geändert. Denn die Partei ist für einen überzeugten Kommunisten mit einer festen Ideologie das Leben. Dort waren meine Freunde – Genossen und Genossinnen – mit denen ich in der ganzen Nazizeit immer brüderlich zusammengewesen war. Das waren einmalige Menschen. Die hatten freiwillig und nur für ihre Ideale im Widerstand ihr Leben riskiert. Deshalb bin ich auch sofort, nur einen Tag nachdem ich aus Rußland zurückgekommen war, zur Partei gegangen und habe dort Rückmeldung bei dem Parteisekretär von Hamburg erstattet. Dann habe ich mein neues Parteibuch gekriegt und war wieder ein normales Mitglied.

Die Generation der hauptamtlichen Funktionäre war ja während der Nazizeit ermordet worden oder emigriert. Nach dem Krieg war nur noch die zweite Garnitur am Leben. Sie hatten hier zuwenig erfahrene Leute für den Neuaufbau der Partei. Da mußten dann die Jüngeren ran. Ich war Ende Dreißig, geschult und hatte gute Zeugnisse. Und eine saubere Beurteilung in meiner Kaderakte – das heißt, daß man sich in den zwölf Jahren Nazizeit richtig verhalten hat. Das war sehr wichtig. Die Beurteilung in meiner Kaderakte ging ja nun immer mit mir mit. Nach der Beurteilung der Kaderabteilung war ich doch der Mann der Zukunft. Denn die anderen waren nicht mehr da. Und diejenigen, die das KZ überstanden hatten, die waren gebrochen an Leib und Seele. Nun sollte ich gleich eine Position bekommen. Sie haben mir verschiedene hauptamtliche Funktionen angeboten. Sie sagten, in Hamburg kämen für mich zwei Kreise als Kreissekretär in Frage.

Aber da war bei mir ein Zögern. Ich habe beide Funktionen abgelehnt. Das wollte ich nicht. Nicht aus Feigheit, sondern weil ich soviel Elend gesehen und mitgemacht hatte – und so viele an meiner Seite habe sterben sehen. Im Inneren war ich nach dem Krieg gegen Gewalt und für eine friedliche Entwicklung. Das war für mich das Wichtigste nach dem Krieg. Aber mit diesem Standpunkt geriet ich in Widerspruch zur Parteilinie. Ich hätte eine Politik vertreten müssen, mit der ich nicht mehr einverstanden war. Das war eine Zeit, in der ich innerlich Umwälzungen durchmachte: Ich lehnte das Mittel der Gewalt absolut ab. Aber wenn man einer Partei wieder beitritt, die in ihrem Programm stehen hat, daß man die Veränderungen der menschlichen Gesellschaftsordnung nur mit Gewalt machen kann – dann muß man sich überlegen, was man nun tut. Durch die Kriegsgefangenschaft war ich im Zweifel, ob ich auch die richtige Politik mache. Jedenfalls ob ich das hauptamtlich tun wollte, als Kreissekretär. Das konnte ich mit meinem Gewissen nicht vereinbaren. Das war eine politische Auseinandersetzung mit mir selbst. Deshalb hatte ich immer tausend Ausreden, warum ich keine verantwortungsvollen Funktionen annehmen konnte. Wenn man innerlich zerrissen ist, dann kann man sich nicht mit vollem Herzen für eine Sache einsetzen.

Aber mich ganz von der Partei lösen? Dazu war ich noch nicht bereit. Ich hatte ein gutes Verhältnis mit meinen Schwiegereltern. Das waren alles mutige Kommunisten. Ganz aktiv in der Partei und sehr angesehen und als kleine Parteileute immer auf Achse. Und dann soll ich ihre Illusionen zerstören? In der Partei steht doch Stalin als leuchtender Stern über dem Horizont da. Das ist der Mann, der hat den Krieg gewonnen und so weiter.

Mein Schwager Walter Novak hatte zwölf Jahre im KZ gesessen für seine kommunistische Überzeugung. Der war gebrochen wiedergekommen, wollte nie über die Haft sprechen. Erst später hat er im engsten Familienkreis ein bißchen was erzählt – das war so grausam, da konnste nicht schlafen nachts. Er hatte jetzt Bauingenieur gelernt und arbeitete am Schreibtisch. Er hat noch einige Jahre gelebt. Leute wie meine Schwiegereltern oder meinen Schwager, die so viele Opfer getragen hatten, die willst du nicht enttäuschen. Ich habe nichts gesagt.

Trotzdem habe ich weiter politisch gearbeitet – nicht die Hände in den Schoß gelegt. Bis zum Verbot der Partei, 1956, war ich immer ausgefüllt mit irgendeiner Betätigung. Ich war jeden Tag unterwegs, ein ausgebuchter Funktionär. Ich bin immer geschubst worden, habe mich in die Pflicht nehmen lassen.

Vier Jahre lang war ich in der Landeskontrollkommission der KPD. Das ist das Gewissen der Partei, die Gerichtsbarkeit sozusagen. Das ist ein Vertrauensposten. Und ich war bis dahin ein treuer Anhänger der Parteilinie gewesen und auf Grund meines Vorlebens dafür prädestiniert. In der Kontrollkommission wird die Parteilinie kontrolliert, die vom Parteitag festgelegt wird. Kommunisten sind immer an diese Linie gebunden. Wer dagegen verstößt, der wird von der Kommission zur Verantwortung gezogen. Sie spricht Parteistrafen aus, und wenn das nicht reicht, geht das bis zum Ausschluß. Dort wurden alle Fälle aus ganz Hamburg vorgebracht, die zu entscheiden waren. Wir waren zwölf Personen. Aber ich war von denen der einzige, der die Kriegsgefangenschaft erlebt hatte.

In diesem Gremium habe ich auch einen Einblick gekriegt in die Parteigeschichte hier in Hamburg. Denn wir haben auch untersucht, welche von unseren Leuten in den Nazi-Jahren Verrat begangen hatten. Leute, die bei der Gestapo gepfiffen hatten oder sich hatten anwerben lassen, mußten sich vor der Kommission verteidigen. Dazu haben wir, aber nur unter uns, ganze Prozesse aus der Nazizeit wiederaufgerollt, um zu überprüfen, welche Aussagen einzelne Kommunisten gemacht hatten. Alle Untersuchungen waren sehr schwierig. Wenn wir jemanden verdächtigten, dann haben wir auch Angehörige und Freunde von ihm aufgesucht. Aber nur dann, wenn die auch Mitglied der Partei waren! Wir sind niemals zu Außenstehenden gegangen. Anders geht es auch gar nicht.

Ob wir richtige Verräter gefunden haben? Verräter – das ist schwierig. Wir hatten mehrmals Leute vorgeladen, die dann auch zugaben, was sie alles an die Nazis verraten hatten. Ich erinnere mich noch an einen Mann, der saß jetzt an unserem Tisch. Alle zwölf Personen aus der Kommission sitzen um den Tisch rum. Er muß jetzt zugeben, daß er bei der Gestapo gesungen hat. So! Die da um den Tisch sitzen, sind aber alles jüngere Leute, die die Nazizeit gar nicht so erlebt hatten wie wir. Da kann man sich ja vorstellen, was die sagten. Da habe ich den Mann verteidigt: «Hört mal zu, kann sich einer von euch überhaupt vorstellen, was es bedeutet, von der Gestapo gefoltert zu werden? Nicht einer! Er ist ein treuer, braver Genosse. Er hat gegenüber der Gestapo nur ausgesagt, weil er gefoltert worden ist!» Er ist nicht ausgeschlossen worden, er ist drinne geblieben. Das waren heftige Auseinandersetzungen.

Der Titoismus und ein Vortrag

In der Zeit, in der ich in der Kommission war, begann auch die Auseinandersetzung um den Titoismus. Tito wollte im damaligen Jugoslawien einen anderen Weg gehen. Er wollte sich von Stalins Macht lossagen und nicht so eine

Art demütiger Untertan sein. Und das hat er dann auch geschafft. Tito hatte eine andere Weltanschauung als Stalin. Diese Weltanschauung wurde auch hier in Hamburg propagiert. Da entwickelte sich innerhalb der Partei eine endlose Diskussion über die Frage: Was ist der Stalinismus? Auch in der Kommission mußten wir uns nun mit diesen beiden Weltanschauungen auseinandersetzen. Es gab dann eine ganze Menge Leute, die dem Tito recht gaben. Die Parteilinie aus Moskau war klar: Alle, die den Titoismus propagieren oder dessen verdächtig sind, werden aus der Partei ausgeschlossen! Diese Linie mußte ich als Mitglied der Kontrollkommission natürlich auch vertreten. Also im Reden bin ich kein Titoist gewesen. Aber im Denken war das doch was anderes – im tiefsten Herzen gab ich dem Tito recht.

Aber ich bin nie als Titoist aufgetreten. Wie soll ich das bloß plausibel machen? Die Partei war eben ein Machtfaktor. Und du willst nicht alle deine Freunde und Genossen, mit denen du jahrelang zusammen warst, verlieren. Das ist der Hauptgrund. Dabei weiß ich, daß eine ganze Reihe von denen genauso wie ich dachte. Aber auch die wollten das natürlich nicht zugeben.

Ich hatte viel um die Ohren mit der Parteiarbeit. Neben meiner Arbeit hatte ich jeden Abend etwas vor. Das war ein voller Terminkalender für den ganzen Monat. Ich war die wenigste Zeit zu Hause. Wenn jetzt zum Beispiel Wahlen anstehen, dann muß man Wahlpropaganda machen. Da wird jedes Parteimitglied aktiviert. Ich war hier in meinem Bezirk im Wahlvorstand und habe Plakate geklebt, Demonstrationen mitgemacht. Alles was dazugehört.

Nebenbei war ich auch noch regelmäßig Schulungsleiter – «Schulungsleiter der KPD auf Kreisbasis». Jede Woche einen Abend. Viele Jahre lang. Da habe ich für die Arbeiter dort, wo ich wohnte, Aufklärung gegeben über Marxismus, Leninismus, Politökonomie. Ich habe die jungen Leute vorbereitet auf die Pflichten der Mitgliedschaft in der Partei und habe sie theoretisch geschult. In marxistischer Mehrwerttheorie und der internationalen sozialistischen Literatur. Ich habe ihnen das so beigebracht, wie ich es damals bei Fiete Schulze gelernt hatte.

Ich bin jetzt also Funktionär der KPD. Da kann ich politisch ja nicht gegen den Stalinismus sprechen, ich wurde ja auch wieder kontrolliert. Das ging natürlich nicht, daß ich nun loslege und von meinen Erfahrungen mit dem Stalinismus berichte. Meine Kenntnisse über den Stalinismus waren auch noch nicht fortgeschritten genug. Obwohl ich manchmal versucht habe, ein bißchen über den Gulag zu sprechen. Das wurde sofort von der Partei abgelehnt. Das haben sie niemals geglaubt.

Es kursierten furchtbare Geschichten über die Kriegsgefangenschaft in russischen Lagern. Wahre und unwahre. Viele Übertreibungen. 1952 organisierte die KPD eine öffentliche Versammlung, um den Lügen entgegenzutreten. Das war der Sinn der Versammlung. Da mußte die Partei einen präsentieren aus ihren eigenen Reihen, der selber in russischer Gefangenschaft gewesen war. Davon gab es nicht allzu viele. Sie kamen auf mich. So wurde ich von der Partei als Redner des Abends ausgewählt. Ich wußte, ich muß mich sehr gut vorbereiten. Innerlich aufgeregt ging ich zum Versammlungssaal in Stellingen. Da hing ein Plakat: «Die Behandlung der sowjetischen Kriegsgefangenen in Deutschland und der deutschen Kriegsgefangenen in der Sowjetunion.» Der Saal war voll bis zum letzten Platz – ungefähr 150 Leute saßen da.

Dann sagte der Versammlungsleiter meinen Namen an, und ich mußte auf die Bühne zum Rednerpult. Und nun ging das los: Die Partei verlangte natürlich von mir, daß ich die Parteilinie propagiere. Und die Linie der Partei war damals, den Stalinismus zu unterstützen. Wenn man jetzt über die Kriegsgefangenschaft spricht, heißt das, daß man erst mal davon spricht, wie die sowjetischen Kriegsgefangenen hier in Deutschland behandelt worden sind. Das wußten sie doch alle – was hier mit den Russen los war in unserem Stadtteil! Sie wußten doch, wie schlecht in den Betrieben mit ihnen umgegangen worden war. Davor konnte sich das Volk ja nicht drücken. Von den Verhältnissen in den Lagern hier in Hamburg habe ich jetzt geredet. Keiner rührte sich.

Aber als ich jetzt anfing, über deutsche Kriegsgefangene in Rußland zu sprechen, da kamen ehemalige Soldaten nach vorne und haben diskutiert. Denn es war eine Versammlung mit freier Aussprache und Diskussion. Da waren nicht nur Kommunisten, sondern ein gemischtes Publikum: viele Mitglieder der Partei, aber auch viele Außenstehende. Die haben sich jetzt zu Wort gemeldet: Warum denn in Rußland so viele Kriegsgefangene gestorben sind, fragten sie gleich. Da habe ich erklärt: Der Plan der Russen war nicht, die Gefangenen zu ermorden, sondern sie wollten sie als Freunde zurückschicken. Es waren die harten Lebens- und Arbeitsbedingungen, die so vielen den Tod brachten. Sie bohrten immer weiter. Das kann man gar nicht sagen, wie schwierig das für mich war. Ich habe geschwitzt, wie ich nun angefeindet wurde von den Leuten dort unten.

Aber ich konnte ja auch Vergleiche anstellen: In Rußland ist kein einziger deutscher Offizier erschossen worden. Aber sowjetische Offiziere sind systematisch von der deutschen Wehrmacht ermordet, zum Teil auch in Auschwitz vergast worden. Und deutsche Offiziere hatten höhere Verpflegung und brauchten ab Major aufwärts nicht arbeiten und so weiter. Damals kannte ich die Zahlen, die Christian Streit später in seinem Buch «Keine Kameraden» nennt, noch gar nicht. Darin sagt er auch, daß von über drei Millionen deutschen Kriegsgefangenen in der Sowjetunion ungefähr 1,1 Millionen gestorben sind. Und von den 5,7 Millionen sowjetischen Kriegsgefangenen sind etwa 3,3 Millionen in deutscher Gefangenschaft umgekommen.

So ähnlich hab ich damals auch argumentiert, ich mußte mich ja immer wieder wehren – die sind immer wieder aufgestanden, die ehemaligen Soldaten. Und ich mußte auf jede Frage antworten. Sie sahen ihre eigene Schuld gar nicht, sondern immer nur bei den anderen. Da habe ich gesagt: «Ihr klagt immer nur an! Keiner sagt etwas zu dem, was wir gemacht haben in Rußland!»

So, und dann wurde noch ein anderes Thema angesprochen; denn jetzt standen dort unten auch Flüchtlinge aus Ostpreußen. Es ging um die Vertreibung der Menschen aus Ostpreußen. Also, ich war gar nicht darauf eingestellt, daß das so schwierig werden würde. Ich sollte Antwort geben, aus welchem Grund in Ostpreußen Frauen vergewaltigt worden sind – solche schrecklichen Dinge waren ja wirklich passiert. Das konnte ich natürlich nicht. Ich war nicht dabei – was sollte ich nun sagen?

Es war schwierig, da überall diplomatisch durchzugleiten. Ich mußte jetzt unsere Parteilinie vertreten. Aber das war heikel, denn ich hatte ja schon Zweifel in mir, konnte aber nicht offen über meine Erlebnisse in der Sowjetunion sprechen. Das war der schwerste Vortrag und die schwierigste Diskussion, die ich in meinem Leben führen mußte. Die konnten alle klug reden, die Versammlungsleiter, die vorne saßen. Aber ich mußte antworten. Am Ende war ich klitschnaß in dem Saal.

Der Gestapo-Mann und der Freispruch

In den fünfziger Jahren gab es auch in Hamburg Untersuchungen über Naziverbrechen. Jetzt wurde Beyer, der mich damals in Fuhlsbüttel gefoltert hatte, angeklagt wegen seiner Verbrechen. Es war ein großer Prozeß. Da waren etwa 50 Zeugen, die alle in Fuhlsbüttel von Knuth und Beyer gefoltert worden waren. Kriminalkommissar Knuth war nicht angeklagt. Den hatte noch während des Krieges eine Bombe ins Himmelreich befördert. Vorher wurde ich zur Kriminalpolizei geholt. Eine Frau legte mir nun 20 Fotos vor: «Suchen Sie mal den Herrn Beyer raus.» Es war ein Foto von ihm dazwischen, aber ein neues! Jetzt waren ja 20 Jahre vergangen, und da erkennste einen Menschen doch nicht mehr wieder. Jedenfalls hab ich ihn nicht gefunden.

Dann kam der Prozeß. Der Saal war gerammelt voll. Viele haben über die Vernehmungen durch den Beyer ausgesagt, wo er so schlimm gefoltert hatte. Welche unter den Zuschauern haben in den Saal gerufen, andere haben geweint, weil ja entsetzliche Dinge erzählt wurden. Einige erfuhren zum ersten Mal, wie in Hamburg gefoltert worden war. Manche Zeugen wollten gar nichts mehr sagen.

Und nu komm ich dran. Da sagt der Richter – das sehe ich noch wie heute – zu mir: «Drehen Sie sich mal um und zeigen Sie mal den Beyer.» Ich drehe mich also um. Da sitzt er direkt hinter mir! Er schachert mit seinen Lackschuhen. Da habe ich ihn wiedererkannt. «Jo», sag ich zum Richter, «das ist Herr Beyer.» – «Na ja, nun erzählen Sie mal.» Und denn habe ich losgelegt, hab alles erzählt.

Und was macht der Beyer? Der quatscht nu immer wieder dazwischen: «Hellmann wollte flüchten, er hat sich vergangen gegen das Gesetz!» Dann stritt er auch ab, daß er mich nach meinem Fluchtversuch ausgepeitscht hatte, die SS hätte das gemacht. Er ist freigesprochen worden wegen Verjährung. Darüber war ich entsetzt. Vor dem Gerichtsgebäude sind wir uns dann auch noch begegnet. Da hat er mich angepöbelt. «Warum biste auch weggelaufen?!» hat er noch gerufen.

Ob ich mal an Rache gedacht habe? Früher ja. Als ich noch in Kriegsgefangenschaft war, hab ich zu mir gesagt: «Wenn ich mal lebend nach Hause komme, der erste Schritt ist zu dem Mann hin, und wenn er noch lebt: Rache!» Als ich dann zurück war, sprachen wir in der Partei über diese Frage. Aber Selbstjustiz zu machen war nicht unsere politische Linie. Jahre später kommt eines Tages einer aus der Partei: «Mensch, habt ihr schon gehört? Der Beyer ist tot!» – «Ach, das Schwein!» haben sie dann alle gesagt. Er war eines natürlichen Todes gestorben.

Realsozialismus und Entfremdungen

In den fünfziger Jahren bin ich mehrmals in der DDR gewesen, privat und auch einmal als Gastdelegierter auf einem Parteitag der SED. Der Parteitag der SED, bei dem ich teilgenommen habe, war 1953. Ulbricht hielt die Hauptrede. Er erklärte die Richtlinien der Partei. Und die

Aufgabe der Gastdelegierten aus dem Westen war, diese Linien bei uns durchzuführen. Nach der Rede von Ulbricht sitze ich noch im Saal, da kommt plötzlich ein Aufruf: «Genosse Hellmann, melden Sie sich im Aufenthaltsraum!» Ich gehe also rüber zu dem kleinen Saal. Da sitzt eine Gruppe von 15 Leuten zusammen, und dann sehe ich: das sind alles ehemalige Freunde und Genossen von mir! Alles Mitglieder der Partei aus Hamburg. Wir waren zusammen groß geworden. Die hatten die Anwesenheitslisten durchgeschaut und meinen Namen auf der Liste der Gastdelegierten entdeckt. Und die waren ja nun neugierig darauf, was aus mir geworden war.

Wir, die wir jetzt zusammensaßen, waren alle zwischen 20 und 25 Jahre alt gewesen, als Hitler an die Macht kam. Dann sind die ihren Weg gegangen und ich meinen. So viele Jahre hatten wir uns nicht gesehen. Viele sind 1933, nachdem die Nazis an die Macht gekommen waren, gefangengenommen worden und in Zuchthäusern gelandet. Andere sind emigriert in den Osten, auch in den Westen, besonders nach Mexiko. Als der Krieg vorbei war, sind sie alle wieder zurückgekehrt. Weil es in der Anfangszeit der DDR einen Mangel an Funktionären gab, war die Kommunistische Partei natürlich daran interessiert, Funktionäre auch aus dem Westen zu übernehmen. Da mußte sie aber vorsichtig sein und nahmen daher meist nur Leute, die nachweislich im Widerstand gewesen waren oder in Spanien in den Internationalen Brigaden gekämpft hatten. Oder jahrelang in den Zuchthäusern der Nazis gesessen beziehungsweise die Konzentrationslager überlebt hatten. Diese Leute bekamen nun in der DDR höhere Positionen.

Jetzt saßen wir zusammen, und jeder erzählte aus seinem Leben. Aber dann stellte ich fest: Keiner wollte etwas

Konkretes über seine neuen Funktionen und Aufgaben erzählen! Das machten sie nicht. War nicht üblich.

Über meinen Lebenslauf der letzten Jahre wußten sie in groben Zügen Bescheid. Also auch über die Kriegsgefangenschaft. Von denen war nicht einer in russischer Gefangenschaft gewesen. Sie haben mir dann Vorwürfe gemacht, daß ich in Hitlers Uniform gedient hatte. Selbstverständlich. Da hab ich erst mal ein Reuebekenntnis abgeben müssen. Das sah ich auch als meine Pflicht. «Warum biste nicht übergelaufen?!» haben sie gefragt. Und ich gab zu, daß das schon möglich gewesen war, überzulaufen.

Na, dann muß man soviel Mut besitzen und das auch mal begründen. Ich habe ihnen dann erzählt, ich hätte damals an der Front ganz einfach Angst gehabt, daß die Russen mich sofort abknallen, wenn ich aus dem Graben alleine zu denen rüberlaufe. Wir Deutsche hatten in Rußland doch schon so viele Verbrechen begangen! Das habe ich versucht, den Leuten zu erklären. Aber das haute nicht so richtig hin, muß ich schon sagen. Denn diese Leute hatten ein anderes Format: Sie hatten in Spanien in vorderster Reihe gekämpft. Die hatten die richtige Uniform getragen – ich die falsche.

Aber ich konnte ja auch Positives erzählen: Ich hatte jahrelang, unter schwierigsten Bedingungen, politische Arbeit gemacht. Aber über die Härten in der russischen Gefangenschaft wollten sie gar nichts hören. Da haben sie sofort über die brutale Behandlung der russischen Kriegsgefangenen in deutscher Gefangenschaft losgelegt. In den Tagen trafen wir uns noch einige Male. Es waren gewaltige Aussprachen und Diskussionen. Aber alles blieb im Rahmen. Dafür kannten wir uns ja alle zu gut. Und wer weiß denn, was wir in jeweils umgekehrter Situation gemacht hätten? Die in meiner Lage? Und ich selbst? Wenn ich damals, 1934, bei meinem Fluchtversuch vom Standesamt, weggekommen wäre, ich wäre auch emigriert. Dann wäre ich wohl denselben Weg gegangen wie sie. Oder ich hätte dasselbe Schicksal gehabt wie die vielen deutschen Kommunisten, die unter Stalin umgebracht worden sind.

Rolf Hagge hab ich damals auch das erste Mal wiedergesehen. Rolf war zu der Zeit schon Polizeipräsident von Rostock. Wir fühlten uns seit unserer Kindheit verbunden. Denn zusammen mit seinem Bruder Fritz hatten wir in kommunistischen Organisationen gegen die Naziflut gekämpft. Von uns dreien war Rolf Hagge am meisten gesucht worden. Hätten sie den gekriegt, wäre er hingerichtet worden.

Das war ein ganz mutiger Mann, der hat zwei Jahre gekämpft in der Internationalen Brigade. In Spanien wurde er schwer verwundet und ist dann zurückgekehrt in die Sowjetunion. Später, während des Krieges, ist er in Schweden gewesen, bei der Widerstandsgruppe von Wollweber. Diese Gruppe verübte Sabotage an deutschen Schiffen. Aber dann ist er 1943 verhaftet und in Stockholm zu einer Zuchthausstrafe verurteilt worden. Nach dem Krieg war er wieder frei. Da ist er erst mal zurück nach Moskau gegangen, später in die DDR geholt worden. Dort hat er sich dann bei der Polizei eingereiht. Nach Hamburg wollte und konnte er nicht mehr zurück. Er war Geheimnisträger geworden.

Nu war ich natürlich sehr gespannt: Wie sieht der jetzt aus? Wie ist der geworden? Oh, das war dann aber eine Enttäuschung. Die stalinistische Erziehung hatte ihn im Griff: Er wollte mir nichts über seinen Lebenslauf erzählen! Ich sag zu ihm: «Nun erzähl doch mal 'n bißchen was von Schweden!» Machte der nicht. Da rennste gegen die Wand. Dabei waren wir doch große Jugendfreunde gewesen! Und er sollte ja auch mein Trauzeuge sein, war auch bei meinem Fluchtversuch dabeigewesen. Darüber haben wir dann gesprochen. Er erzählte von dem Schreck, den er damals bekommen hatte, als ich wegrannte. Aber jetzt konnten wir politisch nicht mehr reden. Da hatten wir uns dann auch sonst nichts mehr zu sagen. Ich war sehr enttäuscht über diese Begegnung. Es war traurig zu sehen, daß der Stalinismus sogar uralte Freunde, die für dieselbe Sache gekämpft haben, entfremdet. Der Stalinismus mit seinen Methoden ist so erdrückend gewesen. Er hat die Menschen im Sprechen und im Denken unterdrückt.

Damals, 1934, als Rolf Hagge emigrieren mußte, hatte er seine Verlobte Karla Stocks zurückgelassen. Sie war 20 Jahre alt und hochschwanger. Sie hat einen Sohn entbunden. Aus Rußland hat Hagge ihr geschrieben, aus Liebe, sie möchte doch rüberkommen und ihn heiraten. Bei der Gestapo wurde ein Ausreiseantrag gestellt. Der wurde dann genehmigt. Aber der Sohn durfte nicht mit! Der blieb dann bei seiner Großmutter in Eimsbüttel zurück.

Die Karla Stocks ist dann später in Rußland, wie viele deutsche Emigranten, in die Mühlen der Geheimpolizei NKWD geraten. Aber sie war gar nicht politisch geschult. Da haben sie ihr was vorgeworfen, und so wurde sie zu zehn Jahren Arbeitslager verurteilt! Die hat sie dann in Sibirien verbracht. Als Stalin 1953 starb, war sie noch immer in Gefangenschaft! Der Hagge wußte schon lange nicht mehr, wo sie war. Er wollte dann neu heiraten. Aber dafür mußte er seine Frau totsagen lassen. Hat er gemacht. Mitte

der fünfziger Jahre ist die Karla Stocks wieder zurückgekehrt. Nach den vielen Jahren im Gulag war sie kaputt.
Jetzt hatte Rolf Hagge zwei Frauen. Da mußte er sich entscheiden. Er hat sich für die jüngere entschieden. Wie ich
das hörte, war es für mich aus. Ich hab dann endgültig mit
ihm gebrochen.

Anläßlich des XX. Parteitages der KPdSU gab es 1956
für verdiente Genossen aus der Bundesrepublik eine Eh-
renfahrt nach Moskau. Ich war ja ein treuer, braver Partei-
mensch, und deshalb war ich auch dabei. Wir waren aber
keine Gastdelegierten, nahmen also an dem eigentlichen
Parteitag gar nicht teil. Auf diesem Parteitag hat
Chruschtschow seine berühmte Rede gehalten. Aber davon habe ich selber erst später erfahren. Denn die Partei-
tagsdelegierten wurden alle vorher eingeschworen: Was
wir hier jetzt bereden und beschließen, darf nicht an die
Öffentlichkeit. Denn jetzt hat Chruschtschow den Stalinismus angegriffen.

Unsere Delegation bestand aus etwa 200 Leuten aus der
ganzen Bundesrepublik. Mit dem Zug fuhren wir nach
Moskau. Das war eine aufregende Fahrt, denn in vielen
Orten der Sowjetunion wurden wir nicht freundlich empfangen. Der Krieg hat seine Spuren hinterlassen.

Ich war so drei, vier Tage in Moskau. Wir wohnten im
Hotel «Moskwa». Die ganze Zeit wurde vom staatlichen
Reiseunternehmen «Intourist» genau eingeteilt. Die lenk-
ten alles. Erst mal wurden Gruppen von 15 Leuten gebildet. Die mußten immer zusammenbleiben. Dann bekam
jede Gruppe eine Leiterin – das waren meistens Frauen von
der Universität, die perfekt Deutsch sprachen und die sich
große Mühe mit uns gaben.

An einem Tag wollte ich aber auch mal was anderes sehen. Zum Beispiel den Arbat. Das war ein Stadtteil, den gibt es heute noch. Und im Arbat waren viele kleine Cafés. Die Häuser sind noch so wie zur Zeit des Zaren, und dort sind immer viele junge Leute und Schriftsteller.

Ich war sofort in der Lage, auf russisch mit den Leuten in Kontakt zu kommen. Als ich sagte, daß ich einmal ein «Woenna plenji» – ein Kriegsgefangener – gewesen bin, waren sie ganz überrascht: «Was? Ein deutscher Kriegsgefangener, der kommt jetzt wieder her?!» Sie waren sehr interessiert. So hab ich mich mit vielen jungen Leuten unterhalten, darüber, was man kaufen kann, wie die Entwicklung ist in der Sowjetunion und in Deutschland. Also, man hatte viel schneller Kontakt als zum Beispiel in Hamburg.

Der Höhepunkt der Reise nach Moskau war der Besuch des Mausoleums. Unsere Leiterin führte uns morgens zum Roten Platz. Der ist riesig groß. Das Erstaunliche war nur, daß da eine Schlange von Menschen vor dem Mausoleum wartete, die war sicher einen Kilometer lang! Wie kann das bloß angehen? hab ich gedacht.

Als Lenin 1924 starb, haben sie ihn einbalsamiert und in dieses Gebäude gepackt. Aus ganz Rußland kamen sie seitdem nach Moskau und haben die ganze Nacht und den ganzen Tag in der Schlange gestanden, um Lenin – und nun auch Stalin – im Mausoleum zu sehen. Jahr um Jahr. Für uns ist das doch unvorstellbar.

Jetzt kommt unsere Leiterin mit unserer Gruppe an. Wir dürfen gleich vorne hin, obwohl die anderen die ganze Nacht gestanden haben. «Ja», sagt sie, «das ist eben für die Touristen aus dem Ausland.» Wir mußten uns zu zweit aufstellen. Da standen überall Uniformierte, die jeden kontrollierten. Und erst dann konnten wir reingehen. In unserer Gruppe waren auch Leute aus Bayern. Und die kamen doch tatsächlich mit ihrer kurzen Seppelhose an. Die wurden natürlich nicht reingelassen, das war ja nun auch ein bißchen taktlos.

Im Mausoleum war es düster. Einige wenige Lampen nur. Und dann geht man immer zu zweit einmal um die beiden Särge von Lenin und Stalin rum. Das dauert alles vielleicht drei oder vier Minuten – nicht länger. Man durfte auch nicht stehenbleiben.

Lenin und Stalin waren leichenblaß. Wie mein Eindruck war, als ich Stalin ins Gesicht schaute? Soll ich jetzt sagen, daß ich vor Rührung umgefallen bin? Nach meinen Erlebnissen in der Gefangenschaft? Aber ich kann auch nicht sagen, daß ich gar nicht gerührt war – das wäre auch falsch. Ich will mal so sagen: Es war gut, daß ich das gesehen hatte. Und bei dem Anblick Stalins hatte ich auch die stärkeren Gefühle. Aber voller Rührung war ich bestimmt nicht! Da war ja überhaupt so eine Art trauriger Stimmung. Die Einheimischen hatten alle Taschentücher und weinten. Ich war einfach noch nicht soweit. Meine persönliche Revolution kam erst Jahre später. Aber eines ist ganz klar: Wenn ich damals das gewußt hätte, was ich heute alles über Stalin und den Stalinismus weiß, hätte ich das Mausoleum nicht betreten! Das ist vielleicht die richtige Antwort.

KPD-Verbot und die Einsamkeit

Die KPD wurde 1956 verboten. Aber bis heute bin ich der Meinung, daß es ein Fehlgriff war. Weil die Kommunisten in der Nazizeit unsagbare Opfer getragen hatten. Allein in Hamburg hatte es über 1400 politische Todesurteile gegeben. Im Untersuchungsgefängnis sind 500 Menschen mit dem Beil hingerichtet worden. Der größte Teil waren Kommunisten. Daß diese Partei verboten wurde, das war nicht richtig.

Nun mußte sich der ganze Parteiapparat plötzlich einstellen auf die Illegalität. Es lebten nur noch wenige, die wußten, was man überhaupt unter illegaler und konspirativer Arbeit versteht. Ich gehörte zu denen, die aus ihrer eigenen Praxis die Genossen beraten konnten. Aus Pflichtgefühl stellte ich mich weiterhin in den Dienst der Partei. Praktisch wurde die Partei über Ostberlin angeleitet, die Führung hatte die SED. Ist doch logisch. Wir hier in Westdeutschland waren praktisch Erfüllungsgehilfen der SED. So hat der konspirative Parteiapparat in ganz Westdeutschland die nächsten Jahre weitergearbeitet.

Aber insgesamt waren es lautlose Jahre. Das ganze Parteileben war niedergedrückt. Die KPD konnte ja nicht mehr öffentlich auftreten. Die Parteizeitung und andere Presseorgane waren verboten. Zur Wahl durften wir uns nicht mehr stellen. Der sogenannte Verfassungsschutz hat ständig unsere Genossen und Genossinnen beobachtet und ausgehorcht. Spitzel wurden in den Parteiapparat eingeschleust, die dann an die Polizei Auskunft gaben. Da ist ja klar, daß die illegale Arbeit, die trotzdem gemacht wurde, immer zu gering war.

Die alles entscheidende Sache in Westdeutschland war die Durchführung des Wirtschaftswunders. Nichts anderes hat die Menschen interessiert. Die Menschen verhalten sich immer nach ihren Lebensbedingungen. Da kam die Partei mit ihren Möglichkeiten gar nicht mehr an sie ran.

Eine meiner Aufgaben in der Illegalität war, Arbeiterdelegationen in Hamburg zusammenzustellen. Die wurden dann zu Besuchen in die DDR geschickt und haben dort Kundgebungen mitgemacht und Betriebe besichtigt. Aber diese Aktivitäten der Partei sind im Laufe der Jahre immer weniger geworden. Viele wollten sich nicht der Gefahr aussetzen, daß sie verhaftet werden – Parteiarbeit war ja nicht ungefährlich, es sind einige aufgeflogen und wegen illegaler Arbeit zu Gefängnisstrafen verurteilt worden.

Arthur, ein Freund von mir, hatte eine führende Funktion in der illegalen Parteiorganisation. Er hat in Hamburg auf den Werften und im Hafen Betriebsarbeit gemacht und eine eigene Zeitung drucken und verteilen lassen. Jetzt sollte er verhaftet werden. Also mußte er untertauchen. Seine Frau, die von meiner Erfahrung mit konspirativer Arbeit wußte, rief mich an – ich soll ihn verstecken. Aber ich muß gleich dazu sagen: Konspirative Arbeit in der Bundesrepublik war ja gar nichts gegen die Widerstandsarbeit unter den Nazis. Ich selber hatte gar keinen Platz für Arthur, aber ich konnte ihn erst mal bei Genossen unterbringen. Das wurde dann schnell gefährlich, da mußte er das Versteck wechseln. Immer wieder fand sich ein weiterer Genosse, bei dem er unterkommen konnte.

Währenddessen habe ich meine Kontakte nach drüben genutzt, denn ich wußte, daß Arthur in die DDR geschleust werden mußte. Mit Funktionären von drüben traf ich eine Abmachung: Im Grenzgebiet im Harz, in einer Kleinstadt, sollte der Arthur an einem bestimmten Tag, zu einer bestimmten Uhrzeit – auf die Minute genau – auf einem kleinen Parkplatz, an einer bestimmten Stelle stehen. Da würde er abgeholt werden. Ich selber mußte ihn dorthin bringen. Dafür lieh ich mir einen VW Käfer. Wir fuhren also zusammen die 300 Kilometer in den Harz runter. Wir hielten in der Gegend, wo die Übergabe stattfinden sollte.

Dann marschierten wir vorsichtig zu der abgemachten Stelle. Pünktlich kamen wir an und stellten uns auf die Minute genau in Position. Sekunden vergingen, noch war niemand da. Eine Minute verging. Niemand erschien. Nach zwei Minuten – immer noch keiner da. Das war merkwürdig, denn es war klar: Konspirative Regeln müssen genau eingehalten werden! Nach drei Minuten war ich mir schon sicher, daß etwas schiefgelaufen ist. Wir sind dann wieder gegangen, es wäre zu gefährlich geworden. Arthur mußte erst mal in der Bundesrepublik bleiben.

Was war bloß geschehen? Auf der Rückfahrt nach Hamburg wurde mir plötzlich klar, welcher Fehler passiert war. Jemand hatte die konspirativen Regeln nicht genau eingehalten: Ich selbst! Denn – und das fiel mir dann erst wieder ein – ich hatte ja selbst mit denen abgemacht, daß an der bestimmten Stelle und Uhrzeit eine Person stehen würde. Eine Person! Oha, da habe ich aber einen ordentlichen Rüffel bekommen!

Mühsam wurde ein zweiter Termin vereinbart. Wieder fuhr ich Arthur in den Harz. Dieses Mal klappte es. Arthur lebte von nun an in der DDR. Es dauerte aber nicht lang, da bekam er Heimweh. Er wollte nun wieder zurück. Es verging kein halbes Jahr, da saß er wieder hier in Hamburg. Und drei Tage später hat die Polizei ihn verhaftet. Nach drei Monaten Gefängnis war er aber wieder frei.

In dieser Zeit der illegalen Parteiarbeit starb mein Vater. Das war 1960. Er war 73 Jahre alt. Er starb hier in der Wohnung. Er hat viel durchmachen müssen in seinem Leben. Zum Schluß war er wieder krank geworden. Rückenmark-Tbc. Meine Mutter pflegte ihn. Er pflegte seine Tauben. Er hat sie alle bis zum Schluß gehabt. Sie waren sein größtes Interesse. Ich mußte immer die Säcke mit dem Taubenfutter auf den Dachboden hochschleppen.

Meine Mutter hat es mit ihm nie leicht gehabt. Sie mußte durch ihn sehr viel Leid ertragen. Aber sie hat alles leise ertragen. Die letzten Tage seines Lebens lag er in dem kleinen Wohnzimmer auf dem Sofa. Als ich merkte, daß die letzten Minuten seines Lebens angebrochen waren, nahm ich ihn in meine Arme.

Nachdem mein Vater gestorben war, bin ich zu meiner Mutter gezogen – wieder zurück in die Wohnung, in die sie und ich Jahrzehnte vorher zusammen eingezogen waren. Wilma und ich hatten uns in Freundschaft getrennt, ich hatte noch keine eigene Wohnung, und ich wollte auch gerne wieder mit meiner Mutter zusammenleben. Ich hatte eine gute Arbeit, und so konnte ich alles für meine Mutter mitbezahlen. Sie wollte nicht mehr jeden Tag zur Arbeit gehen. Zuerst war das für sie ungewohnt. Bis dahin hatte es keinen Tag gegeben, an dem sie mal ganz frei gehabt hatte. Trotzdem bekam sie nur eine minimale Rente.

Jetzt hatte sie also Zeit. Da saß sie zu Hause und hat oft Kreuzworträtsel gelöst. Nun kam oft ihr Enkel Klaus, der Sohn meiner Schwester, die im Nachbarhaus wohnte, bei ihr vorbei. Manchmal kam er direkt aus der Schule und brachte seine Hausaufgaben mit. Da sagte sie zu ihm: «Na, was haben wir denn heute auf?» Ja, sie meinte tatsächlich: wir, denn sie machte seine Deutsch-Hausaufgaben. Das tat sie gerne, und in Grammatik war sie perfekt. Klaus nannte ihr Thema und Aufgabe, sie schrieb was dazu, und hinterher mußte er ihren Aufsatz abschreiben. Ein paar Tage später kam er dann mit einer Zensur zurück: «Guck mal, wir haben eine Zwei!» Nur ganz selten hat sie ihm eine Eins geschrieben, damit das nicht auffällt.

Und jetzt hatte sie endlich auch genug Zeit zum Lesen. Sie hatte viele Freundinnen. Oma Martha wurde sie von allen genannt. Sie war in der ganzen Straße bekannt. Wenn ihre Freundinnen zu Besuch waren, dann gingen sie rüber in ihr Zimmer und rauchten – meine Mutter war ja eine große Raucherin.

Ich war ja immer Nichtraucher. Wenn ich jetzt von der Arbeit kam und unten auf der Straße auf unser Haus zuging, dann wurde oben gewarnt: «Achtung! Er kommt!» Und dann wurde das Fenster weit aufgerissen. Das hab ich natürlich immer gesehen. Die hatten Angst, daß ich mich beschwere. Dabei hat mich der Rauch nie gestört. Heute mag ich es sogar gerne, wenn jemand raucht.

1968 wurde eine neue Kommunistische Partei geschaffen, die Deutsche Kommunistische Partei – DKP. Natürlich sind sie bei der Gründung auch an mich herangetreten. Sie wollten, daß ein Kommunist alter Schule bei ihnen mitmacht. Also habe ich mir die Parteizeitung besorgt und mir auch einige Veranstaltungen der DKP angeguckt.

Auf der Bühne sah ich eine neue Generation, aber die haben wieder die alten Phrasen gedroschen! Die DKP hatte jetzt ein anderes Programm, sie lehnte die Diktatur des Proletariats ab genauso wie die Taktik des Kommunistischen Manifests – also den Weg der Gewalt, um den Staat zu stürzen. Aber ich glaubte, daß das nur eine taktische Erklärung war. Mit diesen neuen Funktionären, die in der DDR im stalinistischen Sinne geschult worden waren, konnte man nicht sprechen. Ich war nicht einverstanden mit ihrem Standpunkt zur Sowjetunion und zum Stalinismus. Seit Chruschtschows Rede 1956 hatte sich die Tür ein klein wenig geöffnet. Seitdem waren stückweise Informationen über die Verbrechen Stalins durchgesickert.

Aber in der Partei wurde von oben her jede kritische Meinung unterdrückt. Die Partei hier im Westen sträubte sich gegen Aufklärung. Bei den Veranstaltungen hörte ich dieselben propagandistischen Schlagworte wie immer. Ich dachte, in dieser Partei blüht und gedeiht doch wieder der Stalinismus. Leider war ich damals selber noch nicht so weit, daß ich auf die Bühne gestiegen wäre und auf den Stalinismus geschimpft hätte. Das kam erst später. Aber in der Partei mitmachen – das kam für mich nicht in Frage. Ich hatte die Schnauze voll von Parteien.

In diesem Jahr starb meine Mutter. Auch sie in meinen Armen, hier in unserer Wohnung. Sie war 82 Jahre alt. Auf dem letzten Ende war ihr Augenlicht immer schwächer geworden. Sie hatte dann nicht mehr lesen können. Das hat sie belastet. Da habe ich ihr manchmal vorgelesen. Meine Mutter war ganz anders als ich. Ich bin immer impulsiv gewesen. Meine Mutter dagegen vertrat immer den Standpunkt: Erst einmal eine Nacht darüber schlafen! Sie war ihr Leben lang ein positiv denkender Mensch.

Die Rente und die Schreibmaschine

Jeder Mann hat in seinem Leben zwei große Epochen: das Berufsleben und das Rentnerleben. Die Umstellung ist für viele Menschen sehr schwer. Es gibt sogar welche, die tun jeden Morgen so, als gingen sie noch weiter zur Arbeit, damit die Nachbarn denken, die arbeiten noch. Die Leute werden mit ihrem Rentnerleben nicht fertig. Und so war das auch bei mir.

Es gibt einen bestimmten Lebensstreß bei jedem Menschen, der viel arbeitet. Bei mir war dieser Lebensstreß bis 1975: Ich war jahrelang morgens um fünf aufgestanden und zur Arbeit gegangen. Jeden Tag schwere Arbeit. Und eines Tages, mit 63 Jahren, holst du deine Sachen zusammen und reichst die Rente ein. Nun war auf einmal Schluß, ich saß da, und alles war vorbei.

Kurz zuvor hatte ich das zweite Mal geheiratet, Cecilie, die ich schon seit einigen Jahren kannte. Ich war also zu Hause nicht alleine. Aber aus dem Kreis der Arbeitenden, zu dem ich gehört hatte, fühlte ich mich rausgerissen. Zu der Zeit war dann auch noch meine politische Arbeit beendet. Da kriegte ich was mit dem Herzen. Meine Frau sagte gleich: «Du mußt zum Arzt!» Nicht weit von unserer Wohnung war ein Herzarzt, ein Kardiologe. Der hieß Dr. Schulz. So ein Arzt ist ja auch ein Psychologe. Als ich bei dem reinkomme, da sagt der: «Na, nun erzählen Sie mal – lassen Sie mal alles los!» Der hat lange mit mir gesprochen. Das mußte nun alles raus, was sich bei mir im Laufe der Jahre angesammelt hatte. Das habe ich ihm alles erzählt. Und er machte sich Notizen. «Wir wollen mal eine Untersuchung machen», hat er dann gesagt, und so wurde ich bei ihm generaluntersucht mit allem drum und dran. Auf dem Kardiogramm konnte er ganz genau meine Herz-Rhythmus-Störungen sehen. «Sie müssen vorsichtig sein!» meinte er nun. «Was heißt das denn?» – «Sie müssen jetzt die Hetze des Lebens wegschieben. Sie fallen sonst noch um und sind tot!»

Den Unterschied zwischen dem Lebensstreß und dem Rentnerstreß setzte mir Dr. Schulz wunderbar auseinander: «Man darf nicht so weitermachen wie bisher. Sie müssen Ihr Leben vollkommen umstellen. Betätigen Sie sich, das haben Sie Ihr Leben lang gemacht, und nun sitzen Sie in der Ecke und dösen. Das ist ganz falsch! Sie müssen was machen. Lesen zum Beispiel. Oder auch schreiben. Sie müssen das, was Sie mir erzählt haben, an andere Leute weitergeben. Sonst kratzt die ältere Generation ab, und die Jüngeren wissen von nichts.» Also, der Dr. Schulz, der hat mit seiner Rede bei mir wirklich eine Wandlung vollbracht. Und das kam dann so:

Als treuer und braver Parteifunktionär hatte ich in den Jahren nach dem Krieg natürlich immer unsere Parteipresse gelesen, obwohl ich nicht mit allen politischen Ansichten übereinstimmte. Nachdem die KPD und mit ihr alle unsere Presseorgane verboten worden waren, hingen wir in der Luft. Wo wurden denn nun die Interessen der Arbeiterschaft vertreten? Die SPD hatte bis auf den «Vorwärts» keine eigene Presse. Und von den demagogischen Sprüchen in der Presse der DDR hatte ich auch die Nase voll. Jetzt hatte ich mehr Zeit und hab breiter gelesen. Verschiedene Zeitungen. Ich suchte richtig nach einem Presseorgan, das meine Bildung erweitern konnte. Da bin ich auf die «Zeit» gekommen. Die war nicht politisch gebunden, und ich konnte meine Bildung auf vielen Gebieten etwas ausbauen.

Eines Tages wurde ich durch die «Zeit» aufmerksam auf einen deutschen Schriftsteller, den ich noch nicht kannte: Heinrich Böll. Sein Roman «Gruppenbild mit Dame», für den er den Nobelpreis bekommen hat, wurde dort besprochen. Daraufhin habe ich dieses Buch gekauft und dann angefangen, auch die anderen Bücher von Böll zu lesen. Ich war erschüttert von «Die verlorene Ehre der Katharina Blum» und von «Wo warst du, Adam?» Das würde ich als eines der besten Bücher der Antikriegsliteratur bezeichnen.

Also, dieses Buch, das war für mich ein ganz wichtiges Erlebnis. Da tat sich mir eine neue Welt auf. Ich wollte mit Heinrich Böll in Diskussion treten und ihm einen Brief schreiben. Handschriftlich ging das aber nicht, da war ich zu ungeübt. Denn in der Schule hatte ich die alte deutsche Schrift gelernt. Aber nach dem Krieg, noch im Lager, mußte ich mich an die lateinische Schrift anpassen. Seitdem mischte ich die lateinische und die altdeutsche Schrift. Das war falsch. Ich hatte nun schon einen ganzen Haufen Briefe auf diese Art geschrieben. Aber viele haben mir gesagt, daß sie Schwierigkeiten hätten, meine Schrift zu lesen – ob ich nicht eventuell mit einer Schreibmaschine schreiben könnte.

Also habe ich mir eine Schreibmaschine gekauft. Eine von Quelle. Das weiß ich noch wie heute: die war die billigste. Auf der habe ich dann geübt, mit zwei Fingern, und langsam, aber sicher mehr Fingerfertigkeit bekommen.

So, und dann habe ich eines Tages im Jahr 1980 Heinrich Böll einen sehr langen Brief geschrieben. Da habe ich alle seine Bücher ein klein wenig besprochen. Aber sehr kritisch. Was der wohl dabei gedacht hat? Ich erzählte auch aus meinem Leben und von meinem innerlichen Kampf um eine neue Weltanschauung.

Es dauerte eine Weile, dann schrieb er zurück: «Lieber Hellmann», steht da an einer Stelle, «schade, daß Sie nicht alles, was ich geschrieben habe, verstehen.» Es war ein wunderbar herzlicher Brief – den hatte er vom Krankenbett aus geschrieben. Danach war vor allem er es, der mir die Kraft gab, mit der Jugend zu sprechen, um ihnen zu erklären, warum sie gegen Krieg und Wiederaufrüstung sein müssen und warum sie sich für die Durchsetzung der Menschenrechte auf der ganzen Erde engagieren müssen.

Später habe ich ihm in vielen Briefen von meinen Erfahrungen mit der Jugend eines neuen, demokratischen Deutschlands erzählt. Meine Bekanntschaft mit Heinrich Böll dauerte bis zu seinem Tode. Er war ein ganz großer Mensch und eine überragende Persönlichkeit.

Böll bestärkte mich, auch anderen Personen des öffentlichen Lebens Briefe zu schreiben. So schrieb ich verschiedenen Schriftstellern, nachdem ich Bücher von ihnen gelesen hatte. Aber auch mit Journalisten, Professoren und Politikern habe ich Briefwechsel begonnen. Wenn ich beim Schreiben Schwierigkeiten in grammatischen Fragen hatte, habe ich meine Frau gerufen. Sie hat eine gute Schulausbildung gehabt. Für die Briefwechsel hat sie sich aber nicht so sehr interessiert. Mit ihr habe ich auch nicht politisch geredet. Dafür aber mit meiner Schwester! Die wollte dann auch immer gerne die Briefe lesen. Einige hat sie sich sogar kopiert und aufbewahrt.

Eines Tages bekam ich von Sepp Schnabel, dem Kapellmeister, ein Buch geschickt. «Das lies mal – was sagst du dazu?» Das Buch war von Helmut Gollwitzer. Gollwitzer war nach dem Krieg Pastor in Berlin-Dahlem. Als Offizier war er im Krieg bei Stalingrad gefangengenommen worden und in das Lager 20 bei Moskau gekommen. Er mußte dort alles mögliche durchmachen. Und nach seiner Rückkehr schrieb er ein Buch: «Meine Erlebnisse in russischer Gefangenschaft».

Ich war entsetzt von dem Buch, weil er alles nur schwer kritisierte. Das war doch nur ein Offizierslager bei Moskau – mit erhöhter Verpflegung! Da habe ich ihm einen langen Brief geschrieben nach Berlin. Ich fragte ihn, ob er das geringste Verständnis davon hat, was es bedeutet, in einem Gefangenenlager im Ural oder in Sibirien zu sein. Er schrieb mir einen netten Brief zurück. Er dachte jetzt anders. Er hatte das Buch in den fünfziger Jahren geschrieben, und nun kam ich mit meiner Kritik in den Achtzigern. Inzwischen war er ein aktiver Friedenspastor geworden. Zwischen uns entstand durch diesen Briefwechsel eine langjährige Freundschaft.

Die Bücher und die Abkehr

Es ist möglich, sich auf autodidaktischem Wege zu bilden. Ich muß oft an den Satz meiner Mutter denken, den sie uns Kindern immer wieder sagte: «Ihr müßt lesen, lesen, lesen!» Sie selbst lebte uns das vor, in jeder der wenigen freien Minuten in ihrem Leben hat sie gelesen. Und so machten meine Schwester und ich das auch. Gertrud hat ebenso viele Bücher wie ich. Sie ist eine belesene Arbeiterfrau. Ich selbst hatte in meinem Arbeitsleben sehr wenig freie Zeit. Aber nun als Rentner wurde das Lesen zu meiner größten Beschäftigung und das Sammeln von Büchern zum Hobby.

Ich habe Bücher von Autoren aus der ganzen Welt, aus allen sozialen Kreisen. Mein großer Liebling der deutschen klassischen Autoren ist Heinrich Heine. Von ihm habe ich alles gelesen. Beim «Wintermärchen» bleibe ich immer wieder hängen. Ich schätze aber auch Hermann Hesse und Thomas Mann. Die «Buddenbrooks» sollte man kennen. Kafka ist sehr schwierig für mich. Aber ich versuche es immer wieder. Wenn ich traurig bin, dann lese ich Goethe. Andere nehmen die Bibel, ich nehme lieber Goethe. Er hat wunderbare Sprüche über das Leben geschrieben.

In diesen ersten Jahren als Rentner las ich zum ersten

Mal Bücher deutscher Schriftsteller, die Deutschland in der Nazizeit hatten verlassen müssen: Willi Bredels «Die Prüfung» über die Schrecken des Konzentrationslagers Fuhlsbüttel, «Das siebte Kreuz» von Anna Seghers und Alfred Döblins «Berlin Alexanderplatz». Die Bücher von Arnold und Stefan Zweig und noch viele andere.

Ich habe natürlich auch viele Bücher über Hitler und den Nationalsozialismus gelesen. Darunter waren auch viele Biographien. Ich war erschüttert darüber, was Menschen alles durchmachen mußten. «Der SS-Staat» von Eugen Kogon, «Der lautlose Aufstand» von Günther Weissenborn und «Opposition gegen Hitler» von Ulrich Cartarius haben mich besonders bewegt.

Nun habe ich manchmal sogar ganze Nächte lang gelesen. Die sozialkritische Literatur der Amerikaner, Franzosen und Engländer interessierte mich. Aber ganz schwach bin ich immer geblieben beim Lesen von Dramen. Viele Male habe ich bei Shakespeare reingeschaut, aber meine Intelligenz reicht nicht dazu.

Natürlich habe ich auch viele russische Klassiker gelesen – nicht nur Marx und Lenin. Vor allem Tolstoi, Dostojewski und Puschkin. «Krieg und Frieden» von Tolstoi ist zu einem der wichtigsten Bücher in meinem ganzen Leben geworden. Es ist der Leitfaden für einen Pazifisten. Jeder junge Mensch müßte es lesen. Warum? Ich meine «Nie wieder Krieg» sollte ein Gedanke jedes jungen Menschen sein. Krieg ist das Schlimmste, was es auf Erden gibt. Die Schlußfolgerung in Tolstois Buch ist, daß man seine ganze Kraft einsetzen muß, um den Frieden zu erhalten. Man muß, kurz gesagt, Pazifist werden. Es ist sehr schwer, den Pazifismus zu verwirklichen, aber es ist wichtig zu verstehen, daß es um den Willen zum Frieden geht.

Auch ein anderes Buch von Tolstoi schätze ich sehr: «Anna Karenina». Ich wüßte nicht, wo noch anderswo so ein wunderbarer Liebesroman geschrieben worden ist. Und immer mit einer sittlichen Kritik, weil nämlich in der russischen Geschichte die Männer dominierend gewesen sind. Die Frauen mußten unterm Zaren um ihre Befreiung kämpfen, und da hat Tolstoi mit diesem Buch einen Hebel angesetzt.

In den siebziger Jahren begann durch das viele Lesen aber auch ein sehr einschneidender und schmerzhafter Einschnitt in meinem Leben: die endgültige Abkehr vom Stalinismus. Ich fing an, Bücher über Stalins Verbrechen zu lesen. Das erste war von Margarete Buber-Neumann, die jahrelang im Gulag war und 1940 mit tausend anderen von Stalin an Hitler ausgeliefert worden war und bis zum Kriegsende in Ravensbrück interniert war «Als Gefangene bei Stalin und Hitler». Das erschütterndste Buch war für mich Karlo Stajner: «7000 Tage in Sibirien». Die Dornenkrone des Stalinismus und das Versagen der stalinistischen Weltanschauung zeigte Solschenizyns «Archipel Gulag». Viele Nächte konnte ich nicht schlafen, so erschüttert war ich darüber.

Von Buch zu Buch – am Ende waren es ungefähr 100 – brach jetzt meine stalinistische Weltanschauung zusammen. Endgültig! Mir wurde klar: Ich war 40 Jahre meines Lebens einen falschen Weg gegangen!

Als ich selber die Welt des Gulags betreten hatte, war ich nach wie vor ein deutscher Kommunist, ein überzeugter Sozialist gewesen. In meinem Herzen war noch die Begeisterung der Jugendideale vorhanden. Ich glaubte fest an den großen Sieger Stalin und seine glorreiche Kommunistische Partei. Stalin war in meinen Augen der große Meister

218

und Vater – eine Überfigur. Ich war der festen Meinung, daß der Genosse Stalin von den Untaten, welche in seinem Namen geschehen sind, nichts wußte. Vor allem nicht von den Verbrechen an seiner eigenen Bevölkerung.

Aber ich bekam eine neue Erkenntnis: Man muß absolut trennen zwischen Sozialismus und Stalinismus. Es sind zwei völlig verschiedene Gesellschaftsordnungen. Der Sozialismus ist eine Utopie und ein Traum der Armen dieser Erde. Er ist nur mit Liebe, Glaube und Hoffnung zu verwirklichen. Heute denke ich, daß nur eine evolutionäre Entwicklung zum Sozialismus führt. Stalinismus aber bedeutete alle Macht in einer einzigen Hand. Niemand außer Stalin hat soviel getan, um den Sozialismus zu diskreditieren. Die sozialistische Weltbewegung hat durch ihn einen vernichtenden Schlag erlitten, von dem sie sich nicht erholt hat und wohl nicht erholen wird.

Wie Hitler hat auch Stalin Millionen von unschuldigen Menschen aus allen Bevölkerungsschichten umgebracht. In all den Jahren der Stalinzeit wurden Menschen umgebracht oder in die eisigen Lager des Nordens und des Ostens verbannt. Heute weiß ich, daß bis 1937 schon circa 18 Millionen Menschen in die Todeslager verbannt worden waren. Davon wurden circa 10 Millionen umgebracht. 1937–38 wurden nochmals sieben Millionen Menschen verhaftet und verschwanden in den Lagern. Darunter eine Million frühere Parteimitglieder! Man schätzt heute, daß die sowjetische Geheimpolizei in dieser Zeit circa 700 000 Erschießungen durchgeführt hat. Niemand hat so viele Kommunisten auf dem Gewissen wie Stalin selber. Ich denke oft an die vielen Genossen und Freunde, die mit dem Ruf «Es lebe Stalin!» ihr eigenes Leben gelassen haben.

Und ich finde es unfaßbar, daß die sowjetische Armee

im Frieden mehr Offiziere verloren hat als im späteren Krieg. 1937 sind der Marschall der Roten Armee Tuchatschewski und sechs ihrer höchsten Offiziere verhaftet und hingerichtet worden. In den folgenden drei Jahren erlitten weitere 50000 Offiziere der Roten Armee dasselbe Schicksal, und 50000 kamen in die Zwangsarbeitslager, wo die meisten starben. In der Stalinepoche von 1922 bis 1953 sind scheußlichste und blutigste Verbrechen begangen worden. Sie war ein Produkt des Leninismus. Es war der falsche Weg der Revolution und der Gewalt.

Für mich begann das lange und schwere Umdenken. Bei der Verwirklichung einer neuen Weltanschauung haben mir besonders Bücher von einem großen russischen Schriftsteller geholfen: Lew Kopelew. Ich habe alles, was er geschrieben hat, gelesen und stand über zehn Jahre, bis zu seinem Tod, mit ihm im Briefwechsel. Kopelew hatte selber zehn Jahre in Stalins Gulag verbracht und ist 1981 aus der damaligen Sowjetunion ausgebürgert worden. Kopelew ist für mich ein einmalig kluger Mensch. Einmal fragte er mich sinngemäß, wie ich zum Sozialismus stehe. Und da legte ich ihm ausführlich dar, daß ich den Sozialismus als Utopie betrachte, nicht ablehne, sondern nur für sehr schwierig zu verwirklichen halte. Ich denke, wir waren einer Meinung. Und dabei kann ich diesem hochgebildeten Mann ja eigentlich nicht das Wasser reichen.

Ich bin heute der Meinung, daß wenn die Freiheit der Andersdenkenden nicht zugelassen wird und freies Denken und Sprechen nicht erlaubt ist, man keine neue Gesellschaftsordnung aufbauen kann. «Freiheit ist immer die Freiheit der Andersdenkenden.» Das sind die Worte von Rosa Luxemburg. Nur mit Hilfe von Kritik und vor allem von Selbstkritik gibt es eine Vorwärtsentwicklung. Das kann man nicht schaffen, wenn man bloß von der Verwirklichung von Idealen und Utopien träumt. In parlamentarischen, demokratischen Auseinandersetzungen kann man einen Konsens finden. Das Parlament ist die Kampfstätte um Reformen und Veränderungen. Natürlich sind auch Bürgerbewegungen, oft auch Demonstrationen notwendig. Aber das muß alles gewaltfrei geschehen, das ist meine Überzeugung.

Die Gräfin und die Gesellschaft

Ich habe in der «Zeit» natürlich viele Artikel von Marion Gräfin Dönhoff gelesen. Mit denen war ich meistens einverstanden. 1984 las ich einen ihrer Leitartikel. Mit dem war ich aber gar nicht einverstanden. Da hab ich mich an meine Schreibmaschine gesetzt und ihr einen kritischen Brief geschrieben und auch ein bißchen aus meinem Leben erzählt. Und vier Tage später hatte ich schon eine Antwort! Ich hatte gar nicht erwartet, daß sie überhaupt auf meine Kritik eingeht. Aber es war ein sehr netter Brief.

Also allgemein war in den Arbeiterkreisen eine ablehnende Haltung gegenüber dem Adel. Die haben gelacht, wenn ich das Wort «Gräfin» sagte. Und meine Meinung zu den Adelskreisen war auch negativ, weil ich vieles gelesen hatte über die Geschichte des Deutschen Reiches von Bismarck 1871 bis zum Ausbruch des Ersten Weltkrieges. Da hat der deutsche Adel viel Schlechtes angerichtet in den Hirnen der Menschen. Ich lehnte den deutschen Adel ab. Absolut.

Dann lud sie mich zum Kaffee in ihr Büro ein. Im Pressehaus habe ich vorsichtshalber schon am Empfang gefragt: «Wie muß ich denn die Gräfin ansprechen?» Sie haben alle gesagt: «Man sagt hier nur: Gräfin.» So, dann haben die wohl nach oben gemeldet, daß ich da bin. Dann kam schon Frau Brauer, ihre Sekretärin, und hat mich abgeholt. Wir sind zusammen in den Aufzug gestiegen und in den obersten Stock gefahren. Ich bin dann zu ihr reingerauscht, mit Krawatte und Bügelfalte, und habe eine kleine Verbeugung gemacht – wenn meine Kumpanen von früher das gesehen hätten, sie hätten fürchterlich gelächelt …

Dann saß ich ihr gegenüber. Na ja, wir haben uns gut unterhalten. Sie stellt ja gerne Fragen, und schwierige Fragen. Ich habe auch versucht, alle zu beantworten. Ich konnte es gar nicht glauben: ein Mensch aus diesen Kreisen, der redet jetzt mit dir als kleiner Arbeiter. Und diese Frau spricht mit dir auch über allgemeine kleine Fragen. Und sie spricht mit dir in einer verständlichen Sprache! Ich war vorher immer der Meinung, der Adel hätte eine eigene Sprache. Aber die Gräfin spricht auch die Sprache der kleinen Leute. Sie kann sich artikulieren vor Wissenschaftlern, aber auch vor Arbeitern. Das ist die Kunst ihrer Sprache. Sie war sehr interessiert an meinem Leben und an meiner politischen Einstellung. Und ich stellte immer wieder fest, daß wir in vielen politischen Dingen Gemeinsamkeiten hatten.

Und dann sagt die Gräfin: «Herr Hellmann, ich wollte jetzt nach Hause, soll ich Sie ein Stück mitnehmen?» Ich hab das gar nicht genau verstanden. Jedenfalls sind wir dann beide gemeinsam abmarschiert. So, nu stehen wir im Fahrstuhl, fahren runter, und beim Ausgang steigt sie gar nicht aus. Ich sag: «Wo wollen Sie denn hin?» – «Ja, ich muß doch runter in die Tiefgarage», sagt sie. «Was? Fahren Sie denn noch Auto?!» Also, da war ich ja von den Socken. Ich mußte dann aber raus zu meiner Frau, die saß bei Karstadt um die Ecke beim Kaffee und hat auf mich gewartet.

Ich war überrascht oder besser gesagt begeistert von dieser Frau. Aber ich konnte das bei Menschen, die kommunistisch angehaucht waren, nicht populär machen. «Mit solch einer Person kommt man nicht zusammen!» haben die gesagt. Ich hab die Gräfin dann verteidigt: ihre Bildung, ihr Einfühlungsvermögen und ihre Ausdrucksweise. Das habe ich dann zu ihren Gunsten gesagt. Da konnten sie nichts drauf sagen.

Im Verlaufe der nächsten Jahre haben die Gräfin Dönhoff und ich einen großen Briefwechsel geführt. Sie gewann mein politisches Vertrauen. Ich habe zu vielen politischen Problemen gegenüber sehr unterschiedlichen Menschen schriftlich Stellung genommen. Davon schickte ich immer einen Abzug an sie. Und auf jeden meiner Briefe habe ich eine Antwort bekommen. Bis heute.

Soweit ich das übersehe, hat die Gräfin irgendwann gedacht: Diesen Vogel, den müssen wir mal einfangen und ihm Raum in der Presse geben. Na ja, und dann komme ich eines Tages wieder zu ihr hin, und da sagte sie zu mir: «Herr Hellmann, sind Sie einverstanden, wenn wir einiges über Ihr Leben in der ‹Zeit› veröffentlichen?» Ich sag: «Selbstverständlich!» Ja, und dann kam Dr. Janßen zu mir in die Wohnung. Ich hatte schon vieles von ihm gelesen. Der ist ja ein sehr guter Journalist. Er saß dann hier und hat sich mein Leben angehört und alles aufgeschrieben. Jetzt hatte ich aber vorher mit der Gräfin abgemacht: Das Manuskript, das möchte ich lesen, bevor es veröffentlicht wird. Und sie steht zu ihrem Wort. Da hab ich das Manuskript bekommen.

So, da war ich aber gar nicht einverstanden. Und dann habe ich zu ihr gesagt: «So wie der Janßen das geschrieben hat, geht das nicht!» – «So?!» hat sie denn gesagt. «Ja, dann kommen Sie doch in mein Büro, Herr Janßen ist dann auch anwesend, und dann können wir alles korrigieren.» Ich komm jetzt hin, Janßen ist nicht da. Er konnte nicht. Ich setzte mich hin, und dann hörte sich die Gräfin an, was ich zu kritisieren hatte. Etwas später sagt sie plötzlich ganz ruhig: «Also, hören Sie mal zu: Ich bin ja nicht neugierig, aber was haben Sie denn da bloß alles in Ihrer Tasche?» Ich hatte zehn Bücher in der Tasche! Schwer war das! Ich wollte doch mit ihr und Janßen sprechen über meinen Lebenslauf. Da kann ich einige Sachen aber nur erklären, wenn ich die Bücher dabei habe. Ich sag also zu ihr: «Ich denke, hier ist eine große Diskussion! Deshalb habe ich die Bücher mitgebracht.» Da hat sie gelacht.

Und dann, es sind einige Tage vergangen, saß der Janßen wieder bei mir in der Wohnung. Vier Stunden hat der Janßen sich Zeit genommen. Na ja, und dann ist der Artikel veröffentlicht worden. Ich hab ja nicht geahnt, was da alles daraus entsteht: ein gewaltiger Briefwechsel. Mir haben über hundert Menschen geschrieben, aus ganz Deutschland. Damit war ich mindestens ein Jahr lang beschäftigt. Es waren sogar zwei Bibeln dabei. Und drei böse Briefe von Neonazis: «Verräter eines neuen Deutschlands» und so was.

Jugend und Alter

Mit dem Lesen und Schreiben war ich jetzt also sehr beschäftigt. Aber ich hatte immer die Warnung meines Kardiologen Dr. Schulz im Kopf, daß die junge Generation nichts über unsere Vergangenheit weiß, wenn unsere Generation abkratzt, ohne zu der Jugend gesprochen zu haben. Auch Böll hatte mich in dem Gedanken bestärkt. Also habe ich zu mir gesagt: Du mußt jetzt zu den jungen Leuten gehen, am besten in eine Schulklasse! Nun habe ich also keine politische Propaganda mehr gemacht, sondern Aufklärung für die Jugend. Damit hat sich als Rentner nun mein Leben radikal verändert.

Mein erster Besuch in einer Schule kam so: Ich lernte eine Lehrerin, Frau Dörsam, kennen, die auch den «Zeit»-Artikel gelesen hatte. Sie fragte mich, ob ich in ihrer Klasse sprechen könnte. Als ich dann vor den Schülern saß, habe ich gleich zu denen gesagt: «Ihr müßt Fragen stellen, ist ganz egal, was für Fragen!»

Ich nehme mir zwar ganz bestimmte Dinge vor, die ich erzählen will, aber es sollte auch eine freie Diskussion geben. Denn jeder hat ja seine eigenen Fragen. Und die fragten sehr viel. «Welche Länder hat Hitler denn im Krieg besetzt?» Das habe ich ihnen genau erklärt. Auch die wenigen Ausnahmen – zum Beispiel Schweden. Aber Schweden hat hinter der Tür doch zu Nazideutschland gehalten, denn sie hatten Verträge über Eisenerzlieferungen. Das war auch der Grund, warum die Nazis nicht militärisch nach Schweden reingingen. Als ich das zum Beispiel erzählte, da waren sie alle erstaunt. Das wußten sie nicht.

Und die Schüler fragten weiter: «Was ist Rassentheorie? Erzählen Sie mal!» Da habe ich ihnen erklärt, was ich unter Rassentheorie verstehe. Zum Glück hatte ich das Heft mit, das man damals brauchte für eine Eheschließung. Ab 1938 hatte jeder in Deutschland, der heiraten wollte, den Nachweis zu erbringen, daß er nicht von Juden abstammt. Alle! Viele Leute behaupten heute: «Das stimmt nicht!» Aber ich hab zu denen gesagt: «Fragt mal eure Großeltern, wenn sie noch leben.» Dann ging mein Heft von Hand zu Hand. Und ich erzählte von den «Rassegesetzen» von 1935, und daß jeder, der danach mit einer jüdischen Frau schlief, mit der Todesstrafe rechnen konnte. So war das.

Auch nach der Zeit des Widerstandes fragten sie. Vom militärischen Widerstand des 20. Juli 1944 hatten sie schon gehört. Den mußte ich dann genau erörtern. Dann mußte ich erst mal den Unterschied erklären zwischen dem Widerstand der Offiziere und dem Widerstand der Kommunisten. Und dabei war ich ja nur ein kleines Licht gewesen. Ich möchte mich ja nicht als Held darstellen, sondern ich möchte nur erzählen, wie es war und wie viele Menschen gestorben sind. Das klingt unfaßbar: 70 Menschen haben die Nazis hier in Hamburg umgebracht, als sie die Bästlein-Gruppe aufgerollt haben. Das war was ganz Neues für die meisten. Es ist schon traurig, daß viele zwar vom militärischen Widerstand, aber nichts über den kommunistischen Widerstand während der Nazizeit wissen. Denn schließlich haben die Kommunisten die größten Opfer im Widerstand gebracht.

In der Pause kam ein junges Mädchen zu mir und erzählte, sie hätte im Unterricht über die «Euthanasie» und auch über die spätere Judenvernichtung gehört. Da dachte ich: Menschenskinder, du mußt unbedingt auf die Juden eingehend zu sprechen kommen. Nach der Pause machte ich das dann: «Nun wollen wir das mal konkret feststellen. Nehmt das alle mit nach Hause und sagt das später auch euern Kindern: die Vernichtung der Juden, das war kein Kriegsverbrechen. Sondern die Vernichtung von Millionen von Menschen aus Deutschland und vielen anderen Ländern, das war ein Verbrechen gegen die Menschlichkeit, gegen die Ethik und Moral aller Menschen.»

Das muß man den jungen Leuten alles klarlegen. Ich habe dann auch erzählt von der sogenannten Wannseekonferenz Anfang 1942, wo der Plan besprochen wurde zur Vernichtung der europäischen Juden. Ab da wurden auch in Hamburg die Juden lautlos abgeholt und deportiert. Mensch, ich hatte gar nicht genug Zeit, um das alles genau zu berichten – aber das hat sie sehr interessiert.

Zur «Euthanasie» konnte ich ihnen einen Fall aus meiner Familie erzählen: Eine Tante von mir hatte eine Tochter, die hieß Hanne, die war geistig ein bißchen zurückgeblieben. Hanne wurde nur zehn Jahre alt, das hat die Kinder sehr bedrückt. Am 1. September 1939 kam Hitlers schriftlicher Befehl zur Massentötung von geistig kranken Menschen. Jetzt haben sie auch die geistig kranken Kinder zur «besonderen Behandlung» abgeholt aus den Anstalten und aus den Familien. Aus allen Familien. Da war zum ersten Mal das ganze Volk berührt. Die kamen zu Ärzten, die sie einfach abgespritzt haben. Dann bekamen die Familien Briefe: Ihre Tochter ist an Lungenentzündung verstorben, oder: Ihr Sohn konnte leider nicht mehr gerettet werden. Da stand natürlich nicht im Brief: Der Arzt hat Ihr Kind abgespritzt. Aber in Wirklichkeit war das so gewesen.

Und dann hat sich eine stille Propaganda, also von Mund zu Mund, in Deutschland rumgesprochen, die bringen uns die Kinder um. Da gab es die erste große Unruhe in der Bevölkerung. Dann haben sie das wieder abgebrochen. Man schätzt, daß in den zwei Jahren 100 000 Menschen umgebracht worden sind. Darunter etwa 3000 Kinder!

Einmal hat auch ein Schüler nach den Zigeunern gefragt. Da habe ich denen erst mal gesagt, daß die eigentlich Sinti und Roma heißen. Sie lebten in Deutschland ja schon seit dem 15. Jahrhundert. In Eimsbüttel wohnte ganz in unserer Nähe eine Sintifamilie. In meinem Freundeskreis haben wir einen aus dieser Familie aufgenommen. Er war bei allen sehr beliebt. Und er hatte eine wunderschöne Schwester. Sie gehörten beide zu unserer Gruppe.

Plötzlich – von heute auf morgen – war die Familie verschwunden! Sie waren über Nacht von der Gestapo abgeholt worden. Alle außer dem Mädchen. Einer aus unserer Gruppe war mit ihr befreundet. Der hat dann versucht, sie zu verstecken. Das war schwer, denn nun war sie praktisch vogelfrei. Es ging auch nicht lange gut. Etwa drei Monate nachdem sie ihre Familie abgeholt hatten, verhaftete die Gestapo sie.

Auf Anweisung von Hitler waren Zigeuner, genau wie die Juden, zu «Ungeziefer» erklärt worden. Alle Zigeuner in Deutschland und im besetzten Europa wurden ausgerottet. Sie kamen in die Lager, und viele wurden auch in Auschwitz vergast. In der Zeit von 1941 bis 1943 wurden fast 500 000 Zigeuner vergast. Ich traf einmal einen Auschwitz-Überlebenden und habe mich lange mit ihm unterhalten. Natürlich fragten die Kinder in der Schulklasse, ob das schöne Mädchen überlebt hätte. Da mußte ich denen sagen, daß ich unseren Freund und seine Schwester nie wiedergesehen habe.

Wenn das Gespräch in den Schulen auf Auschwitz und

die Ermordung der Juden kommt, werde ich oft gefragt: «Ja, Herr Hellmann, waren Sie denn selber schon mal da?» Ist doch logisch, daß sie das fragen. «Nee, ich war nicht da», mußte ich dann früher immer sagen, obwohl ich ja interessiert daran war, selber mal Auschwitz zu sehen.

Es hat lange gedauert, bis ich schließlich dorthin reiste. 79 Jahre war ich alt. Und das kam so: Das große Ziel meiner Lehrerin in Tostedt ist der Friede mit dem polnischen Volk. Sie nahm schon vor langen Jahren Verbindung auf mit einem polnischen Gymnasium. Kopernicus-Gymnasium heißt das. Seitdem ist jedes Jahr eine Delegation aus Polen in Tostedt und eine aus Tostedt in Polen. Dafür hat meine Lehrerin auch schon einen Preis bekommen von der polnischen Regierung. Eines Tages, als wieder eine Delegation Schüler nach Polen fahren sollte, fragte mich der Schulleiter: «Sie können, wenn Sie wollen, mit der Schulklasse fahren. Wollen Sie?» – «Gerne!» habe ich gesagt.

Für mich war das alles aufregend, muß ich ehrlich sagen. Ich hatte schon viele Male über Auschwitz gesprochen. Und ich brachte dorthin auch die Erinnerung an den SS-Mann in der Kriegsgefangenschaft mit, der mir von den grauenhaften Verbrechen erzählt hatte. Als ich das richtig alles vor mir sah, war ich erschüttert. Du stehst vor dem großen Eingangstor, und dann der Spruch: «Arbeit macht frei». Man hört das immer, aber so richtig vorstellen kann man es sich nicht.

Ein polnischer Überlebender hat uns durch die Gedenkstätte geführt. Zuerst machten wir einen Rundgang durch einige Baracken. Die jugendlichen Schüler waren alle so erschrocken, bis in die Seele. Einige sind weinend aus den Baracken rausgerannt. Dann gehst du zu den Brillenbergen – das sind so viele, die passen bei mir nicht in die Stube rein – und Kinderschuhe. Dann kommen die Säcke mit den Haaren. Das ist der Anfang. Und der Mann erzählt immer weiter. Das kann doch gar nicht angehen, denkst du immer. Schließlich waren wir auch an der Totenmauer, an der so viele Menschen erschossen worden sind.

Später sind wir in Birkenau gewesen, das war ein Außenlager von Auschwitz. Birkenau liegt einige Kilometer weg vom Hauptlager. Es ist ein großer Unterschied zwischen beiden Lagern. In Auschwitz wurden die Häftlinge alle registriert in den Büchern, bekamen eine Nummer eintätowiert auf dem Arm. Aber Birkenau war viel größer, hier kamen die Züge an der Rampe an. Unser Pole hat mit uns an dem Platz gestanden, wo Mengele die Selektion durchführte: Aus den Zügen kamen die Frauen und Kinder weiter zur «Entlausung». Die wurden nicht registriert, sondern gleich vergast. Das wußte ich vorher nicht. Bei den Männern haben sie erst noch die Kräftigen rausgesucht, und die wurden in den Industrieanlagen, zum Beispiel von der IG Farben, zur Arbeit gezwungen. Wenn sie sich kaputtgearbeitet hatten, gingen sie alle den gleichen Weg in den Tod. Man konnte aber nicht mehr alles sehen, weil die Nazis am Schluß vieles hochgesprengt hatten.

Was ich nie vergessen werde, ist, als wir mit der ganzen Klasse oben in einem der Wachtürme standen. Und unser Führer, der immer so monoton, so ruhig sprach. Er berichtete von den größten Grausamkeiten, die unten geschehen sind. Da haben wir gestanden – fassungslos. Als wir wieder zurück waren, haben die Kinder gesagt, daß sie das nie wieder vergessen werden.

In dieser und auch in anderen Schulen habe ich noch oft gesprochen. Alle meine Erfahrungen sagen mir, daß unsere Jugend nicht genug informiert ist. Über die Zeit des Nationalsozialismus wird zu wenig unterrichtet. Ich bin immer erstaunt, daß die Jugend sehr wenig weiß. Dann habe ich auch mal die Lehrerin gefragt. «Ja, was soll man bei nur sechs Unterrichtsstunden zu dem Thema denn auch machen?» sagte sie.

Ich habe mir angewöhnt, gegen Ende eines Besuches bei einer Schulklasse zu fragen: «Sagt mal ehrlich und hebt die Hand hoch – wer kennt das fünfte Gebot?» Da melden sich nur wenige, die meisten wissen das nicht. Ich frage das nicht aus böser Absicht, sondern weil ich persönlich der Meinung bin, daß das fünfte Gebot «Du sollst nicht töten» sehr wichtig ist. Gerade jetzt, zum Schluß meines Lebens, sind mir die christlichen Gebote wieder wichtig geworden. 1994 ist meine Frau gestorben. Im selben Jahr bin ich in die Kirche eingetreten. Das heißt: Ich bin wieder eingetreten – nach 60 Jahren! Warum? Die Wandlungen einer Weltanschauung sind nicht einfach zu erklären, und für mich bedeuteten sie viele Jahre bittere Erkenntnis.

Meine Mutter galt mir mein Leben lang als großes Vorbild. Mir und meiner Schwester hat sie viel aus der Bibel vorgelesen und uns immer wieder erinnert, daß man vorleben muß, was man predigt. Sie selbst hielt sich streng an die zehn Gebote. Das fünfte Gebot lag ihr nach dem Ersten Weltkrieg ganz besonders am Herzen. Der Gedanke «Nie wieder Krieg» wurde also früh in mich hineingelegt.

Ich war fünfzehn Jahre alt, als ich konfirmiert wurde. Nur wenige Wochen später begann meine Lehre als Schiffszimmermann. Aufgrund meiner sozialen Herkunft und meiner neuen Umgebung auf der Werft, mit den schwierigen Arbeitsverhältnissen, war mein weiterer Lebensweg zum Kommunisten prädestiniert. Alle meine Lehrgesellen waren gewerkschaftlich organisiert, und so fanden sie es selbstverständlich, daß auch ich Mitglied der Gewerkschaft werden sollte.

Von Sozialismus oder Kommunismus hatte ich damals noch gar keine Ahnung. Aber dann ging das los: Ich lernte den ökonomischen Kampf zur Verbesserung der Lebenslage der Arbeiterschaft kennen und war bald auch selbst aktiv daran beteiligt. Ich wurde nun kommunistisch und stalinistisch erzogen und geformt. Das bedeutete die unbedingte Anerkennung der Unfehlbarkeit der Partei. Sie hat immer recht. Jede Kritik wird ausgeschaltet. Es gilt die unbedingte Treue zur UdSSR. Auf unseren Versammlungen und Kundgebungen sangen wir begeistert Lieder über das Land unserer Träume: die Sowjetunion. Und wir liebten und verehrten Stalin.

Wir lernten nichts über den Glauben, sondern wir lernten über die nackte Erfahrung der deutschen Arbeiterklasse der letzten hundert Jahre. Mir öffnete sich eine neue Welt. Ich betrat den Weg eines geschulten Kommunisten und kam dadurch von der christlichen Lehre meiner Mutter ab. Ich war bereit, den revolutionären Weg zu gehen. Den Weg der Gewalt. Das war der Grundfehler meines neuen Denkens.

Zunächst blieb ich aber noch Mitglied der Kirche. Aber als ich eines Tages, im Jahre 34, nach den schrecklichen Erlebnissen in Fuhlsbüttel, mit meiner Mutter hier in Eimsbüttel in die Apostelkirche ging, saßen vor uns SA-Männer in Uniform. Und nach der Predigt wurde auch noch dem Führer Adolf Hitler gedacht! Die Kirche ging nicht konform mit den christlichen Werten. Nach dem Besuch in der Kirche hab ich gleich zu meiner Mutter gesagt: «Ich trete aus!» Und das habe ich dann auch gemacht.

Der Krieg führte mich in die Kriegsgefangenschaft, ins

«Paradies der Arbeiter» und in die Wirklichkeit des Stalinismus. In diesen Jahren ist meine Seele sehr schwer erschüttert worden. Ich hatte Zweifel, aber ich habe innerlich keinen Schlußstrich gezogen, denn ich glaubte ja noch, daß Stalin von den Verbrechen in seinem Land, vor allem gegen das eigene Volk, nichts wußte.

Endlich wieder zu Hause, hatte ich aber noch nicht die Kraft, mit meinen kommunistischen Freunden und Parteigenossen, von denen nur so wenige die Hitlerzeit überlebt hatten, über meinen Zweifel am Stalinismus zu sprechen. Was sollte ich auch meiner Familie und meinen Genossen erzählen? Geschichten über den Gulag wollten sie nicht hören, und wenn ich doch etwas erzählt hätte, hätten sie es natürlich nicht geglaubt und mich als Arbeiterverräter beschimpft. Ich wollte nicht meine letzten Freunde verlieren. Es war zwecklos. Ich blieb stumm.

Nach Stalins Tod 1953 und nachdem Chruschtschow die Türen der Gulags geöffnet hatte und viele Millionen von Strafgefangenen still in ihre Familien zurückkamen, verbreitete sich langsam die Kunde von den schrecklichen Verbrechen der sowjetischen Geheimpolizei. Die Jahre vergingen, aber die alten Genossen wollten die neuen Informationen über Stalins Herrschaft nicht glauben. Wenn ich denen eines meiner vielen Bücher über Stalinismus zum Lesen empfahl, wurde ich von ihnen beschimpft: «Du bist ein Arbeiterverräter!» Aber mir selber war jetzt klar: Ich hatte 40 Jahre meines Lebens für eine falsche Ideologie gekämpft! Es war der falsche Weg der Gewalt gewesen.

Ich meine, daß man seine ganze Kraft für den Frieden und gegen Gewalt einsetzen muß. Der letzte Weltkrieg hat 52 Millionen Menschen das Leben gekostet. Er hat furchtbare Leiden über die Völker gebracht. Deswegen muß man sich auch immer darum bemühen, die Jugend aufzuklären, damit der Gedanke «Nie wieder Krieg» früh in sie reingelegt wird. Deshalb spreche ich immer wieder zu den jungen Menschen darüber, wie furchtbar der Krieg ist und wie wunderschön der Frieden sein kann.

Nach dem Tod meiner Frau, vor drei Jahren, sind meine Schwester und ich ein bißchen näher zusammengerückt. Sie lebte schon einige Jahre allein, hier in derselben Straße, nur zwei Häuser weiter. Ich ging jetzt morgens zum Frühstück, zum Mittagessen und zum Abendbrot zu ihr rüber. Ich habe für uns eingekauft, und sie hat wunderbar gekocht. Meine Schwester war immer die geistige Gefährtin in meinem Leben. Mit ihr konnte ich sprechen. Nicht nur politisch. Wir sprachen über das Leben, über unsere Familie und die Eltern. Und besonders gern erinnerten wir uns an unsere Mutter.

Heute, im hohen Alter, bin ich zu den Weisheiten meiner Mutter zurückgekehrt. Und zu ihrem Glauben an die zehn Gebote. Jetzt, zum Schluß, weiß ich, daß sie doch die stärkste Kraft in meinem Leben gewesen ist. Es ist schön, wenn man so gute Erinnerungen hat. Wenn ich große Sorgen habe, dann geh ich noch heute zu ihrem Grab. Da spreche ich mit ihr. Und dann krieg ich auch eine Antwort.

«Also, Frau Gräfin,
ich will Sie ja nicht kritisieren,
aber ...»

Tönnies Hellmann im Gespräch
mit Marion Gräfin Dönhoff

Viele Male hat Tönnies Hellmann Marion Gräfin Dönhoff
in ihrem Büro besucht. Das erste Mal vor etwa zwölf Jahren. Und sie hat ihn zu sich nach Hause eingeladen. Heute
ist das erste Mal, daß «die Gräfin» Hellmann in seiner
Wohnung besuchen wird. Wir haben beide gebeten, miteinander zu diskutieren.

Hellmann ist etwas nervös. «Die Gräfin muß aber auf
meinem Platz sitzen», sagt Hellmann und schaut sich um,
wo er sich statt dessen hinsetzen könnte. – «Warum muß
sie denn auf Ihrem Platz sitzen, sie kann doch auch hier auf
dem Sofa sitzen.» – «Nein, nein, mein Stuhl ist doch der
schönste hier ...»

Punkt 18 Uhr: Es klingelt. «Schön haben Sie es hier»,
sagt Marion Dönhoff, nachdem sie Hellmann freundlich
begrüßt und zugleich einen schnellen Blick vom Gang aus
in die beiden kleinen Zimmer geworfen hat. Er: «Das ist
aber nur eine einfache Arbeiterwohnung.» – Sie: «Eine
einfache Arbeiterwohnung?! Eine einfache Arbeiterwohnung habe ich mir aber ganz anders vorgestellt. Diese
schönen Bilder, die vielen Bücher ...»

Die Sektflasche steht in der Küche, vier Gläser stehen
schon auf dem Wohnzimmertisch. «Und so schöne Gläser!» – «Die hab ich von meiner Schwester geholt, die hat
sie extra noch mal gewischt!»

Marion Dönhoff kramt in ihrer Tasche: «Ah, hier ist es ... Ich habe zwei Geschenke mitgebracht, eins für den Geist.» Sie gibt Hellmann ein Buch. «... und eins für den Leib.» Die Rotweinflasche behält sie in der Hand. «Soll ich sie gleich in die Küche bringen?» Herr Hellmann stellt sie erst einmal zur Seite.

Die Gräfin steuert auf das Sofa zu. «Darf ich mich hierhin setzen?» – «Sie können auch auf meinem Platz sitzen, der ist schöner.» Sie sitzt aber schon. «Hier finde ich es sehr schön.» Das Gespräch kann beginnen.

Marion Dönhoff: Es gibt ja wenige Menschen, die soviel erlebt haben wie Sie. Was denken Sie, wenn es nicht Stalin gewesen wäre, der nach Lenin folgte, hätte man die ganzen Schrecken des Stalinismus vermeiden können?

Tönnies Hellmann: In der materialistischen Philosophie heißt es ja, daß die Welt eine gesetzmäßige Entwicklung ist.

Dönhoff: Das ist eine marxistische Vorstellung: Geschichte ist ein Prozeß, der im Feudalismus begann und der irgendwann in der klassenlosen Gesellschaft endet.

Hellmann: Das sagen Sie?

Dönhoff: Ja ... aber Sie können ja widersprechen!

Hellmann: Nee, das tue ich aber nicht.

Dönhoff: Es wird aber erst interessant, wenn Sie widersprechen!

Hellmann: Natürlich wäre ohne Stalin eine andere Entwicklung gekommen. Aber der Weg zum Stalinismus als System hat sich doch so entwickelt!

Dönhoff: Ja, aber hat sich eben unter Stalin entwickelt. Das bringt mich auf die Frage, die so interessant ist: Was heißt eigentlich gesetzmäßig? Machen Männer Geschichte, oder wird die Geschichte von Männern gemacht?

Hellmann: Ach, jetzt geht das los!

Dönhoff: Ja, da genau gehört das hin, in dieses Kapitel.

Hellmann: Also, ich vertrete den Standpunkt, daß Geschichte Männer macht und nicht Männer Geschichte. Das ist die große Streitfrage der Philosophen – nach wie vor: Der eine sagt, die Idee war das Primäre und der andere sagt, die Materie.

Dönhoff: Und was würden Sie sagen, wenn Adolf Hitler 1917 nicht verwundet worden, sondern gefallen wäre? Was wäre dann passiert? Nach meiner Meinung hätten wir ein autoritäres Regime gekriegt, so wie Italien, Spanien, Polen – aber niemals einen Nationalsozialismus. Und dann hätte es wahrscheinlich keinen Zweiten Weltkrieg gegeben und Deutschland wäre nicht geteilt worden.

Hellmann: Ist das Ihre Meinung?

Dönhoff: Ja, das ist meine Meinung.

Hellmann: Ich meine, daß jeder Krieg ökonomische Ursachen hat.

Dönhoff: Aber wenn der Hitler nicht an der Spitze gestanden hätte, mit diesem Mythos und dieser merkwürdigen Kraft, das Volk zu hypnotisieren, dann wäre das ganz anders gegangen.

Hellmann: Die Überzeugung der Kommunisten war im Gegensatz dazu immer: Indem mit individueller Gewalt zum Beispiel eine hochstehende Persönlichkeit durch eine Bombe vernichtet wird, ändert sich trotzdem nichts am System. Bis zum Attentatsversuch der Offiziere vom 20. Juli 1944 gibt es jedenfalls innerhalb der kommunistischen Widerstandsbewegung keinen Fall, wo mit Gewalt etwas verändert werden sollte.

Dönhoff: Ja, dann glauben Sie, wenn das Attentat gelungen wäre, wäre das alles so weitergegangen? Glauben Sie nicht, nachdem halb Deutschland zerstört war, Millionen Tote – hätten die Leute das empfunden als eine große Erleichterung? Alle Schlüsselstellungen wären besetzt gewesen mit Gegnern.

Hellmann: Das sind aber schwierige Fragen, das muß ich jetzt mal ehrlich sagen! Natürlich wäre nicht alles so weitergegangen. Nur: Es war zu der Zeit ja auch schon jahrelang Krieg. Und die Stimmung unter den Menschen hatte sich verändert. Viele schimpften zu der Zeit doch schon auf Hitler ...

Dönhoff: Ja, das stimmt.

Hellmann: 1944 war aber eben eine ganz andere Haltung in der Bevölkerung als 1933. Als Hitler an die Macht kam, war bei vielen Kritikern die Stimmung vertreten: Laß sie erst mal abwirtschaften.

Dönhoff: Sie haben recht: Wenn am Anfang ein Attentat gelungen wäre, hätten die Leute gesagt: *Der* hätte uns den Krieg gewonnen, oder *der* hätte den Krieg vermieden oder die Arbeitslosigkeit schneller beseitigt – da wäre wahrscheinlich viel Widerspruch gewesen.

Hellmann: Wie kann es denn angehen, daß sich 1933 Millionen von Menschen für Hitler entschieden – bei einer freien Wahl?

Dönhoff: Also, wissen Sie, Sie haben dazu eine Theorie und ich auch. Ich sage immer: Das, was den Hitler vollkommen unschlagbar gemacht hat, war die Kombination von Terror und Erfolg. Die Erfolge wurden groß herausgepustet, im Radio und in den Zeitungen. Und der Terror, der überall die Leute einschüchterte, über den kein Mensch reden durfte. Wer aus dem KZ kam – das wissen Sie viel besser als ich –, der durfte natürlich nie sagen, was ihm dort passiert war. Das Volk war verzweifelt bei sechs Millionen Arbeitslosen nach dem ersten verlorenen Weltkrieg. Und dann kommt da einer und erklärt: Ich werde alles ändern! Darauf sind sie alle reingefallen.

Hellmann: Ich persönlich lehne aus meiner langjährigen Überzeugung heraus den individuellen, persönlichen Terror absolut ab! Auch weil man mit Personen kein System beseitigt. Nehmen Sie doch das Beispiel der RAF: Ihr Ziel war, in Deutschland einen Umsturz durchzuführen. Die Attentate auf Schleyer und andere Persönlichkeiten, die sie hinstellten als Repräsentanten des Kapitalismus. Doch wenn man diese Leute jetzt beseitigt, hat man den Kapitalismus noch lange nicht zerstört. Es wird sofort ein neuer Herr Schleyer dort stehen. Und die Geschichte hat bewiesen, daß diese Leute mit ihrem Terror vollkommen im Unrecht gewesen sind.

Dönhoff: Gut, aber die hatten sich etwas vorgenommen, was nicht gehen konnte. In einem geordneten Rechtsstaat, mit Polizei und soldatischen Kräften, konnte nicht ein Bündel von Spinnern das System stürzen. Das war einfach unsinnig. 1944 jedenfalls, wenn das Attentat gelungen wäre, wäre der Nazismus beseitigt worden. Daran besteht gar kein Zweifel!

Hellmann: Also, jeder hat seine Meinung, Sie und ich auch.

Dönhoff: Ja, ja, das ist ja gut – deswegen reden wir ja miteinander. Wir wollen ja nicht einer den anderen überzeugen! Nur müssen Sie mir noch eine Sache erklären:

Wenn Sie sagen, die Geschichte vollzieht sich sozusagen von selbst, egal wer jeweils an der Spitze ist, wohin tendiert denn die Geschichte?

Hellmann: Meinen Sie heute?

Dönhoff: Die Geschichte überhaupt. Wenn Sie sagen, die Geschichte macht Männer, dann frage ich ...

Hellmann: Also, Frau Gräfin, ich will Sie ja nicht kritisieren, aber Sie haben doch auch von Darwin etwas mitgekriegt?!

Dönhoff: Ja, natürlich, aber ...

Hellmann: Die Evolutionstheorie von Darwin ist doch ein Beweis dafür, daß die Menschen und Tiere sich der Umgebung angepaßt haben.

Dönhoff: Also, ich finde den Darwinismus sehr primitiv, muß ich Ihnen sagen, deswegen hat für mich seine Theorie keine Beweiskraft. Nee, mich würde interessieren: Wie vollzieht sich Geschichte, unabhängig davon, wer an der Spitze ist?

Hellmann: Also, ich bin nach wie vor der Meinung, daß die Umgebung der Menschen und der Gang der Geschichte miteinander verbunden sind. Und die jeweilige Umgebung drängt die Geschichte zu einer bestimmten Situation. Es ist nicht das Bewußtsein des Menschen, was das Sein bestimmt, sondern umgekehrt: Das gesellschaftliche Sein bestimmt das Bewußtsein – das ist der berühmte Satz von Karl Marx! Ich finde, die Armen müssen sich nicht den Reichen anpassen, sondern die Reichen den Armen.

Dönhoff: Ja, das wäre schön ...

Hellmann: Also kommt das doch von unten her!

Dönhoff: Also, ich bestätige nicht die Theorie, sondern ich sage nur, es wäre schön, wenn es so wäre. Ich finde es ganz schrecklich, in einer Gesellschaft zu leben, wo die Reichen immer reicher und die Armen immer ärmer werden.

Hellmann: Sie sind da eine Ausnahme.

Dönhoff: Mag sein, weiß ich nicht ... Also sehen Sie mal: Peter der Große hat doch zweifellos dieses Rußland ganz stark verändert. Als ein Mensch, nicht weil die Geschichte das wollte. Also, ich denke, Männer machen Geschichte und Geschichte macht Männer; das kann man nicht alternativ sehen.

Hellmann: Na, und nicht nur Männer, es gibt auch Frauen.

Dönhoff: Nee ... ich wüßte keine.

Hellmann: Katharina die Große nicht?

Dönhoff: Ja ... gut.

Hellmann: Na, da müssen Sie schon einschränken.

Dönhoff: Sind aber nicht so viele ... Herr Hellmann, mich würde interessieren: Können Sie sich eine sozialistische Gesellschaft heute noch vorstellen?

Hellmann: Also, wenn man ein Träumer ist, dann wird man sagen: Der Sozialismus wird kommen. Aber mein ganzes Sinnen und Trachten heute ist eingestellt auf Gewaltlosigkeit, ich möchte keine Diskussion über stalinistische Politik, weil ich die konsequent ablehne. Ich glaube auch nicht mehr an die klassenlose Gesellschaft als Endzustand – aus dem Grunde, weil das Streben nach Profit das Primäre beim Menschen ist.

Dönhoff: Nicht zu allen Epochen, aber zu unserer im Kapitalismus ganz bestimmt. Herr Hellmann, wo ist Ihnen eigentlich klargeworden, daß der Stalinismus nicht so ist, wie der Sozialismus sein sollte? An was wurde Ihnen das klar?

Hellmann: Lew Kopelew hat diese Frage beantwortet. Es hat bei ihm selbst Jahre gedauert, obwohl er zehn Jahre im Gulag gewesen ist. 1956 wurde unsere Partei verboten. Später, in den siebziger Jahren, habe ich das erste Buch gekauft, das den Stalinismus kritisiert: «Marschroute des Lebens» von Frau Ginsburg. Danach habe ich über hundert Bücher zum Stalinismus gelesen. Da bin ich endgültig vom Stalinismus weggekommen. Das war sehr, sehr schwierig.

Dönhoff: Aber als Sie aus Rußland kamen, da waren Ihnen doch schon allerhand Fragen gekommen.

Hellmann: Aber Frau Gräfin, in Deutschland haben die Leute früher gesagt: Wenn das der Führer wüßte ... Und genauso war es bei Stalin. Wir glaubten nicht daran, daß Stalin etwas von den Verbrechen in seinem Land wußte. Wenn ein Mann wie Kopelew sich erst 1960 löst, dann kann man von mir doch nicht mehr verlangen!

Dönhoff (lacht): Nein, ich habe auch nicht gedacht, daß es früher hätte passieren sollen. Eine Frage, die mich beschäftigt: Der Sozialismus ist durch Stalin so pervertiert worden, daß er einfach zusammengebrochen ist. Ich schreibe manchmal – und ernte dann von gewissen Leuten viel Mißfallen: Wenn der Kapitalismus so entfesselt weitermacht, dann kann ich mir gut vorstellen, daß er in ein paar Jahren ebenso zusammenbricht wie der Sozialismus. Und ich frage mich: Was kann man eigentlich retten von beidem? Nicht, daß ich an einen dritten Weg glaube – aber es muß doch möglich sein, daß man vom Sozialismus wiederauferstehen läßt, was richtig war, ohne diese Verderbnis.

Hellmann: Selbstverständlich. Aber die Zeit muß arbeiten. Solange das linke Lager zusammenbricht, wie gerade zur Zeit, ist es ungeheuer schwierig, mit ihnen kritisch zu sprechen. Wenn ich Ihnen erzähle, was mir mit denen passiert ist, deren Genosse ich früher einmal war. Die haben mich nicht mehr gegrüßt auf der Straße – Freunde haben sich von mir abgewendet, haben mich als Verräter bezeichnet – nur weil ich eine andere Meinung hatte als sie.

Dönhoff: Ich habe 1989 einen Leitartikel geschrieben, in dem habe ich gesagt: Dieselben Leute, die über Karl Marx gelacht haben, weil er das Ende der Geschichte – die klassenlose Gesellschaft – prophezeite, sagen heute selber das Ende der Geschichte voraus, weil sie finden, daß es schöner als mit Marktwirtschaft und Demokratie nicht werden kann. Aber ich denke, es gibt kein Ende der Geschichte. Das ist einfach Blödsinn. Es war damals falsch und ist heute auch falsch.

Hellmann: Auf der anderen Seite hat die soziale Marktwirtschaft den Frieden in Europa bisher gefestigt.

Dönhoff: Ich glaube aber, da gibt es keinen einzelnen Grund, sondern viele verschiedene Gründe, warum sich der Frieden bisher erhalten hat. Herr Hellmann, glauben eigentlich die Leute, die Sie heute schneiden, die früheren Genossen aus der Kommunistischen Partei, noch immer an Stalin?

Hellmann: Der harte Kern absolut!

Dönhoff: Das ist doch eigentlich erstaunlich, nicht?

Hellmann: Früher war ich manchmal auf DKP-Versammlungen hier in Hamburg. Und da waren viele Veteranen. In der Diskussion war freie Aussprache. Und bei meinem letzten Besuch, da legte ich los über die Auswirkungen des Stalinismus in der Welt! Na, und nach zehn Minuten wurde mir das Wort entzogen ...

Dönhoff (lacht): Erstaunlich, nicht?

Hellmann: Ist nicht erstaunlich – man konnte mit den Leuten nicht sprechen. Das ist eine Tragödie! Denn da waren wirklich wertvolle Leute unter! Ich hab einen guten Freund gehabt. Zwölf Jahre war der Mann im Zuchthaus gewesen. Und ich bin bei ihm in den siebziger Jahren. Und ich sag: «Hör mal zu. Lies mal dieses Buch hier!» Das war nämlich das Buch von Ginsburg. So, und dann hat er mir das wiedergegeben und gesagt: «Tut mir leid, das ist alles Lüge und Verleumdung!» Und dann haben wir uns getrennt. Waren dicke Freunde gewesen über viele Jahre.

Dönhoff: Es ist doch wirklich sehr merkwürdig, daß Menschen die Realität und die Theorie nicht auseinanderhalten können.

Hellmann: Und ich gelte bei denen als Verräter! Tut mir in der Seele leid.

Dönhoff: Sagen Sie mal: Was denken Sie denn über die PDS? Sollte man versuchen, die zu integrieren oder zu spalten? Oder soll man sagen: Wir wollen mit denen nichts zu tun haben?

Hellmann: Da ist aber noch der sogenannte harte Kern, die haben noch nicht erkannt, daß das Wesen der menschlichen Gemeinschaft die Demokratie ist.

Dönhoff: Ich denke nur, daß es verkehrt ist, die gesamte PDS in die Ecke zu stellen, einen großen Zaun drum zu machen und zu sagen: Wir spielen nicht mehr mit euch, ihr seid Bösewichte. Denn man könnte bestimmt diejenigen, die man zu Demokraten machen könnte, da rauslösen, wenn man nicht so stur sagen würde: Mit denen sprechen wir nicht!

Hellmann: Ja. Also, die Politik der CDU – die roten Sokken, das war falsch! Die haben dadurch die Leute hingetrieben zur PDS.

Dönhoff: Ja, je mehr sie von uns weggestoßen werden, um so mehr Stimmen bekommen sie.

Hellmann: Das gesellschaftliche Sein hier ist sehr gut, und die PDS hat hier nur wenig Zulauf. Man muß drüben die Verhältnisse ändern und bessern.

Dönhoff: Dauert bloß lange, vermutlich.

Dönhoff: Sie sind doch einer der wenigen Menschen, der nach enormem Engagement zweimal seinen Glauben gewechselt hat. Das erste Mal, den christlichen, den Sie von ihrer Mutter übernommen haben, und das nächste Mal, als Sie eingesehen haben, daß das mit dem Stalinismus nicht geht. Jetzt frage ich mich – wenn man das überhaupt vergleichen kann –, was war schwieriger: Der erste Wechsel oder der zweite?

Hellmann: Glaube ist das, was ein Mensch in sich hat. Meine Mutter war eine sehr gläubige Frau. Und sie erzog ihre Kinder zu gläubigen Christen. Ich habe in der Gefangenschaft erlebt, daß Menschen, die einen Gottglauben hatten, leichter und ruhiger gestorben sind. Den Glauben habe ich bei alldem, was ich durchgemacht habe, nie ganz verloren. Aber er war in den Hintergrund gegangen, weil ich Ungerechtigkeiten erlebt habe, die zum Himmel schreien.

Dönhoff: Und den Glauben an den Kommunismus, das war ja auch eine Verheißung, daß endlich eine Gesellschaft kommt, die gerecht ist. Den Glauben zu verlassen, war das nicht schwer?

Hellmann: Nicht so schwer wie den Glauben der christlichen Kirche.

Dönhoff: Sie sagen selber, den hätten Sie nie verlassen.

Hellmann: Ich war lange nicht Mitglied der Kirche.

Dönhoff: Ja, das meine ich nicht. Sondern zu wissen: da oben sitzt einer.

Hellmann: Aber nicht einer mit 'nem Rauschebart, sondern der Glaube an die Unendlichkeit und die Gesetze des Christentums. Die Gesetze, die zum Beispiel in der Bergpredigt zum Ausdruck kommen, die Zehn Gebote. Gegen das fünfte Gebot wird doch ständig gesündigt!

Dönhoff: Ja, gegen alle Gebote. Sie haben im letzten Brief geschrieben, daß Sie aus der Kirche ausgetreten sind, unter anderem, weil Hitler mit der katholischen Kirche in Rom das Konkordat abgeschlossen hat. Ich frage mich: Da es doch sicherlich ein gravierender Entschluß war, aus der Kirche auszutreten – schon wegen Ihrer Mutter, was fanden Sie am Nationalsozialismus am schlimmsten?

Hellmann: Also, ich will mich nicht als Held hinstellen, aber ich bin wegen meiner Widerstandsarbeit durch die Gestapo gefoltert worden. Dann habe ich unterschreiben müssen bei der Gestapo, daß ich nicht gefoltert worden bin. Mußte ich unterschreiben! Und wenn ich entlassen werde und spreche doch darüber, dann komme ich gleich wieder ins KZ.

Dönhoff: Da haben Sie doch ganz offensichtlich und sehr richtig, wie ich denke, gesagt: Wenn die Kirche mit einem solchen Verbrecher einen Vertrag macht, dann will ich mit der Kirche nichts mehr zu tun haben.

Hellmann: Ja, das stimmt. Es wurden hier in diesem Stadtteil mindestens vierhundert aus unseren Reihen abgeholt. Die wurden alle gefoltert! Es sind hier Morde passiert – in Wohnungen, auf den Straßen. Man kann sich das nicht vorstellen! Und die Kirche sagt kein Wort!

Und ich gehe eines Tages mit meiner Mutter in die Kirche. Wir sitzen beide, und vor uns sitzen zwei SA-Männer, von dem einen war ich einmal zusammengeschlagen worden. Die sitzen in SA-Uniform in der Kirche! Und nach der Predigt wurde noch ein Gebet auf Adolf Hitler verrichtet. Das war der letzte entscheidende Punkt.

Dönhoff: Das verstehe ich wirklich gut. Die Kirche hat ja auch kein Wort gesagt zu den Judenverfolgungen!

Hellmann: Gar nichts! Die Kirche hatte hier in Hamburg 1933 zehntausend junge Mitglieder. Die kirchliche Jugend. So, und die wurden nun alle sang- und klanglos der HJ angeschlossen! Die Kirche hat nicht protestiert, daß die Jungen in die HJ müssen. Ich glaub, «Reichsbischof» Müller hieß der Mann.

Dönhoff: Ja, ja, «ReiBi» Müller!

Hellmann: Ja? Guck, das wissen Sie auch! So, und der Mann hat den Befehl rausgegeben, daß alle Jungen, die in der Kirche sind, morgen automatisch der HJ angegliedert werden.

Dönhoff: Mich würde noch sehr interessieren, welche Rolle Ihre Familie in Ihrem Leben gespielt hat. Sie sind ja innerhalb einer Großfamilie aufgewachsen.

Hellmann: Unsere Familie war wie viele türkische Familien heute: Die Familie hält zusammen. Sie helfen sich alle gegenseitig. Und aufgrund der wirtschaftlichen Lage war es ganz selbstverständlich, daß die Familie zusammenhält. Und die Großmutter hatte immer die geistige Oberaufsicht. In meinem Leben haben immer Frauen ein bißchen dirigiert.

Dönhoff: Die Familie war eine große Stärke. Bei uns in Ostpreußen auch. Alle hielten zusammen.

Hellmann: Heute ist das anders. Auch hier im Haus. Das

sind sehr viele Einzelbewohner in einer Wohnung. Auch Frauen.

Dönhoff: Da sind dann die Männer weg, und die sind mit ihren Kindern allein, oder?

Hellmann: Nein, nein! Alles junge Frauen, die studieren und so. Nur eine der Frauen hier im Haus hat ein Kind. Nur eins. Mein Nachbarskind. Das kommt manchmal rüber.

Dönhoff: Ein Kind auf 20 Wohnungen?

Hellmann: Auf 20. Und hier waren früher mal zwischen 25 und 27 Kinder. Und wenn in so einem Haus so viele Kinder sind, die laufen alle durcheinander in allen Wohnungen, dann ist Liebe unter den Bewohnern. Ich hab's im Laufe der Jahre alles erlebt: Die Familien, die helfen sich alle gegenseitig. So war das immer gewesen, früher.

Dönhoff: Ja, ja! Die CDU, die spricht doch immer von der Familie als dem Kern des ganzen politischen Lebens. Da sage ich immer: Was ihr dauernd von Familie redet, die Kinder kommen in den Kindergarten, die Alten kommen ins Altersheim, und in der Mitte lassen sie sich scheiden! Also wo ist denn euer Familienleben?! Das gibt es eben gar nicht mehr. Und das ist auch mit ein Grund für die zunehmende Verwilderung in der Gesellschaft. Da sind wir sicher einer Meinung.

Hellmann: Ja, das ist so.

Dönhoff: Ich glaube eben nicht, daß der Mensch von sich aus zivilisiert ist, und deswegen ist auch die zivilisierte Gesellschaft nicht einfach da, sondern das ist ein Zivilisationsprozeß: Toleranz, Liberalismus, das muß alles gelernt werden. Und das lernten die Kinder früher. Das fing in der Familie an, dann kam die Schule und dann kam die Gesellschaft. Heute laufen sie doch auf der Straße rum, und eigentlich kümmert sich auch keiner so richtig um sie. Und der Kapitalismus tut das Seine dazu, weil dieser Kapitalismus nicht gezähmt ist, sondern alles entfesselt. Das Wesen des Kapitalismus ist der Wettstreit. Und der Motor des Wettstreits ist der Egoismus: *Ich* muß mehr verdienen, damit *ich* überlebe! Ich glaube eben, es muß uns klarwerden, und zwar wirklich jedem Bürger klarwerden, daß man nicht einfach nur sagen kann: Ich. Herr Hellmann, was glauben Sie, welche Bedeutung hat der Widerstand von damals für die Gesellschaft von heute? Warum ist es wichtig, an ihn zu erinnern?

Hellmann: Die Jugend muß Vorbilder haben – in irgendeiner Form. Sie selber sind unter allen Frauen, die ich kenne, ein menschliches Vorbild. Man kann auch männliche Vorbilder haben. Aber wenn man gar keine hat, dann ist 'ne Menge weg. Widerstand muß sein, aber nur ohne Gewalt! Also Protest auf jeden Fall, Organisation auf jeden Fall. Aber niemals mit Gewalt!

Dönhoff: Ja, ich würde mich dem anschließen. Im Rechtsstaat, der die Möglichkeit gibt, auf rechtliche Weise, durch Demonstrationen, Bürgerbewegungen, Briefe an die Regierung und so weiter, Protest zu äußern, da ist Gewalt nun wirklich vollkommen fehl am Platze. Wenn natürlich eine Sache so weit gediehen ist, wie seinerzeit in den letzten Jahren der Weimarer Republik, wo sie rechts und links immer radikaler wurden, immer größer und allmählich die Mitte aufgefressen haben, so daß nur noch die Kommunisten und die Nazis da waren, da ist es dann allerdings schwierig, ohne Gewalt. Aber im Rechtsstaat brauche ich keinen Widerstand, der zu Attentatsplänen führt.

Hellmann: Da sind wir uns einig.

Nachwort

Kennengelernt haben wir Tönnies Hellmann 1994. Als er im folgenden Jahr in einem Seminar an der Universität Hamburg zu Gast war, sprach er dort als Zeitzeuge vor allem über die Zeit des Nationalsozialismus: über die Verfolgung als Mitglied der KPD ebenso wie über seinen aktiven Widerstand in der Bästlein-Gruppe. Die Begegnung mit diesem Mann bewegte uns beide sehr. Auch die Reaktion der anderen Studenten, die Fragen, die sie im Seminar stellten und über die wir noch lange danach diskutierten, ließen in uns den Wunsch aufkommen, Tönnies Hellmann und seine Lebensgeschichte genau kennenzulernen.

Aber nicht nur seine Biographie faszinierte uns. Sondern auch die große Ernsthaftigkeit, mit der er die eigene Erfahrung des unmenschlichen nationalsozialistischen Regimes als innere Verpflichtung begriff, um sich heute so nachdrücklich einzusetzen für Demokratie und Gewaltlosigkeit. Woher, fragten wir uns, nimmt dieser Mann, der als ehemals überzeugter Kommunist die Katastrophen dieses Jahrhunderts so unmittelbar und schmerzlich erlebt und sie schließlich überlebt hat, bis heute die Kraft zum beständigen Dialog? Die Bereitwilligkeit von Tönnies Hellmann, über seine persönlichen Erfahrungen zu sprechen, sein Interesse an jungen Menschen, sein Verständnis für unsere Fragen und nicht zuletzt die Eindringlichkeit seiner Schilderungen beeindruckten uns tief.

Wie sind wir vorgegangen? Die vorliegende Textfassung

beruht vor allem auf den Abschriften von weit über fünfzig mehrstündigen Gesprächen, die auf Tonband aufgezeichnet wurden und die alle bei Tönnies Hellmann stattfanden. Sie begannen meist am Nachmittag und zogen sich nicht selten bis tief in den Abend. In der Wohnung im Hamburger Stadtteil Eimsbüttel lebt Tönnies Hellmann – mit Unterbrechungen – seit über achtzig Jahren. In den Räumen, in denen wir zusammen saßen, in diesem Viertel hatte er vieles von dem erlebt, was er uns erzählte.

Anders als im Studium, in dem bis heute oft die Geschichte großer Staatsmänner oder anonymer Strukturen im Vordergrund steht und das Schicksal des einzelnen Menschen verblaßt, erlebten wir Geschichte im Gespräch mit Tönnies Hellmann als lebendige und ganz persönliche Erinnerung. So konnten wir, während wir ihm zuhörten, etwa die Alltagsatmosphäre des Hamburger Arbeitermilieus zu Beginn dieses Jahrhunderts selber noch ein wenig spüren. Unserer Generation sind die konkreten Auswirkungen, die die großen Weltentwürfe und Ideologien auf den einzelnen haben können, eher fremd. Aber durch die Erzählungen Hellmanns sind wir dafür sensibilisiert worden, wie stark eine politische Ideologie ein Leben prägen kann. So wurden auch die Konflikte und inneren Kämpfe für uns nachvollziehbar, die mit der Abkehr von ihr verbunden waren.

Das Transkript der Gespräche füllt ganze Aktenordner. Bei der weiteren Arbeit waren uns Aufzeichnungen, die Tönnies Hellmann über sein Leben angefertigt hat, eine ebenso wichtige Stütze wie seine umfangreiche Korrespondenz. Um aus dem gesprochenen Wort einen Text zu erstellen, der dem Leser eine leicht nachvollziehbare, im wesentlichen chronologische Abfolge der erzählten Ereignisse bietet, haben wir das Material behutsam gegliedert und neu strukturiert. Wir stellten thematisch Verwandtes, aber zeitlich Auseinanderliegendes bzw. in verschiedenen Situationen entstandene Passagen zusammen und haben Übergänge geschaffen. Wir orientierten uns dabei nicht an akademischen Regeln der Geschichtswissenschaft, sondern an erzählerischen Kriterien. Besonders wichtig war uns, die Eigenheiten der Sprache von Tönnies Hellmann zu erhalten, in der das Hamburger Platt oft anklingt.

Unser besonderer Dank gilt natürlich in erster Linie Tönnies Hellmann, der uns seine Lebensgeschichte anvertraute und dieses Buch zutraute. Dank gebührt auch seiner Schwester Gertrud Wilkening für ihre liebevolle Unterstützung. Sie ist leider kurz vor Beendigung der Arbeit gestorben. Wir danken herzlich Marion Dönhoff, die als «guter Geist» das Projekt von Anbeginn mit großer Anteilnahme verfolgte, in entscheidenden Augenblicken wichtige Anregungen gab und in manchen schwierigen Momenten vermittelnd einwirkte. Nicht zuletzt gilt unser Dank unserer Lektorin Barbara Wenner für ihr ausdauerndes Engagement sowie allen, die die Arbeit an diesem Projekt interessiert begleitet haben.

Friedrich Dönhoff / Jasper Barenberg

Kurt Tucholsky

Kurt Tucholsky, 1890 in Berlin geboren, war einer der bestbekannten, bestgehaßten und bestbezahlten Publizisten der Weimarer Republik. «Tuchos» bissige Satiren, heitere Gedichte, ätzendscharfe Polemiken erschienen unter seinen Pseudonymen Ignaz Wrobel, Peter Panter, Theobald Tiger oder Kaspar Hauser vor allem in der «Weltbühne» – nicht zu vergessen seine zauberhaften Liebesgeschichten *Schloß Gripsholm* und *Rheinsberg*. Er haßte die Dumpfheit der deutschen Beamten, Soldaten, Politiker und besonders der deutschen Richter, und litt zugleich an ihr. Immer häufiger fuhr er nach Paris, um sich «von Deutschland auszuruhen». Seit 1929 lebte er vornehmlich in Schweden. Die Nazis verbrannten seine Bücher und entzogen ihm die Staatsbürgerschaft. «Die Welt», schrieb Tucholsky, «für die wir gearbeitet haben und der wir angehören, existiert nicht mehr.»
Am 21. Dezember 1935 nahm er sich in Schweden das Leben.

Eine Auswahl:

Wenn die Igel in der Abendstunde *Gedichte, Lieder und Chansons*
(rororo 5658)

Deutschland, Deutschland über alles
(rororo 4611)

Sprache ist eine Waffe *Sprachglossen*
(rororo 12490)

Schloß Gripsholm *Eine Sommergeschichte*
(rororo 4)

Die Q-Tagebücher 1934 – 1935
(rororo 5604)

Briefe aus dem Schweigen 1932 –1935
(rororo 5410)

Unser ungelebtes Leben *Briefe an Mary*
(rororo 12752)

Gesammelte Werke *1907-1932*
Herausgegeben von Mary Gerold-Tucholsky und Fritz J. Raddatz
Kassette mit 10 Bänden
(rororo 29011)

rororo Literatur

Ein vollständiges Verzeichnis aller lieferbaren Titel von **Kurt Tucholsky** finden Sie in der *Rowohlt Revue*. Vierteljährlich neu. Kostenlos in Ihrer Buchhandlung.

Rowohlt im Internet:
http://www.rowohlt.de

Hans Fallada

Das vierte Buch wurde **Hans Falladas** größter Erfolg: 1932 erschien im Ernst Rowohlt Verlag «Kleiner Mann – was nun?». Nach jahrelanger Mittellosigkeit begann eine kurze Zeit des großen Geldes. Ab 1933 wurde es um Hans Fallada einsamer. Während Freunde und Kollegen emigrierten, glaubte er, vor den Nazis, wie er es nannte, einen «Knix» machen zu müssen, um weiterschreiben zu können. Als wollte er der wirklichen Welt entfliehen, schrieb er unermüdlich zahlreiche fesselnde Romane, wunderbare Kinderbücher und zarte Liebesgeschichten. Am 5. Februar 1947 starb Hans Fallada, körperlich zerrüttet, in Berlin.

Kleiner Mann – was nun?
Roman
(rororo 1)

Ein Mann will nach oben
Roman
(rororo 1316)

Kleiner Mann, Großer Mann – alles vertauscht Ein heiterer Roman
(rororo 1244)

Wolf unter Wölfen Roman
(rororo 1057)

Der Trinker Roman
(rororo 333)

Jeder stirbt für sich allein
Roman
(rororo 671)

Wer einmal aus dem Blechnapf frißt Roman
(rororo 54)

Bauern, Bonzen und Bomben
Roman
(rororo 651)

Damals bei uns daheim
Erlebtes, Erfahrenes und Erfundenes
(rororo 136)

Heute bei uns zu Haus
Erfahrenes und Erfundenes
(rororo 232)

Süßmilch spricht Ein Abenteuer von Murr und Maxe
(rororo 5615)

Wir hatten mal ein Kind Eine Geschichte und Geschichten
(rororo 4571)

Zwei zarte Lämmchen weiß wie Schnee Eine kleine Liebesgeschichte
(rororo 13320)

Hans Fallada dargestellt von Jürgen Manthey
(bildmonographien 78)

rororo Literatur